"十二五"高职高专财经管理类规划教材

农村金融实务

NONGCUN JINRONGSHIWU

周阳　查静◎主编　司俊◎副主编　任波◎主审

中国经济出版社
CHINA ECONOMIC PUBLISHING HOUSE
·北京·

图书在版编目(CIP)数据

农村金融实务/周阳,查静主编.
北京:中国经济出版社,2014.8(2021.12重印)
"十二五"高职高专财经管理类规划教材
ISBN 978-7-5136-3280-5

Ⅰ.①农… Ⅱ.①周… ②查… Ⅲ.①农村金融—中国—高等职业教育—教材
Ⅳ.①F832.35

中国版本图书馆CIP数据核字(2014)第118320号

责任编辑 焦晓云
责任审读 贺 静
责任印制 马小宾
封面设计 任燕飞装帧设计工作室

出版发行 中国经济出版社
印 刷 者 北京九州迅驰传媒文化有限公司
经 销 者 各地新华书店
开 本 787mm×1092mm 1/16
印 张 12.75
字 数 291千字
版 次 2014年8月第1版
印 次 2021年12月第5次
定 价 26.00元
广告经营许可证 京西工商广字第8179号

中国经济出版社 网址 www.economyph.com 社址 北京市东城区安定门外大街58号 邮编 100011
本版图书如存在印装质量问题，请与本社销售中心联系调换（联系电话：010-57512564）

前　言

本书对农村金融的各个领域进行了全景式的系统介绍，既注重对基础理论和基本概念的准确阐释，又注重对前沿学术研究成果和最新金融实践的解析，力图将基础性、前沿性、理论性与实践性统一起来。本书的读者多为高职院校学生及广大农民，考虑到他们的需求及实际情况，我们特别选取了与农民切身相关的农村金融知识，不仅对金融、银行、保险、农村金融政策等内容做了深入浅出的阐释，同时还配以大量的图、表、小资料，以帮助读者理解和掌握相关知识。本书可作为高职高专院校农村合作金融及相关专业的教材。

本书侧重于金融实务的介绍，更注重体系的连贯性。主要具有以下特点：

(1)着力突出高职教育特点，强调淡化理论，加强实训，突出职业技能训练。通过大量有趣的案例和练习介绍农村金融的相关知识，避免枯燥、空洞的理论讲授。在每章的开篇都有案例导入，帮助学生尽快抓住学习的重点，做到有的放矢。书中选取的教学训练项目均来自于职业岗位活动和实际工作流程，经优选、提炼后，能够涵盖职业岗位相关知识、能力和素养的要求，具有鲜明的职业性。

(2)图文并茂。在编写时，我们对传统教材进行大胆创新，在每章的教学内容中搭配大量相关联的图片，主要目的是提高学生的学习兴趣，激发学生学习的积极性。因此，教材呈现出图文并茂的特点，符合高职学生的年龄特点和认知规律，这在一定程度上能使学生在学习中做到循序渐进，逐步实现由意识到习惯、技能和应用实践的渐进转变。通过具体案例、对比分析、逻辑演绎等手段，可帮助学生尽快掌握相关知识。

(3)课堂教学与业余自修相结合。本教材主要是为即将从事农村金融工作的高职院校学生设计的，但在内容与体系的设计上也充分考虑到已经从事农村金融工作人员的阅读提升需要，从理论的前瞻性到案例的现实性，以及网络资源等，尽可能体现多功能的农村金融教学资源，以使教材能够与时俱进。

(4)国内分析与国际经验借鉴相结合。在讨论中国农村金融改革的同时，注意介绍国外成功的经验，从而更加全面论述改革的进程、认识改革的绩效。本教材专门介绍了国外各类型的农村金融的实务和经验，对开拓学生视野、提高其职业能力大有裨益。

本书为2013年安徽省质量工程规划教材(项目编号:2013ghjc464)。

本书由安徽财贸职业学院周阳、查静担任主编，司俊担任副主编，任波担任主审。具体分工如下：李健编写第一章、第二章；周阳编写第三章、第七章和第八章；查静编写第四章、第五章和第十章;刘岚编写第六章、第九章。

在本书的编写过程中,我们查阅了大量资料,同时参考了很多专家和学者的观点,在此对他们表示感谢。但由于编者的水平有限,加之农村金融学理论的不断深化和制度的不断创新,书中难免存在错漏与不足之处,敬请广大读者批评指正。

编 者

2014 年 3 月

目　录

第一章　农村金融概论

知识目标

了解农村金融的来历、所属范畴及其发展的过程；了解农村金融学相关理论；掌握农村金融与农村经济的相互作用；掌握中国农村金融发展的主要内容。

能力目标

掌握分析农村金融学基本内涵的能力；掌握运用农村金融的相关概念分析中国农村金融现实热点问题的能力；掌握解读国家重大农村金融政策意图的能力。

【引例】

农村金融十年：存量改革、增量建设双管齐下

作为中国金融体系中的关键一环，农村金融改革的重要性不言而喻。过去十年间，在农村信用社改革和新型农村金融机构设立的双重推动下，全国金融机构空白乡镇大幅减少，农村金融体系进一步完善。

数据显示，2002 年末，农信社资不抵债额达 3300 多亿元，资本充足率为 －8.45%，资本净额为 －1217 亿元，不良贷款 5147 亿元，不良贷款占比高达 36.93%。为了化解农信社的“历史包袱”，解决其产权不明晰、体制不健全、潜在风险大等问题，国务院于 2003 年 6 月启动了第二轮的农信社改革，颁布了《深化农村信用社改革试点方案》。九年来，随着改革的不断深入，农信社的经营面貌发生了巨大的变化，其产权结构、公司治理和信贷质量都得到了显著的改善。2006 年底，银监会放宽了农村地区银行业金融机构准入政策，村镇银行、贷款公司和农村资金互助社三类新型农村金融机构由此起步发展。而经过了三年的试点后，银监会又于 2009 年 7 月 23 日发布《新型农村金融机构 2009—2011 年总体工作安排》，计划用三年时间，在全国设立 1293 家新型农村金融机构。银监会最新数据显示，截至 2012 年 9 月末，全国已组建村镇银行、贷款公司和农村资金互助社三类新型农村金融机构 858 家，其中村镇银行 799 家。截至 2011 年末，新型农村金融机构累计吸引各类资本 369 亿元，各项贷款余额 1316 亿元，其中小企业贷款余额 620 亿元，农户贷款余额 432 亿元，两者合计占各项贷款余额的 80%。

资料来源：洪偌馨. 农村金融十年回顾[N]. 第一财经日报，2012－11－06.

这一资料表明：过去十年间，在农村信用社改革和新型农村金融机构设立的双重推动下，全国金融机构空白乡镇大幅减少，农村金融体系进一步完善。

第一节　农村金融概述

一、农村金融的概念

金融，也称资金融通，是货币流通和信用活动以及与之相联系的经济活动的总称。广义的金融泛指一切与信用货币的发行、保管、兑换、结算、融通有关的经济活动，甚至包括金银的买卖。狭义的金融专指信用货币的融通。

"农村金融"的本质蕴藏于农村金融产生和发展的历史过程之中，其定义实际上是不同历史背景下的农村金融现实在人们观念上的反映。农村金融外生于农村经济，服务于农村经济，最初是为了帮助农民解决困难、发展农业生产。随着农村经济发展的多样化，农村金融的业务也更加综合化和全方位，具体表现为支持农村企业、为农村经济发展提供金融支持。在这样的背景下，农村金融被不断地赋予新的意义。关于农村金融的概念，经济学者有着各种解释。在20世纪80年代改革开放的早期，巩泽昌指出，农村金融"就是农村的货币资金融通"。舒子塘认为，农村金融是"货币、信用、金融与农村经济组成的融合体"。温涛博士从农村金融动态的视觉认为："农村金融应当是指一切为农村经济服务的金融制度、金融机构、金融工具以及金融活动的总称；它以农村货币流通与信用活动实现统一为形成标志，又以两者的相互渗透及向证券、信托、保险等新领域的不断延伸为显著的发展特征；它的健康运行必须能够满足农村经济主体的正常金融需求，必须能够促进农村经济的持续发展和农民收入的稳定增长，必须能够维护国民经济的平稳、有序运转。"

结合农村经济和农村金融的发展历程，综合各家的观点，我们将农村金融定义如下：农村金融即农村货币资金的融通，是指在农村区域以及与农业生产有密切关系的各个领域中，为农民、农业和农村经济服务而组织和调剂农村资金的活动。要正确理解农村金融的含义需注意以下几个问题：

1. 农村金融不仅仅是农村的金融

农村金融是指与"农村经济发展"的金融需求相对应、具有促进农村经济发展功能的"金融"，而不是被人为认定"农村"身份，或只为农业生产提供信贷服务的农业金融，或仅在农业和农村领域为自身需要而开展业务活动的地理意义上的农村金融机构及其组织体系。只有那些为适应农村经济发展的金融交易需求，而在分工和交换体系中逐渐形成和发展起来的金融机构、金融市场和组织体系才属于农村金融的范畴，即农村金融的交易功能决定了农村金融机构和组织体系的形态。农村金融的有效性不在于其机构的多少、规模的大小和现代化程度的高低，而在于其功能的发挥程度。

2. 农村金融是农村经济与整体金融的交叉系统

农村金融是农村经济系统中的子系统，属于农村经济的大范畴。研究农村经济问题，应包括农村金融，要考虑农村经济的影响。同时，农村金融又属于金融范畴，是整体金融系统中的一个单元，研究金融问题不能回避农村金融。同样，研究农村金融问题，不能不考虑整体金融的影响。农村金融系统运动既是金融系统运动的一部分，又是农村经济系统的一部分;既具有金融的一般特征,又具有与农村经济需求相一致的独特形态,是宏观经济环境下农村经济与整体金融双重作用的结果。

二、农村金融的特点、地位和作用

(一)农村金融的特点

1. 农村金融机构的多样性

我国农村经济受农业生产的特殊性和地缘性的影响,发展不平衡,呈现多样性的特征,包括金融机构所有制形式及规模上的多样性。这就要求,农村金融机构要能满足不同的农村经济发展的需要,为其提供"合身"的金融服务。从现行的农村金融体系上看,农村金融机构包括银行和非银行机构。银行机构包括中国农业银行、中国农业发展银行和农村商业银行、农村合作银行。非银行机构包括农村信用合作社和农业保险公司等。还有一些新型农村金融机构,如村镇银行、资金互助社、资产管理公司、小额贷款公司、中国邮政储蓄银行等。

2. 农村金融市场发育的渐进性

我国农村金融市场是在初级阶段商品经济中发育起来的,整个社会物质还不丰富,农民收入水平低,农村信贷资金短缺,利率机制不健全,融资工具少,这些构成了农村金融市场发展的重要制约因素。另外,我国各地农村经济发展很不平衡,这使得农村金融市场的发展有先有后、有快有慢。农村金融先是民间借贷,再是正规银行信用和国家信用;农村金融机构的金融产品也是由低级到高级,由单项到多项,由短期到长期。

3. 农村金融机构面临的风险性

农村经济的发展离不开农村金融的有效支持,特别是在当前深化经济体制改革、中央致力于解决"三农"问题的大背景下,稳定合理地发展农村金融,有着重要的意义。然而,农村金融基于自然的、历史的和自身的诸多原因,风险加速积聚。首先,金融机构的内部原因、农村金融环境的外部原因,以及农业经营难度大、灾害风险高等问题,决定了农村金融机构面临着较高的流动性风险。其次,农村市场发育不健全,而农村金融机构的主要服务对象农户,缺乏较强的金融意识,因此农村金融机构具有较高的信用风险。最后,由于农村金融机构还未成为真正的金融企业,它既是政府管理农村经济发展的中介,又是独立经营的金融企业,其内部自我调节机制不完善,利益信息扭曲,责任信息淡漠,实行真正企业化经营的困难较多,动力不足,这些使其既要承受计划经济体制风险、市场经济体制风险,又要承受计划经济体制和市场经济体制摩擦的风险。

4. 农村货币政策的紧缩性

在农村,资金不足、投资需求过旺是长期现象,因此紧缩性货币政策不是权宜之计,而是农村经济运行对货币政策的内在要求,且我国农村金融市场表现出明显的二元结构,即官方金融和民间金融并存,农村资金净流量呈现出"内循环,外输出"的特点,农村信贷资金供给短缺与需求旺盛的矛盾将长期存在。

(二)农村金融的地位

1. 农村金融是农村经济的媒介

农村金融以组织存款、放款和货币流通为主要内容,一方面通过再分配社会资金实现对生产要素的分配；另一方面通过集中社会闲置资金而调节消费品的分配。通过农村金融的衔接，实现了农村商品生产的扩大。同时，农村金融不局限在分配和交换环节，它随着农村货币资金运动，渗透到整个农村再生产的全过程中。货币在生产、分配、交换、消费各个环节发挥着能动媒介的作用，是农村经济正常运行的重要条件。

滋润　　新华社发 赵乃育 作

2. 农村金融是农村经济的中枢

农村的各个生产单位，通过互相交换其劳动实现分工协作，并在农村内部、工农之间、城乡之间，形成巨大的经济网络。在农村经济网络中，处于枢纽地位的是金融企业，它通过办理现金收付、转账结算和信贷往来，使这种网络成为四通八达的整体。

（三）农村金融的作用

1. 促进农村经济增长，增加农民收入

随着农业生产和农村经济的不断发展，无论是扩大农业生产经营规模，还是在科学技术指导下提高农业生产的经营效率，或是利用当地的资源发展农村其他产业的经营活动，都需要大量资金的支持。农村金融是农村经济运用的中心，通过融通农村货币资金来优化配置农村社会资源。它既关系到农村物质技术基础，生产条件的改善，生产要素投入的增加及其组合利用程度，又关系到现代科学技术的应用以及农村资源的开发利用和农业生产结构的调整，影响着农村经济的市场化和现代化进程。农村金融是农村经济的神经中枢，通过稳定的农村货币流通来保证农村商品流通的正常进行。稳定农村经济就需要稳定农村货币，这就要求流通中的货币量与商品量相适应，购买力总额与商品供应总额相适应。农村金融能够促进农村经济的增长，而农村经济的增长又能缩小城乡居民收入差距，促进农村剩余劳动力转移，增强农产品的竞争力，从而增加农民收入，改善农民的生活水平。

2. 加强农村社会事业建设，维护社会公平

农村金融除了满足农户、农村企业或经济组织的金融需求外，还能满足农村公共基础设施建设对资金的需求。农村公共基础设施建设是关系农民基本生活质量和共同利益的社会事业。农村公共需求包括公共基础设施建设，如道路、水电、水利、通信、环保和公共服务（如教育、医疗、卫生等）。由于这些公共需求的基本特点是社会效益大于经济效益，大部分公共需求属于财政范畴，但随着公共需求的市场化运作方式不断推进，其基金效益不断拓展，道路修建、水利通信设施、建校办学、医院建设等多个领域引入了项目贷款，用商业性金融和政策性金融等不同形式满足农村公共基础设施建设中的资金需求，以维持农村的繁荣与稳定，加快农村走向小康社会的建设步伐。同时，农村地区的贫困现象依然突出，贫困的减少有利于缩小农村地区甚至整个社会的贫富差距，提高贫困地区的人民生活水平，完善社会管理，维护社会安定团结，实现社会公平，促进社会和谐、稳定。农村金融服务可以消除信贷约束，促使现有生产机会得到充分利用，使农民摆脱贫困；农村金融服务能够帮助农民进行风险管

理，从而稳定收入，鼓励生产性投资，使农民的贫困问题得到缓解；农村金融服务有助于积累物质财富和人力资本，使农民摆脱贫困陷阱。

3. 营造农村诚信文化，提高农民素质

农村金融在农村文化建设中所发挥的作用主要表现在以下几方面：一是通过对农民加大金融知识的普及力度，进一步培育诚信文化，努力建设良好的信用环境，建立健全社会诚信体系，营造诚信文化氛围，建设诚信社会。二是引导农户树立合理的金融消费、理财理念，进行合理消费和投资，将农户的潜在融资需求转化为有效融资需要，提高农村的有效均衡利率，从而进一步提高农村金融体系的效益，效益的提高又会调动农村金融机构的积极性，以更好地投入农村金融服务之中。三是增强民主管理意识，一方面是从管理者的角度看，各级政府官员和金融机构管理者破除官本位的思想，增强民主管理的意识；另一方面，在加强农民民主素质教育的基础上，切实加强农村基层民主制度建设和农村法制建设，引导农民增强自己的维权意识，实行自己的民主权利。

三、农村金融学的相关理论

农村金融学的研究过程是在前人的成果基础上不断深入创新的过程。它所涉及的理论相当丰富，金融学、农业经济学、制度经济学、公共选择学等都是农村金融学的重要理论基础和分析工具。目前，国际上公认的农村金融三大理论流派是农业信贷补贴论、农村金融市场论和不完全竞争市场论。

（一）农业信贷补贴论

20 世纪 80 年代以前，农业信贷补贴论（Subsidized Credit Paradigm）是农村金融理论界占主流地位的传统学说。

农业信贷补贴论认为农业和农村存在以下问题：

（1）农业收入的不确定性、农业投资的长期性、农业比较收益的低利性，使农业不可能成为以利润为目标的商业银行的融资对象，这就导致农村地区信贷缺乏。

（2）经营农业的农户收入低、农业收益比较差，这就导致农村居民特别是贫困农民没有储蓄能力，农村面临资金供给不足等问题。而农业需要的现代化设备和现代生产资料，如杀虫剂、化肥和农耕设备等，都需要大量资金，因此需要一定的外部资金进入，以促进农业现代化。

（3）农村资金需求旺盛，而供给不足，这就导致大量非正规金融机构的存在，尤其是高利贷者的存在；而贫穷的农业借款人无力负担这么高的利率，也就难以归还贷款。

因此，该理论主张：

（1）为增加农业生产和缓解农村贫困状况，政府要干预农村金融市场，从农村外部注入政策性资金，并建立非营利性的专门金融机构来进行资金分配。

（2）为缩小农业与其他产业之间的结构性收入差距，对农业的融资利率必须低于其他产业。

(3)非正规金融的供给主体(如商人)的资金供给以高利率为特征,这就导致农户更加穷困,并阻碍了农业生产的发展。因此,政府应通过政策性银行的农村支行和农业信用合作组织,将大量低息的政策性资金注入农村,促使农村高利贷资本的消亡。

农业信贷补贴论提出,政府机构低息供给农村信贷资金有利于帮助农村的贫困农户,有利于减少或消灭农村高利贷,促进农业生产力发展。目前,即便是发达国家,也在对本国农户的信贷给予低息和大量财税补贴。

但农业信贷补贴论也存在以下问题:

(1)农民缺乏储蓄的激励,这就使得信贷机构无法动员农村储蓄以建立自己的资金来源,从而使农业信贷成为纯粹的财政压力。由于农业信贷补贴政策逐渐损害了金融市场的生存能力,导致信贷机构活力的衰退,缺少可持续发展的能力,因此,政府补贴的低息政策所造成的财政压力在许多发展中国家是不可持续的。

(2)信息的不对称、农户和资金供给者的机会主义行为,导致低息贷款存在道德风险。如农村穷人难以成为低息贷款的主要受益人,低息贷款的补贴被集中并转移到使用大笔贷款的较富有的农民身上。由于借贷机构的机会主义行为,大农户更容易获得借贷信息,二者更容易合谋,这样官方信贷的分配就会偏向于照顾大农户。由于农业收益的不确定性以及高风险性,那些获得低息贷款的农户很少把贷款用于农业和提高农业生产率。

(3)政府支持的不具有多少经营责任的农村信贷机构缺少有效地监督其借款者投资和偿债行为的动力,这样会造成借款者故意拖欠贷款,从而形成贷款重点错位,农业信贷补贴的发放重数量而忽视质量,重农业生产而忽视农村非农生产,重贷款发放而忽视贷款需求者的信誉等,这就有可能造成贷款的违约和大量拖欠,形成大量的呆坏账。

(4)农业信贷补贴论假设有关农户没有储蓄能力是不符合现实的。许多亚洲国家的实践表明,如果存在储蓄机会和激励机制,很多贫困农户也会储蓄,并且农村金融机构在其资产负债表中有更多的储蓄而不是政府借款后,它们在分配贷款时会更加谨慎,也更有效率。

(二)农村金融市场论

20 世纪 80 年代出现的农村金融市场论,是在批判农业信贷补贴论并接纳了金融深化和金融抑制论的基础上产生的。金融深化和金融抑制论的基本逻辑是:金融制度的落后会阻碍经济的发展,经济的停滞反过来又将制约金融制度的发展。为此,要解除“金融抑制”就必须进行“金融深化”,减少政府对金融的过多干预,利用市场调动人们储蓄与投资的积极性,促进金融和经济发展之间的良性循环。

农村金融市场论认为:

(1)农村居民以及贫困阶层是有储蓄能力的。对许多发展中国家农村地区的研究表明,只要提供储蓄及激励的机会,即使是贫困地区的小农户,也有相当数量的存款,因此,没有必要从外部向农村注入资金。

(2)政府提供的低息政策妨碍了人们向金融机构存款,抑制了金融的发展。

(3)运用资金的外部依存度高是导致贷款回收率降低的重要因素。

(4)由于农村资金拥有较多的机会成本,非正规金融的高利率是理所当然的。

因此,农村金融市场论认为,农村金融资金的缺乏并不是由于农民没有能力,而是农村金融体系中不合理的金融安排所致,如政府管制、利率控制等抑制了金融的发展。因此,要充分发挥金融市场的作用,减少政府的干预,实现利率市场化和农村资金供求的平衡,以及取消专项特定目标贷款制度,适应非正规金融市场等。

该理论主张:

(1)农村内部的金融中介在农村金融中发挥着重要作用,储蓄动员是关键。

(2)为实现储蓄动员、平衡资金供求,利率必须由市场定,实际存款利率不能为负数。

(3)农村金融成功与否,应根据金融机构的成果与经营的自立性和持续性来判断。

(4)没有必要实行为特定集团服务的定向目标贷款制度。

(5)非正式金融具有合理性,应当将正式金融与非正式金融结合起来。

农村金融市场论强调通过市场机制的作用发挥利率的激励作用,来刺激农村居民的储蓄,极力排除政策性扭曲。农村金融市场具有一定的科学性,这种理论在20世纪80年代被人们广泛接受。但对农业和农村的利率市场化改革比较适合市场经济比较成熟的发达国家。其实,即便是当时的美国、法国和日本等国家,对贷款给农户尤其是中小农户(而不是农村居民)的利率依然是根据政府的政策性银行给予的优惠的低息贷款。在发展中国家,由于农村金融市场存在信息不完全、搜寻成本高和建设严重滞后等问题,因此即便利率市场化,由于农户自身缺少担保品和获得信贷的成本高等问题,很多小农户仍然难以获得信贷。

(三)不完全竞争市场论

20世纪80年代以后,苏联和部分东欧国家在向市场经济转化的过程中出现了各种混乱,拉美出现了80年代的“倒债”风波,90年代,东南亚发生了严重的金融风暴,人们逐渐认识到,要培育有效率的金融市场,仍需要一些社会性的、非市场的要素来支持。尽管市场竞争对活跃农村金融市场具有重要的意义,但农业的弱质性、农村金融市场的不完全竞争性与信息不对称,决定了完全依靠市场机制无法培育出有效率的农村金融市场。发展中国家的金融市场是一个非完全竞争市场,借款人与放贷人之间信息不对称,政府适当介入以补救市场失效的部分是非常必要的。农村金融市场的高利率是由范围经济和外部资金供给者的缺失造成的。受信息不对称的影响,金融市场上普遍存在着逆向选择和道德风险。在农村信用市场存在信息不对称的条件下,处于信息不清晰状态下的潜在借款人会采取能带来负外部性的借款对策。因此,农村金融市场是不完全竞争市场。

该理论主张:

(1)金融市场发展的前提条件是低通货膨胀率等宏观经济的稳定。

(2)在金融市场发育到一定程度之前,相比利率自由化,更应当注意将实际存款利率保持在正数范围内,同时抑制存款利率的增长,若因此而产生信用分配和过度信用需求问题,可由政府在不损害金融机构动员储蓄的同时,从外部供给资金。

(3)在不损害银行最基本利润的情况下,政策性金融(面向特定部门的低息融资)是有效的。

(4)政府应鼓励并利用借款人联保小组以及组织借款人互助合作形式,以避免农村金融市场存在的不完全信息所导致的贷款回收率低下的问题,利用担保融资、使用权担保以及互助储金会等办法是有效的,可以改善信息的非对称性。

(5)融资与实物买卖(肥料、作物等)相结合的方法是有效的,可以确保贷款的回收。

(6)为促进金融机构的发展,应给予其一定的特殊政策,如限制新参与者等保护措施。非正式金融市场一般效率较低,可以通过政府的适当介入来加以改善。

不完全竞争市场论作为一种动态的政策制度,强调政府的适度干预和提供贷款的机构介入其中,以有效地克服市场缺陷所带来的问题。同时,该理论强调借款人的组织化等非市场要素对解决农村金融问题是相当重要的。相关研究表明,尽管在正规金融的信贷中银行由于无法完全控制借款者的行为而面临着道德风险问题,但是,在小组贷款下,同一个小组中的同伴相互监督却可以约束个人从事风险性大的项目,从而有助于解决道德风险问题。这样,不完全竞争市场论就为小额信贷提供了理论基础,有利于解决农村金融市场上的信息不对称和高交易成本等问题。因此,不完全竞争市场论比较符合中国等发展中国家的农村金融实际。

第二节　中国农村金融的历史沿革

一、中国传统小农生产方式与农村金融活动的产生

中国传统的小农生产方式并不是孤立存在的,而是中国特定制度环境的产物。几千年的封建制度,使旧中国社会分化成由上层社会和下层社会构成的二元结构。处于社会底层的农民要提升其社会经济地位,只有依靠自己的努力,艰难地进行着经营规模的扩大。而中国家庭传统的分家现象,使得农民的小规模经营反复不断地进入恶性循环。少数扩大经营得以成功的农民又转向仕途之路,借此改变自己的社会地位。这就导致中国传统农业扩大经营规模的动力不足。

我国农村金融活动就是在这种小农生产方式下产生的。农村民间自由借贷最早是以实物借贷的形式出现的。随着财产私人占有的出现和农户间物资暂时的闲置与紧缺并存,通过借贷关系实现在闲置者和紧缺者之间的流通成为最早的农村金融活动。随着农村商品货币关系的形成与发展,货币形式的借贷逐步取代了农村中实物形式的借贷,成为农村金融活动的主要形式。

二、新中国成立以来农村金融的发展

新中国成立以来,中国农村金融市场成长的制度演化总体上经历了计划经济体制与市场经济体制两个时期,但我们仍可按照农村金融市场成长的阶段性特征将其细分为以下五个阶段。

(一)农村金融市场初步建立阶段(1949—1957年)

新中国成立初期,为了推动农业生产的恢复,政府迅速启动了以培育和发展农村信用社为标志的农村金融市场建设。在1950年3月中国人民银行召开的第一届全国金融工作会议上,提出要按照“集中统一,城乡兼顾,减少层次,提高效率,力求精简”的原则创建金融机构,确定了试办信用社的方针和政策,明确提出农村信用社是组织农民自助的基层信用组织,并开始在有一定合作基础的山西、河北等地试办信用社。1950年12月召开的第二届全国金融工作会议要求将银行机构向基层推广,并且下级分行要将主要精力放在农村金融上,同时积极支持农村信用合作事业的发展,并通过了《建设农业合作银行的提案》。1951年7月,经中央人民政府政务院批准,农业合作银行正式成立,但其业务尚未开展,于1952年7月就因精简机构而被撤销,农村金融工作又归到中国人民银行管理。在第二次全国金融工作会议后,中国人民银行的分支机构迅速下延,到1953年,全国各个县的大部分区都设立了银行营业所。1954年2月,中国人民银行召开了全国第一次农村信用合作会议,在总结前一阶段农村信用合作工作的基础上,提出了要按照“积极领导,稳步前进”的方针,积极推动农村信用合作事业的发展。此后,中国农村信用合作事业进入快速发展阶段。到1955年底,信用合作社已发展到15万多个,全国已有88%的乡建立了信用社(岳意定,2008)。为了贯彻国家关于增加对农业合作化信贷支援的要求,根据当时农业生产的发展情况,并参照苏联做法,1955年3月,国务院批准成立中国农业银行,作为中国人民银行总行的一个直辖行,归人民银行领导,其任务是指导农村信用合作社,广泛动员农村余资,并合理使用国家农贷,以扶助农业生产发展和促进小农经济的社会主义改造。1957年4月,因其不符合精简节约原则和不利于统一安排农村信贷,国务院决定将其与中国人民银行合并,在中国人民银行内部增设农村信贷工作部。与此同时,针对信用社发展中存在的“资金力量不足,运行不合理,业务发展不平衡,规章制度不健全,民主管理流于形式,财务管理混乱,贪污浪费严重,亏损面扩大”等问题(宋宏谋,2003),1955年9月起,中央开始对农村信用社进行整顿和巩固,对部分信用社进行调整和合并,并于1957年1月颁发了新的《农村信用合作社章程》,进一步对信用社的业务经营进行了限定,促进了农村信用社的规范化发展。

(二)农村金融市场停滞成长阶段(1958—1978年)

1958—1977年,受“大跃进”和“文化大革命”等一系列政治运动的影响,正常的信用关系遭到严重破坏,使得农村金融市场的成长基本处于停滞状态。农村金融发展的基本特征是体制不断反复,发展停滞,性质异化,组织和功能结构单一。1958年实行人民公社化后,按照“两放、三统、一包”的政策,信用社和营业所及其业务管理权限均被下放给人民公社,资金被大量挪用,信用社的独立性完全丧失。随着1958年“大跃进”的推进,农村金融“五风”式的“大跃进”迅速展开,这使得农村金融机构的信誉大幅度下降。1962年,农村信用社划归银行管理以后,其调剂农村资金的作用基本丧失,中央又恢复了信用社。1963年,为了巩固和发展农村人民公社集体经济,中国农业银行第三次设立,统一管理支农资金和领导农村的信用合作工作,使中国人民银行再次形成了包括农村金融业务在内的所有金融业务“一统天下”的格局。在“文化大革命”期间,农村金融市场正常的金融秩序遭到严重破坏,1969年7

月到1977年12月,中国人民银行总行被并列入财政部,基层行归革委会管理。1978年,信用社实行所社合一,改由贫下中农管理,后来又演变为中国人民银行的基层机构,至此,信用社从"民办"异化为"官办",并严重脱离群众,合作性质基本丧失。

(三)农村金融市场成长起步阶段(1978—1992年)

1978年,以有计划的商品经济为特征的经济体制改革率先在农村拉开帷幕,通过实行土地承包责任制和农产品价格改革,大大激发了农民的生产积极性,同时,随着商品经营权的放开,乡镇企业也广泛兴起,使农村的商品经济得到恢复性发展。为了适应这一阶段农村经济发展的需要,农村金融组织进入恢复和创新阶段,中国农村金融市场开始起步:首先,恢复中国农业银行。1979年3月,经国务院批准,正式恢复中国农业银行,接收中国人民银行在农村地区的金融业务,成为一家专门从事农业和农村经济发展相关金融服务的专业银行。其次,恢复农村信用社的合作金融组织性质。1979年6月,农村信用社被划归中国农业银行领导,成为中国农业银行的基层机构。在中国农业银行的领导下,信用社得到了一定程度的恢复与发展,营业网点逐步建立健全。到1982年底,全国共有信用社和信用站337955个,其中信用社30767个,信用站303182个,储蓄所4006个。

【知识链接】

农村信用代办站

农村信用代办站是20世纪50年代农村信用社成立之初在特定的历史背景下成立的代办机构,它是指经一定程序审查批准,受农村信用社委托,按照委托双方签订的委托代理业务合同(或协议书)从事代办农村信用社业务的机构,不属于农村信用社的分支机构。

从1984年起,中国农业银行进行了企业化经营管理体制的改革,在系统内试行财务包干和内部经营责任制。农村信用社在中国农业银行的领导下,也进行了一定的改革,这使其在经营管理上的独立性和灵活性得到了一定程度的增强。首先,在业务经营上,中国农业银行不再对农村信用社下达指令性指标,在中国农业银行的领导和监督下,可自主开展存贷款业务,多存可以多贷;其次,通过扩股,农村信用社的股本和经营实力不断增强,同时组建县联社承担对农村信用社的管理、组织和协调工作,形成了中国农业银行和县联社对农村信用社的双重领导格局;再次,组建邮政储蓄机构。1986年,国务院批准邮政部门恢复办理储蓄业务,并在邮电系统内设置了邮政储汇局,对邮政储蓄、汇兑等金融业务进行管理。最后,逐步放开对民间信用的管制,允许民间自由借贷,允许成立民间合作金融组织,尤其是农村合作基金会得到了快速发展。

(四)农村金融市场成长转型阶段(1993—2003 年)

20 世纪 90 年代中期以来,社会主义市场经济体制开始确立,农村金融发展的经济环境发生了深刻的变化。首先,县及县以下的乡镇企业和国有企业普遍民营化,私营中小企业蓬勃发展。其次,除了资金和土地两大要素市场外,农村劳动力等其他要素市场已基本实现自由化,农民外出务工开始成为农民增收的重要来源。再次,信息技术的发展使监管者和客户对金融机构的监管更加有效。最后,法制环境有所改善,履约约束力大大增强,有效抵押品供给明显增加。与此相适应,农村金融市场的金融组织发生了较大的变化,初步形成了以合作金融为基础,商业金融、政策金融分工协作的农村金融组织体系,农村金融市场的成长进入调整和制度转型的时期。根据国务院《关于金融体制改革的决定》(以下简称《决定》),从 1994 年起,中国农业银行启动了商业化改革,同时,根据政策性金融同商业性金融相分离的原则,成立了中国农业发展银行,专门承担中国农业银行原来所承担的政策性职能。根据《决定》,1996 年,农村信用社与中国农业银行脱离行政隶属关系,按基层社为一级法人恢复合作金融性质,由县联社负责农村信用社的业务管理,中国人民银行直接承担对农村信用社的金融监管。1997 年,根据中央金融工作会议决定的"各商业银行收缩县(及以下)机构,发展中小金融机构,支持地方经济发展"的方针,四大国有银行纷纷削减县及县以下的经营网点,使其办理的农村金融业务大幅度萎缩。自 1998 年起,中国农业发展银行专职发放粮食收购贷款,其他政策性业务由中国农业银行承担。1999 年,国家全面清理了农村合作基金会,以整顿农村金融秩序。同时,中国人民银行利用再贷款大力推动信用社发放农户小额信用贷款和农户联保贷款;在此期间,农村非正规金融迅速发展,使得农村信用社在农村金融领域的垄断得到改善。2000—2003 年,农村信用社进入"明晰产权、完善经营机制、以县为单位统一法人、组建省联社和农村商业银行"等改革的试点阶段,并首选江苏试点改革。

(五)农村金融市场成长加速阶段(2003 年至今)

2003 年以来,社会主义市场经济体制进一步完善,中国经济正处于城市化和"工业反哺农业,城市带动农村"发展的新阶段,建设社会主义新农村成为基层政府的重要任务,公共财政扩大了在农村的覆盖面,这为建立财务可持续发展的农村金融组织体系、促进农村金融市场健康成长创造了良好的政策条件。这一阶段中国农村金融市场发生了如下变化:深化农村信用社改革,推进小额贷款公司试点,启动邮政储蓄改革,扩大中国农业发展银行业务范围,改革扶贫贷款发放模式,允许成立村镇银行、贷款公司和互助资金会,试点农业保险等。2003 年 6 月,国务院批准颁布了《深化农村信用社改革试点方案》(国发[2003]15 号文件),按照"国家宏观调控、加强监管,省级政府依法管理、落实责任,信用社自我约束、自担风险"原则,决定在吉林、山东、江西、浙江、江苏、

陕西、贵州、重庆这8个省市率先开展农村信用社改革试点,2004年改革试点在全国其他21个省市展开。2005年下半年起,在山西、四川、陕西、贵州、内蒙古5个省区进行了小额贷款公司的试点。2006年末,海南省农村信用社试点工作正式启动,标志着农村信用社改革在全国范围内全面展开。2006年底,银监会发布了相关规定,准许建立乡村银行、贷款公司等多种类型的新型农村金融机构。2007年,农村信用社的管理和风险责任顺利移交省级政府,省级政府对全辖农村信用社的管理平台全部建立。到2007年底,全国先后组建了27家省联社、2家农村商业银行和1家农村合作银行。2007年3月,中国邮政储蓄银行正式挂牌成立,全国首批村镇银行,如四川仪陇惠民村镇银行、仪陇惠民贷款公司、吉林磐石融丰村镇银行、东丰诚信村镇银行、吉林梨树闫家村百信农村资金互助社等,也相继挂牌成立。截至2009年底,全国已有230家新型农村金融结构(包括村镇银行、贷款公司、农村资金互助社)开业,到2011年银监会还将确保达到1300家左右,这将有效弥补农村金融服务的空白,促进农村金融市场的健康成长。

第三节 农村金融与农村经济的关系

根据马克思再生产理论,在农村再生产中,生产、分配、交换、消费四个基本环节构成农村经济整体。而以信用活动和货币流通为主要内容的农村金融活动,处于农村再生产过程的分配和交换环节,是一个不可缺少的重要媒介。因此,农村金融与农村经济的关系,实质上是交换、分配和农村再生产的关系,是相互依存、相互制约、相互影响的关系。

一、农村经济决定农村金融

由于生产环节在农村再生产过程中起着决定性的作用,因此,农村金融与农村经济的关系集中表现在生产与交换、分配的关系上,即生产决定交换与分配,农村经济决定农村金融。农村经济对农村金融的决定作用主要表现在三个方面。

(一)农村生产力发展水平决定农村金融活动的规模与发展程度

在社会主义市场经济条件下,农村生产力水平的发展与提高,促进了农村商品经济的发展与活跃,这就为农村经济的货币化与信用化提供了必要的前提与基础。目前,在我国农村,由于经济发展的相对滞后,存在着一个不易摆脱的恶性循环,即低收入—低储存率—低投资率—低成长率—低收入水平。农村储存水平之所以低,主要是受到收入水平的限制。随着经济的发展,人们收入的增加,对金融服务的需求将会增加,农村经济对农村金融业的发展有着刺激作用。

(二)农村生产方式的变革推动着农村金融活动方式的变革

农村生产方式不再是单一的种植作物,承包、租赁等多种形式必然要求农村金融活动方式的管理体制做出相应的调整。农村经济形式的变化,决定了农村金融服务对象、服务种类、货币收支渠道等,要能适应新农村经济的要求。

【知识链接】

重庆农商行:“金融引擎”助丰都打造“南方肉牛之乡”

作为本土最大的涉农贷款银行,重庆农商行在支农、惠农的过程中,积极创新思路,丰富信贷产品,不断强化金融服务,以助推农业产业化发展为着力点,为涉农企业、农户开辟了致富“直通车”。2009 年,重庆农商行与丰都县政府签订合作协议,向丰都肉牛产业整体授信 5 亿元,这是重庆农商行针对丰都农业产业化首次超亿授信。为了进一步促进丰都肉牛产业发展,该行还专门研发了“丰都肉牛养殖贷款”及“农户万元增收担保贷款”,同时充分运用“农户小额信用贷款”、“农村专业大户贷款”、“流动资金贷款”等信贷产品,持续加大对丰都肉牛企业、养殖户的信贷支持。

资料来源:庞凡.重庆农商行:“金融引擎”助丰都打造“南方肉牛之乡”[N].重庆日报,2013-05-21.

(三)农村经济效益的提高从根本上决定着农村金融效益的提高

农村金融属于农村第三产业,作为一个相对独立的农村产业,农村金融业必须追求自身的经济效益。但是,农村金融业作为农村第三产业之一,本身并不产生价值,其效益是建立在农村第一、二产业所取得效益的基础之上的。只有在农村劳动生产率不断提高,农村各产业的经济效益也不断提高的情况下,农村金融业的效益才能实现并不断提高。

二、农村金融影响农村经济

(一)农村金融促进农业产业化快速增长

在产业结构调整开始时,如发展“一优双高”农业,需要引进技术、购置优良品种和进行农田基本建设,建立农产品加工厂需要购买设备、聘请技术人才,开办农产品批发市场需要市场基础建设资金,这时会需要大量启动资金,这些资金的来源首先是企业筹集自有资金,但自筹资金通常数额较少,因此需要农村金融部门的贷款支持。在农业企业化经营过程中,资金的潜在需求被充分激发,并转化为实际需求,这时将出现农业投资供给不足的状况。

(二)农村金融促进农村乡镇企业发展和小城镇建设

乡镇企业从发展之初就得到农村金融的信贷扶持,利用银行资金建筑厂房、购置设备、购进原料,银行还为这些企业提供流动资金贷款和资金结算服务。目前,迅速成长的乡镇企业要适应市场化、国际化和信息化的需求,投资主体要多元化和股份化,企业要向集团化和集约化发展,这些都要以资本为纽带来完成。在我国市场经济不断完善的情况下,农村金融提供的产品和服务应为农村乡镇企业健康发展提供重要支持。农村基础设施原本就不完善，农村城镇化对这些设施提出了更高要求，农村小城镇基础建设拉动金融需求。小城镇建设还带动了农村产业结构的调整，第二、三产业不断增加，逐步取代农业现在的主导地位。随着农民进驻小城镇，房地产、乡镇企业、医疗、文化等产业迅速发展，这些都离不开农村金融的支持和服务。

三、农村金融与农村经济协调发展

农村金融与农村经济协调发展理论，是关于农村金融与农村经济之间关系及其发展的理想状态与实现过程的理论。该理论最早是由熊德平等(2005)在深刻反思中国农村金融与农村经济发展极不协调的现实背景基础上提出来的，并在国家社科基金项目研究报告《农村金融与农村经济协调发展机制与模式研究》中全面阐述了农村金融与农村经济协调发展的理论内容。该理论具体包含以下三部分内容：

(1)农村金融与农村经济协调发展，从“理想状态”上看，是为保持农村经济发展与国民经济发展相适应，开放系统中的农村金融与农村实体经济在制度和技术作用下，总量、结构和速度配合适当的良性循环态势，在本质上是农村资源在农村金融与农村实体经济部门的可持续性优化配置。

(2)农村金融与农村经济协调发展是宏观制度环境下二者相互促进达成的最优供求均衡。农村金融与农村经济既可以相互促进，又可以相互制约，其关系状况取决于政府及农村金融与农村经济系统发挥其功能的能力。国民经济发展要求和农村分工与交换的发展是农村金融需求的决定力量；平衡经济发展和利益集团要求的金融政策，以及农村金融资源报酬率和农村金融创新能力是农村金融供给的决定力量。农村金融与农村经济供求均衡具有多重性，只有满足农村经济发展和国民经济发展相适应的具有高稳定性的长期均衡，才能协调发展。

(3)农村金融与农村经济协调发展必须以良好的产业发展、信用关系和主体行为为条件。从约束条件看，在产业发展方面，农村经济主体使用农村金融资源的净收益应大于等于农村金融交易双方从事该交易的机会成本之和，并至少等于农村金融资源非农化的净收益率；农村金融交易总是优先在净收益率和资产积累高的地区、产业和经营者中达成；农村经济结构多元化、要素流动自由化，对农村经济主体使用金融资源的平均净收益率提出了更高的要求；政府要在交易规模不变的情况下实行管制，就必须有以财政支持为基础的政策性金融与之相匹配。

在信用关系方面，农村金融交易双方的信用水平、交易方式、交易动机对协调发展有着极为重要的影响，应注重通过制度创新，提高农村金融交易主体的信用水平，发展长期交易、关联交易、团队交易、抵押交易，并注意开展农村扶贫和救济，以改善农村金融交易动机。从微观基础看，农村金融与农村经济协调发展，必须以政府及农村金融与农村经济系统的功能发挥为基础，而系统功能发挥取决于微观主体的行为能力和系统内部的结构。

显然，农村金融与农村经济协调发展是国民经济协调发展的内在要求和重要内容。根据上述理论，农村金融与农村经济的协调发展，既表现在总量上，又表现在结构上；既受到宏观制度环境的约束，又受到农村金融和农村经济系统自身能力的限制；既是制度、技术和结构变迁相协调的过程，又是多样化实现手段相协调的过程。协调发展的基础是市场经济条件下政府、农村金融中介和农村经济主体功能的发挥，核心在于制度协调，重点是政府行为与市场行为的协调。据此可判断，中国农村金融与农村经济关系失调的根本原因是宏观制度环境的约束，具体表现为初始条件不足、发展战略偏差、二元经济和金融结构制约、分层治理中政府行为的相互冲突，以及思想认识不足和传统观念的限制。深层原因是农村经济发展的制约，具体表现为农村经济发展状态不佳、农民收入增长缓慢、农村经济比较利益低下、农村经济主体发育不良。直接原因是农村金融功能不足，具体表现为农村正规金融结构不合理、政策性金融发展不到位、商业性金融非农化发展、合作金融发展难度大、民间金融发展不规范、农村金融市场化改革落后。因此，我们对农村金融市场的研究，必然要放在农村金融与农村经济协调发展的目标框架之中，并且，加快农村金融市场的发展、促进农村金融市场的健康成长，必然会成为促进中国农村金融与农村经济协调发展的重要动力。

知识题

1. 农村金融的定义是什么？
2. 农村金融的内涵有哪些？
3. 农村金融的特点有哪些？
4. 农村金融的作用有哪些？
5. 有关金融的发展理论有哪些？
6. 中国农村金融经历了哪几个发展阶段？
7. 农村金融与农村经济之间的关系如何？

案例题

努力破解农村金融难题

近年来，我国农村地区已经初步形成以银行业金融机构为主，包括保险、证券、担保机构在内的多层次、广覆盖的农村金融机构体系，这些金融机构的网点深入农村，较好地满足了农户和农村经济组织在存款、贷款、汇款和保险等方面的金融服务需求。农村金融涉农贷款规模不断扩大，金融创新产品不断涌现，可持续发展能力逐步增强。然而，从目前广大农村的金融现状看，我国农村金融仍然是金融体系中的薄弱环节，还有不少困难和问题有待解决。比如，农村金融服务的广度和深度有待进一步强化，空白点的金融服务有待进一步深化。又如，农村金融产品和服务方式创新力度缺乏有效的平台支撑，难以满足县域多样化、多层次的金融服务需求。再如，农业保险尚不能满足农业发展的需要。农业保险技术复杂，赔付率高，一些商业保险公司因考虑其经济效益目标不愿涉足，已有的县级商业性保险机构也不愿从事农业保险业务。另外，农村民间借贷情况也不容忽视。虽然农村民间借贷在活跃农村金融市场、扩大农户生产经营资金来源、促进农村个体经济发展等方面起到了一定的积极作用，但容易引发债务纠纷、借贷利率较高等问题。这些都迫切需要构建一个有效的农村金融供求体系，满足农村金融的多层次需求。具体来说，当前我们应努力做好以下几方面工作：

(1)完善农村金融组织体系。破解农村融资难问题，首先要解决金融机构在农村地区的覆盖面问题。要壮大地方性中小金融机构，进一步推进城市信用社、城市商业银行的改革与发展,按照股份制导向,改革产权制度,优化股权结构,支持符合条件的机构到县域设立分支机构。此外,还要大力发展新型农村金融机构,规范和引导民间金融健康发展。

(2)大力推进农业保险工作,健全政策性农业保险制度,加快建立农业再保险和巨灾风险分散机制。当前和今后一个时期,加快发展农业保险,扩大农业保险的覆盖面,就要探索适合我国国情的政策性农业保险经营机制和发展模式,开展在政策支持下保险公司与政府联办、为政府代办以及自营等多种农业保险经营模式,还要通过税收、补贴等多种方式,加大对农业保险的支持力度,稳步提高农业保险覆盖面和保障程度。此外,应积极支持专业性、商业性保险机构的发展,鼓励和引导商业性保险机构到农村地区设立机构、开展业务、开发适合农村需求的各类保险产品,建立多层次、多主体的农业保险网络。

(3)创新金融产品和服务方式。要大力培育和发展县域担保、评估、公证等中介机构,切实解决县域担保难问题;鼓励金融机构与相关机构加强合作,运用联保、担保基金和风险保证金等联合增信方式,积极探索,发展联合信用贷款。另外,可在考虑农村金融市场容量和金融机构商业可持续的基础上,适度放宽市场准入原则,稳步推进适应农村金融需求多样性特点的农村金融组织和产品创新。

资料来源:曹力水.努力破解农村金融难题[N].经济日报,2012-07-09.

要求:根据上述内容,分析当前我国农村金融主要存在的问题,以及如何充分发挥金融在现代经济中的核心地位。

提示:农村金融是现代农村经济的核心,也是农村改革发展的可靠保障。要确保当前农村改革发展和新农村建设顺利推进,迫切需要创新农村资金投入机制,破解农村融资难问题。

实训题

实训项目:农村金融需求状况调查。

实训目的:通过调研家乡农村金融需求状况,使学生了解当地农村金融服务的现状。

实训步骤:

(1)调研县域中小企业信贷需求状况及农村金融机构的信贷支持情况。

(2)调研农户对金融机构服务农村的满意程度。

(3)了解各层次调查对象对改进农村信贷服务的共同期望。

(4)撰写调查报告,总结目前农村金融需求的情况。

第二章　我国农村金融体系

知识目标

了解我国农村金融体系的演变历程；掌握我国农村金融机构的含义、发展历程及主要业务；理解新型农村金融机构的设置背景及特点。

能力目标

领会农村金融机构在促进农村经济增长过程中所起的作用；在实际业务中，能够区分各类农村金融机构的特点。

【引例】

创新农村批发金融机制

当前，我国农村金融市场已经培育出多种类型的小微型农村金融机构，譬如村镇银行、农村资金互助社和小额贷款公司等，这些小微型农村金融机构在延伸和“下移”农村金融服务、增加对农村地区小微型企业的信贷支持等方面成效显著。结合我国县域农村金融市场的发展状况，创新农村批发金融机制，既可以解决当前小微型农村金融机构面临的资金不足和大中型商业银行服务微小客户的问题，也可以提高县域农村金融市场监管效率和降低金融风险。

同时，通过农村批发金融机制，完善当前县域农村金融市场的监管框架，控制金融风险。首先，为了体现农村批发金融机制的政策性导向，可依据申请批发贷款的微型金融机构社会功能的不同，采取差别化的贷款定价政策。其次，建立有效的正向或反向激励机制，以防范道德风险，主要的方式是制定申请批发贷款的标准和门槛。例如，根据各小微型农村金融机构的特点，在平均贷款额度、经营年限、经营状况、内部从业人员素质、风险控制能力和治理结构等方面制定一定的标准，对于较好地符合这些标准的小微型农村金融机构给予更多的批发贷款或优惠的批发贷款定价。

如果将贷款技术援助设计进该机制，还可以迅速改善小微型农村金融机构经营管理水平和风险控制能力，提升其在县域的竞争能力。

资料来源：南京农业大学江苏农村金融发展研究中心. 创新农村批发金融机制　提升小型金融机构竞争力[N]. 中国城乡金融报，2012－11－01.

这一资料表明：创新农村批发金融机制，既可以解决当前小微型农村金融机构面临的资金不足难题，也可以提高县域农村金融市场监管效率和降低金融风险。

第一节　农村金融体系概述

一、农村金融体系的界定

金融体系有广义和狭义之分。狭义的金融体系是指一个国家的金融组织体系，即这个国家有哪些金融机构，这些金融机构在经济社会发展中发挥什么职能作用。广义的金融体系包括金融制度、金融交易技术、金融市场、金融中介和金融资产。

农村金融体系是一国金融体系的重要组成部分，是金融体系在农村地区的运行和发展。从理论内容上讲，农村金融体系应该包括一系列内涵丰富的金融组织形式和服务品种，如银行信贷、结算、保险、证券、信托投资理财等。但从我国农村金融的现实看，目前最为突出的问题是信贷服务的不足。在实践中，包括非正规金融在内的农村金融体系普遍面临的问题，也主要是信贷方面出现问题，导致流动性约束和支付危机，影响整个金融体系的持续有效运行。从地域上讲，为农村经济发展服务的农村金融体系是指县及县以下为农户和中小企业提供金融服务的金融机构或金融活动。

因此，综合农村金融体系的理论内容和地域界定，农村金融体系范畴是指，在县及县以下由若干银行业金融机构或活动组成的为农村经济发展融通资金的金融组织体系。经过农村金融体制改革，迄今为止形成了包括商业性、政策性、合作性金融机构在内的，以正规金融机构为主导、以农村信用合作社为核心的农村金融体系。

目前，我国农村金融体系由正规金融和非正规金融组成。正规金融机构主要包括中国农业银行、中国农业银行、农村信用社、中国邮政储蓄银行、农村合作银行、农村商业银行、村镇银行和贷款公司等。非正规金融机构主要包括资金互助社、民间借贷、私人钱庄和合会等。本章主要介绍正规金融机构，下一章介绍非正规金融机构。

二、我国农村金融体系的主体构成

我国农村金融组织体系的主体是中国农业发展银行、中国农业银行、农村信用合作社三大金融机构，作为主要面向我国农业、农村和农民的金融机构，它们共同形成了一种政策性金融、商业金融与合作金融分工协作的农村金融格局。政府对农业的资金供给和信贷支持政策，主要是通过这三个金融机构实施的。

(一)农业政策性金融

1. 农业政策性金融的含义

农业政策性金融是指为贯彻政府社会经济政策或意图，不以商业性标准为原则，以国家信用为基础，在农业及相关领域从事资金融通，支持、保护农业生产，促进国民经济协调发展和农业收入稳定增加的一种特殊金融活动。

政策性金融在农村金融发展中具有特殊的地位。与其说它是金融机构，倒不如说它是政府机关。政策性金融的经营不以营利为目的，经营模式采用的是信贷配给制。要么是在既定的利率条件下，贷款申请人的借款只能部分满足；要么在所有的申请人中，一部分人得到贷款，一部分人被拒绝。作为贷者的银行既不能关心利率，也不能关心贷款的风险，它们按照政治决定或者兴趣提供贷款。业绩是根据其发放的贷款能否满足政府规定的业务范围内的资金需求而决定的，而不是由贷款运作效益或贷款的回收率来衡量。并且，银行一般不直接面对农户或者小型企业，而往往面对的是项目和政府。

2. 农业政策性金融的特征

(1)经营方向的政策性。不同时期的农业发展状况及外部环境都不尽相同，国家要利用农业内外部环境的变化，相应调整农业发展政策。农业政策性金融要配合政府不同时期农业政策意图及重点，发挥政策性金融对宏观经济的调节作用，实现政府经济和社会发展目标。

(2)经营目标的非营利性。政策性金融机构的融资机制既不同于商业性金融机构，也不同于政府财政。它的资金来源除了国拨资本外，主要通过发行债券、借款和吸收长期性存款获得，是高成本负债，而它的资金运用则主要是长期低息贷款，通常都是商业性金融机构所不愿或无法经营的，这样的负债和资产结构安排是通过由国家进行利息补贴、承担部分不良债权或相关风险等来实现的。

(3)具有特定的业务领域。政策性金融机构不与商业性金融机构进行市场竞争，它的服务领域或服务对象一般都不适于商业性金融机构，而是那些受国家经济和社会发展政策重点或优先保护，需要以巨额、长期和低息贷款支持的项目或企业。

表 2－1　中国农业政策性金融的特点

	中国农业政策金融	国外典型国家农业政策金融
产权主体	政府全资创办	政府全资、参股、国家保证等多种形式
负债结构	央行再贷款为主	财政拨款；央行借款；债券；开户存款
业务领域	农副产品收购	土壤改良开发；植树造林；生产性设施；农机、技术推广
管理方式	行政性管理资金	政策性金融性统一，发挥市场机制，增强经营自主性
功能范围	调控性	扶持性，倡导性，辅导性，调控性

(二)农村合作金融

1. 合作金融的概念

合作金融是指按照国际通行的合作原则，以股金为资本，以入股者为服务对象，以基本金融业务为经营内容而形成的金融活动和金融合作组织。

1995 年，国际合作联盟对合作制金融确定了七条原则：自愿开放的原则；民主管理、一人一票的原则；社员入股、按交易量分配的原则；自主经营、自担风险的原则；教育、培训的原则；合作社间的合作原则；关心社区发展的原则。

2. 合作金融的特征

(1)三个以上成员的自愿组合。合作金融是经济上的弱势群体以自愿入股的方式采用合作组织形式所经营的金融。由于农民或是农村中小企业经营者在社会经济生活中处于弱势地位，很难从商业金融机构得到贷款，于是，他们按合作制原则，组织自己的金融机构——

信用合作社或者合作银行,把分散的资金集中起来,用以发展生产、改善生活。

(2)平等互利的成员关系,不以营利为目的。合作金融组织是要利用团体互助的方法为其成员解决个人力量所不能解决的经济问题,通过互助互利原则,调剂资金余缺。

(3)以业务交易量作为社员权、责、利的标准。"对社员提供金融服务"是信用社的宗旨,服务主要通过社员与信用社的资金业务往来体现,存贷款往来量大说明其得到的服务多。接受服务多的社员自然应该对提供资金负有较多的责任和义务。

(4)能得到政府的政策优惠。为实现国家的经济发展目标,保护弱小企业,政府往往给予为弱小企业提供融资服务的合作金融组织许多政策上的优惠。例如,减免税收,为合作金融组织提供长期低息贷款等。

3. 合作金融的作用

(1)促进成员的经济发展和社会进步。合作金融组织的首要服务对象是入股合作的各个成员,它的基本目标是促进社会经济发展。合作金融通过为社员提供灵活而优惠的储蓄存款、贷款、结算及其他金融服务,促进其成员的经济发展和社会进步。

(2)促进城乡中小企业发展。合作金融处于社会经济体系的基层,城乡中小企业是它的重要服务对象。合作金融能够充分灵活地为这些中小企业提供金融服务,从而帮助他们不断扩大生产、流通和服务规模,改善经营管理,提高市场竞争能力和自我发展能力,使之成为繁荣城乡市场经济的重要力量。

(3)促进城乡贫困居民走向富裕。消除贫困是社会发展的基本目标之一,而贫困更多地存在于不发达的城郊和穷乡僻壤。合作金融机构通过为贫困家庭提供贷款服务,同时提供技术与管理服务,可将更多的贫困户及个人引向致富之路。

(4)促进城乡不发达社区走向现代化。合作金融能加快这些社区自然资源的开发速度,发挥其潜在优势;加快不发达社区工业化、商品化进程,创造更多的就业机会,减少剩余劳动力,增加产品生产和财富积累;通过提供教育、科技和文化投资,加速不发达社区文教、科技、卫生、体育事业的发展,提高劳动力素质及物质、文化生活水平。

(三)农村商业金融

商业金融的核心是按市场机制运行,以追求经营利润为目标。在我国农村,四大国有银行曾经在县城和规模较大的乡镇设立过支行和营业点。在不同时期,因我国经济体制、金融管理机制的变更,它们在经营规模和经营方式上存在很大差异。现在,我国农村商业金融机构主要是中国农业银行。

美国、欧盟、日本等市场经济发达的国家,主要以商业银行等股份制金融机构的服务为主。商业银行除了对工商业发放贷款外,在农业生产十分发达、农业经营获得较高利润时,也向农业发放贷款。

典型的以商业金融为主提供农村金融服务的国家是英国。英国农村金融经过长期发展,形成了以商业银行为主体的农村金融制度。在历史上,英国工业革命较早,是银行制度建立最早的国家之一,当欧洲大陆开展农村信用合作运动时,英国的大商业银行已深入农村建立分支机构,用无抵押透支形式,向农民发放短期贷款,近些年还有向中、长期贷款发展的趋势。因此,英国的商业银行在农村金融中居最重要的地位。

三、我国农村金融体系的演变历程

我国农村金融体系的发展历经了四个阶段：

（一）第一阶段（1979—1993年）：农村金融体系恢复发展阶段

这一阶段的主要改革措施和政策方案是恢复和成立新的金融机构，形成农村金融市场组织的多元化和竞争状态。主要表现在：①1979年恢复中国农业银行，并改变了传统的运作目标，明确提出大力支持农村商品经济，提高资金使用效益。②随着人民公社体制的瓦解，农村信用合作社也恢复了名义上的合作金融组织地位，而不再是中国农业银行的基层机构，但接受中国农业银行的管理。③放开了对民间信用的管制，允许民间自由借贷，允许成立民间合作金融组织。例如，20世纪80年代末，首先在四川省成立的农村信用合作基金会，同时允许成立的还有一些农业企业的财务公司，企业集资异常活跃。④允许多种融资方式并存，包括存款、贷款、债券、股票、基金、票据贴现、信托、租赁等多种信用手段。

（二）第二阶段（1994—1996年）：改革深化的阶段

这一阶段明确了改革的目标和思路，提出了要建立一个能够为农业和农村经济发展提供及时、有效服务的金融体系的口号。更具体地说，这一农村金融体系包括以工商企业为主要服务对象的商业性金融机构——中国农业银行，主要为农户服务的合作金融机构——中国农村信用合作社，支持整个农业开发和农业技术进步、保证国家农副产品收购以及体现并实施其他国家政策的政策性金融机构——中国农业发展银行。中国农业发展银行成立于1994年，试图将政策性金融业务从中国农业银行和农村信用合作社业务中剥离出来；另外一个重要的政策变化就是1996年的银社脱钩，即农村信用合作社不再受中国农业银行的管理，其业务改由县联社负责，对农村信用社的金融监督管理由中国人民银行直接承担。

（三）第三阶段（1997—2002年）：清理整顿阶段

在经历了亚洲金融危机和1997年开始的通货紧缩后，中央金融管理当局对金融风险的控制也开始受到重视，客观形成了农村信用合作社为主体的农村金融市场体系。主要体现在：①开始在国有专业银行中推行贷款责任制。②收缩国有专业银行战线。1997年，中央金融工作会议确定了“各国有商业银行收缩县（及以下）机构，发展中小金融机构，支持地方经济发展”的基本策略，包括中国农业银行在内的国有商业银行开始日渐收缩县及县以下机构。③打击各种非正规金融活动，对民间金融行为进行压制。1999年，在全国范围内撤销农村信用合作基金会，并对其进行清盘核算。

（四）第四阶段（2003年至今）：进一步改革阶段

2003年以后，政府将农村金融体制改革的重点确定到对农村信用合作社的改革上，这一政策趋势日益明显且力度不断加大。2003年6月27日，国务院下发《深化农村信用社改革试点方案》，揭开新一轮农村信用社改革的序幕。这次改革试点的指导思想是“花钱买机制”，要求重点解决产权问题和管理体制问题，按“自主经营，自我约束，自我发展，自担风险”的原则强化激励约束机制，从深层次解决农村信用社面临的经营和发展问题。具体包括：①放宽对农村信用合作社贷款利率浮动范围的限制。②加大国家财政投入，以解决农村信用合作社的不良资产问题。③推动并深化信用合作社改革试点工作等。2003 年 11 月底，8 省(市)(浙江、山东、江西、贵州、吉林、重庆、陕西和江苏)农村信用社改革实施方案经国务院批准，这标志着深化农村信用社改革试点工作已进入全面实施阶段。国务院决定，该方案于 2004 年底在全国全面铺开，具体方案是：2004 年底建立省级信用社管理机构；2005 年 3 月部分置换央行票据；2005 年建立新的管理体制框架，对产权制度、管理体制、经营机制等方面进行全面改革。2003 年底，全国农村信用社实现九年来全行业的第一次扭亏为盈，共盈利 1.48 亿元。在深化农村信用社改革的同时，对农村金融组织多元化的探讨也开始成为主流。

四、我国农村金融体系的现状

(一)现行农村金融体系的缺陷

(1)基层金融网点数量较少，覆盖率较低。由于不同的原因，近年来四大国有银行、农村信用合作社、农业银行、邮政储蓄银行的网点都比较少，造成了农村金融服务网点整体数量相对较少，无法有效覆盖农村的每个乡镇，甚至在部分地区出现了金融服务空白。

(2)金融产品和服务单一。目前，农村银行业金融服务网点的业务品种还仅限于对公结算、居民储蓄以及银行卡业务，贷款业务也只开办了商户联保、个人小额贷款等小额信贷业务、个人存单质押业务，部分代收代付、代理保险、国债销售等中间业务，业务品种相对较少。金融产品少、金融服务方式单一、金融服务质量和效率低下的现实情况，已严重不适应农村经济发展的需要。

(3)农业保险难以适应农业的快速发展。在 1994 年农业保险市场化后，由于农业保险固有的赔付率高、回报率低等问题，使得商业保险公司纷纷对农业保险业务采取限制规模的措施以控制亏损，呈现出保费收入逐年大幅下降、险种逐渐减少、机构萎缩、承保深度不断降低的局面。农业保险的缺位，一定程度上提高了金融机构对农业、农村企业的风险评估，成为“惜贷”的重要原因之一，这不仅加剧了农村金融供给紧张的状况，而且严重制约了农业现代化和农村经济增长的进程。

(二)我国农村金融体系改革的启示

(1)构筑职责明确、分工协作的金融体系。我国虽已建立起包括政策性、商业性和合作性金融机构在内的多层次农村金融体制，但这些机构职责不清，商业化运作趋势日益明显，所提供的金融服务与农村的金融需求有很大差距。中国农业发展银行应该在农村基础设施建设、农村生态环境建设、扶持重点地区和行业等方面发挥巨大作用；中国农业银行应在政府的主导下控制资金向城市的大量外流，把更多的资金转而投向农村；农村信用社的发展必须立足于为社区发展服务，政府在政策和管理方面要加强对合作经济制度的保护，使农村信用社真正根植于农村，服务于农民。

(2)政府要提供强有力的财政支持和政策支持。我国农村金融的财政和政策支持与欧美国家相比明显不足，今后应借鉴其他国家的做法，一方面为农村金融机构的建立和发展提供资金支持，尤其是对合作金融和政策性金融给予更大的资金支持，增强其资金实力，扩展和完善其金融职能；另一方面，政府应制定各种优惠政策，如税收优惠、利息补贴等，来鼓励金融机构为农村提供贷款。

(3)建立完善的农业保险体系。我国虽已建立了农业保险制度,但对农业灾害损失主要靠两种传统的农业风险保障途径,即民政部门主管的灾害救济和中国人民保险公司以商业方式推进的农业保险,这种救助方式在实践中表现出对农户援助力量不足、资金使用效率低等问题。可见,尽快出台完善的农业保险法律制度,建立对农业保险的财政与政策支持,探索适合我国国情的农业保险模式,是我国农业保险改革的必经之路。

(4)转变政府职能,减少政府对农村金融的干预。要减少政府的行政干预,就必须将微观、直接的干预上升为宏观、间接的管理,使金融机构成为独立核算、自负盈亏的经济实体,以免损害市场机制在资源配置中的基础地位。

(5)开放农村金融市场,放开对民间金融的过度管制。农村经济主体对资金的需求大多具有规模小、时间短、频率高的特点,正规金融机构很难满足这类资金的需要。而民间金融具有设立方便、资金使用灵活、服务于民间等特点,应该成为金融体系的有益补充。

第二节　我国传统农村金融机构

一、中国农业银行

中国农业银行是我国最大的涉农商业银行,农业、农村和农民的信贷业务一直是农业银行的业务重点。1980—2001 年,农业银行累计发放各类贷款 142827 亿元,其中涉农贷款 94489 亿元,占 66%。但是近年来,随着农村金融体制改革的推进,农业银行已完成由专业银行向商业银行的转变,业务领域,服务对象、经营机制、管理体制等都发生了深刻变化,服务对象脱离“三农”,业务重点转向城镇。中国农业银行改革与发展的历程可谓一波三折,经历了“四起三落”,以下简要回顾农业银行改革与发展的历史。

(一)农业合作银行的组建与撤销(1951—1952 年)

新中国成立后,为了加强农村金融工作,促进土地改革后农村以发展生产为中心任务的实现,经政务院批准,于 1951 年 8 月正式成立了中国农业合作银行。其任务是按照国家计划办理农业的财政拨款和一年以上的农业长期贷款,扶持农村信用合作的发展。农业合作银行成立后,对所赋予的财政拨款和长期贷款业务基本上没有开展,1952 年由于精简机构而撤销。

(二)中国农业银行的成立与撤销(1955—1957 年)

为了贯彻国家关于增加对农业合作化信贷支援的要求,根据当时农业生产发展情况并参照苏联做法,经国务院批准,1955 年 3 月成立中国农业银行。其任务主要是办理财政支农拨款和农业长期贷款与短期贷款，贷款对象主要限于生产合作组织和个体农民，贷款用途限于农业生产，其他农村金融业务仍由人民银行办理。1957 年 4 月，国务院决定将中国农业银行与中国人民银行合并。

（三）中国农业银行的重建与再次撤销（1963—1965 年）

1963 年，在贯彻国民经济"调整，巩固，充实，提高"的方针中，国家采取加强农业的措施，增加对农业的资金支援。为了加强对国家支农资金的统一管理和农村各项资金的统筹安排，防止发生浪费资金和挪用资金的现象，1963 年 11 月，全国人民代表大会常务委员会通过决议，批准建立中国农业银行，作为国务院的直属机构。根据中共中央和国务院关于建立中国农业银行的决定，这次农业银行机构的建立，从中央到省、地、县，一直设到基层营业所。但是，在精简机构的形势下，经国家批准，1965 年 11 月，中国农业银行和中国人民银行再次合并。

（四）中国农业银行的恢复（1979—1994 年）

1978 年 12 月，中共十一届三中全会通过的中共中央中国农业银行《关于加快农业发展若干问题的决定（草案）》中明确提出，"恢复中国农业银行，大力发展农村信贷事业"。1979 年 2 月，国务院发出《关于恢复中国农业银行的通知》，决定正式恢复中国农业银行，恢复后的中国农业银行是国务院的直属机构，由中国人民银行监管。中国农业银行的主要任务是：统一管理支农资金，集中办理农村信贷，领导农村信用合作社，发展农村金融事业。

（五）中国农业银行的改革与发展（从 1994 年起）

以 1993 年 12 月国务院做出的《关于金融体制改革的决定》为基础，要求通过改革逐步建立在中国人民银行统一监督和管理下，中国农业发展银行、中国农业银行和农村合作金融组织密切配合、协调发展的农村金融体系。

实际上就是把中国农业银行中的政策性银行功能、商业银行功能、农村信用社进行分离，分离的结果是：1994 年 4 月，中国农业发展银行从中国农业银行分设成立，粮、棉、油收购资金供应与管理等政策性业务与农业银行分离，农业银行开始按照 1995 年颁布实施的《中华人民共和国商业银行法》，逐步探索现代商业银行的运营机制。1996 年 8 月，国务院又做出《关于农村金融体制改革的决定》，要求建立和完善以合作经营为基础，商业性金融、政策性经营分工协作的农村金融体系。农业银行认真贯彻执行《决定》的有关精神，在矛盾多、时间紧、压力大的情况下，统一思想，顾全大局，积极支持农业发展银行省级以下分支机构的设立和农村信用社与农业银行脱离行政隶属关系的改革。1997 年，农业银行基本完成了作为国家专业银行"一身三任"的历史使命，开始进入真正向国有商业银行转化的新的历史时期。

（六）中国农业银行的股份制改革与上市

1999 年，农行和工、中、建三家银行剥离 1.4 万亿元不良资产给四大资产管理公司。

2004 年，农行第一次上报股改方案。

2007 年 1 月 19 日至 20 日，全国金融工作会议确定农业银行股份制改革总的原则是"坚持面向'三农'、整体改制、商业运作、择机上市"。

2007 年 9 月，农行选择吉林、安徽、福建、湖南、广西、四川、甘肃、重庆八个省（区、市）开展面向“三农”的金融服务试点。

2008 年 1 月 23 日，农业银行明确提出“3510”奋斗目标和发展战略。

2008 年 3 月，农行开始推动在 6 个省 11 个二级分行开始“三农”金融事业部改革试点。2008 年 5 月底，“三农”金融服务第一阶段试点结束。

2008 年 8 月，农行总行设立“三农”金融事业部，全面推动全行“三农”金融事业部制改革。

2008 年 10 月，农行股改方案获国务院通过。

2010 年 7 月 15 日和 16 日正式在上海和香港两地上市，农行融资约 221 亿美元，并成为全球最大的 IPO，至此，中国四大国有商业银行全部实现上市。

【知识链接】

农行覆盖全国的营业网点

中国农业银行是全国机构网点最多的商业银行，营业网点遍布全国城乡，每个省、市、自治区、计划单列市都有分行，网点机构总数高达 24064 个。

二、中国农业发展银行

中国农业发展银行成立于 1994 年 11 月，直属国务院领导，是我国三大政策性银行之一。组建以来，在支持农副产品收购、农村经济发展、农民增收、确保国家粮食安全方面做出了巨大的贡献。到 2010 年底，全行总资产达 17508.16 亿元，各项贷款余额 16710.65 亿元，与 1994 年相比，分别增长 329% 和 369%；实现经营利润 209.62 亿元，是 1995 年的 121 倍；现注册资本 200 亿元，在岗职工 5.9 万人，全系统共有 31 个省级分行、300 多个二级分行和 1800 多个营业机构，服务网络遍布中国大陆地区。

(一)中国农业发展银行成立的背景

中国农业发展银行是我国建立社会主义市场经济体制、深化金融体制改革的产物。党的十一届三中全会以后，我国农业和农村经济得到了迅速发展，1979 年恢复成立的中国农业银行及其管理的农村信用社，为支持农业和农村经济发展做出了重要贡献。但是，随着城乡经济的迅速发展和社会主义市场经济体制的确立，农业银行同时承担政策性和商业性两种金融业务的弊端日益显现出来。1993 年 12 月，国务院《关于金融体制改革的决定》提出，组建中国农业发展银行，把中国农业银行尽快转变为国有商业银行。1994 年 4 月 19 日，国务院发出《关于组建中国农业发展银行的通知》，决定由农业发展银行承办农业政策性金融业务，解决长期以来存在的政策性信贷资金不能专款专用，尤其是粮棉油收购资金不能及时足额供应、收购中给农民打“白条”和收购资金被大量挤占挪用的问题，以保护农民利益，支持国家农业产业政策和区域发展政策的实施，促进农业和农村经济持续稳定健康发展。

(二)中国农业发展银行的性质与任务

1. 性质

中国农业发展银行是根据中华人民共和国国务院于1994年4月19日发出的《关于组建中国农业发展银行的通知》(国发[1994]25号)成立的国有农业政策性银行,直属国务院领导。

2. 任务

按照国家的法律、法规和方针、政策,以国家信用为基础,筹集农业政策性信贷资金,承担国家规定的农业政策性和经批准开办的涉农商业性金融业务,代理财政性支农资金的拨付,为农业和农村经济发展服务。

中国农业发展银行在机构设置上实行总行、分行、支行制。总行设在北京,分支机构的设置须经中国人民银行批准。中国农业发展银行为独立法人,实行独立核算,自主、保本经营,企业化管理;在业务上,接受中国人民银行的指导和监督。

(三)中国农业发展银行的业务范围

中国农业发展银行的业务范围,由国家根据国民经济发展和宏观调控的需要并考虑农发行的承办能力来界定。中国农业发展银行成立以来,国务院对其业务范围进行过多次调整。

中国农业发展银行的主要业务包括:

(1)办理粮食、棉花、油料收购、储备、调销贷款。

(2)办理肉类、食糖、烟叶、羊毛、化肥等专项储备贷款。

(3)办理粮食、棉花、油料加工企业和农、林、牧、副、渔业的产业化龙头企业贷款。

(4)办理粮食、棉花、油料种子贷款。

(5)办理粮食仓储设施及棉花企业技术设备改造贷款。

(6)办理农业小企业贷款和农业科技贷款。

(7)办理农业基础设施建设贷款。支持范围限于农村路网、电网、水网(包括饮水工程)、信息网(邮政、电信)建设,农村能源和环境设施建设。

(8)办理农业综合开发贷款。支持范围限于农田水利基本建设、农业技术服务体系和农村流通体系建设。

(9)办理农业生产资料贷款。支持范围限于农业生产资料的流通和销售环节。

(10)代理财政支农资金的拨付。

(11)办理业务范围内企事业单位的存款及协议存款、同业存款等业务。

(12)办理开户企事业单位结算。

(13)发行金融债券。

(14)资金交易业务。

(15)办理代理保险、代理资金结算、代收代付等中间业务。

(16)办理粮、棉、油政策性贷款企业进出口贸易项下的国际结算业务以及与国际业务相配套的外汇存款、外汇汇款、同业外汇拆借、代客外汇买卖和结汇、售汇业务。

(17)办理经国务院或中国银行业监督管理委员会批准的其他业务。

【知识链接】

中国农业发展银行的惠农服务

2012年,面对国内外复杂多变的经济金融形势、国家宏观调控政策的深刻调整和粮棉油市场的新变化,中国农业发展银行深入贯彻落实科学发展观,认真执行党中央、国务院有关大政方针,牢牢把握稳中求进的工作总基调,不断加大信贷支农力度,狠抓基础基层建设,努力防控金融风险,切实加强队伍建设,全行呈现业务有效发展、管理不断强化、业绩再创新高、队伍和谐奋进的良好局面。全年累放各类贷款12647亿元;年末贷款余额21851亿元,增加3095亿元,增量为历年之最。累放粮棉油收储贷款5456亿元,增加1124亿元,支持收储粮食3221亿斤,占当年商品量的50%;支持收购棉花8740万担,占产量的60%以上,支持棉花储备创历史新高。累放农业农村基础设施建设贷款2605亿元,支持项目1788个,重点支持病险水库除险加固74座,增加或改善灌溉面积60万亩,解决396万农民的饮水问题,复垦土地12万亩,新建农民住房889万平方米、改造农村危房90万平方米、共惠及7.6万农户。

资料来源:中国农业发展银行2012年年报。

三、农村信用合作社

农村信用合作社是中国金融体系的重要组成部分,也是目前主要的合作金融组织形式。农村信用合作社是由社员入股组成、实行社员民主管理、主要为社员提供金融服务的合作金融机构。农村信用社是独立的企业法人,以其全部资产对农村信用社的债务承担责任,依法享有民事权利,承担民事责任。

农村信用社的主要业务有传统的存款、放款、汇兑等,近年来,随着我国农村经济的不断迅速发展,农村信用社在立足、服务“三农”的基础上,积极拓展服务领域,创新服务品种,增加服务手段,服务功能进一步增强。部分地区的农村信用社先后开办了代理、担保、信用卡等中间业务,尝试开办了票据贴现、外汇交易、电话银行、网上银行等新业务,为社员、客户提供了更加优质、便捷的金融服务。

农村信用合作社的发展大致经历了以下几个阶段:

(一)农村信用社大规模组建时期(新中国成立初期—1957年)

我国大规模组建农村信用合作社始于“一五”时期。1953年12月,中共中央在《关于发展农业生产合作社的决议》中指出,要发展农村信用合作。1954—1955年,全国各地掀起了组建农村信用合作社的高潮。到1954年底,全国信用合作社发展到1.6万个,其中9000个信用社是在1954年底前三个月内新建的。到1955年底,全国信用合作社发展到15万余个,拥有社员9500万人,包括6800多万农户,约占全国总农户的60%。

在这一时期,农村信用合作社之所以能够在很短的时间内迅速大规模组建起来,一个主要原因就是政府行政力量的推动。考察各国合作金融的发展历程,是一个比较缓慢的过程,原因就在于合作金融组织的制度变迁中具有很大的外部性。而我国则通过政府推动的强制性制度变迁，由政府承担农村信用合作社创建过程中的全部外部性，并依靠行政指令，发动群众运动式地在短期内就组建了规模浩大的农村信用合作社。

（二）农村信用合作社在挫折中缓慢发展阶段（1958—1978年）

1958—1978年，农村信用合作社管理权限两下两上，农村信用合作社不但管理混乱，自身也背上了沉重的包袱。

1958年，“大跃进”在全国推开，全国各地大搞人民公社化，农村信用合作社也改成人民公社的信用部，交由人民公社领导和管理。1959年，信用社又下放到生产大队管理，信用社的人权、财权和资金使用权都交给了生产大队，盈亏由大队统一核算。结果，管理权的下放造成信用社账务混乱，资金被抽调挪用，民主管理被废除，造成巨大亏损。1962年，国家不得不收回信用合作社的管理权限，交由人民银行管理。1969年，国家再次下放农村信用合作社的管理权限，交由贫下中农管理，农村信用合作社的人权、财权和资金使用权全部交由贫下中农管理委员会管理，农信社职工甚至由脱产改为不脱产。然而，同样的混乱和问题又出现了，农村信用合作社再次蒙受巨大损失。1977年，国家再次上收农村信用合作社的管理权限。

（三）农村信用合作社在改革中不断探索（1979年至今）

（1）逐步背离合作制（1978—1984年）。1977年，基于长期把农村信用合作社管理权限下放的教训，我国对信用合作社进行了改革，规定“农村信用社既是集体金融组织，又是国家银行在农村的基层机构”，农村信用社交由刚刚恢复的农业银行管理。信用社变成国家银行的基层机构，丧失了自主权，出现银行化的倾向，完全背离了合作制原则。但在这段时期，经营状况恶化的趋势却得以遏制。

（2）恢复合作制的改革阶段（1984—2003年）。1984年以后，农村信用社开始了漫长的恢复合作制的改革努力。在此期间，虽然管理体制上先后由农业银行、人民银行管理，改革的目标都是指向恢复合作制的。1984年，中共中央一号文件明确指出：“信用社要进行改革，真正办成群众性的合作金融组织。”1984—1996年，在农业银行的领导下，农村信用社在民主管理、业务管理、组织建设等方面进行了一些改革，建立社员代表大会、理事会、监事会，成立了县级联社。然而，建立起来的“三会”形同虚设，民主管理流于形式，信用社并没有很好地贯彻为社员服务的宗旨，商业化经营的倾向越来越明显。同时，农业银行作为商业银行，有自己的营利目标，因此由农业银行代管农村信用社就对农村信用社自身产生了一些负面影响。1996年8月，国务院《关于农村金融体制改革的决定》出台，指出农村信用合作社和农业银行脱离行政隶属关系，农村信用合作社按照合作制原则加以规范，由农村信用合作社县联社和人民银行对其实施业务管理和金融监管。改革的目标是把农村信用合作社办成真正的合作金融组织。经过七年的改革，农村信用社绝大部分都在形式上建立了“三会”，部分地区还建立了行业自律组织。但农村信用合作社依然无法摆脱民主管理流于形式的弊端，为社员服务的宗旨也无法得到贯彻，农民还是反映贷款难，商业化、营利性倾向更加明显。

（3）新的改革探索（2003年至今）。2003年6月，国务院下发《深化农村信用社改革试点方案》，农村信用社掀起了新一轮大规模改革，改革的核心是产权制度改革和管理体制改革。在产权制度上,允许股份制、股份合作制、合作制等多种模式的探索;在管理体制上,则把农村信用社交由省级政府管理,银监会负责风险监管。值得注意的是,此次改革不再把恢复纯粹合作制作为改革的单一目标,而是开始了农村信用社多种模式的探索。截至2005年7月,全国共组建银行类机构43家,其中农村商业银行9家,农村合作银行34家,另有13家银行类机构准备筹建;组建以县(市)为单位统一法人机构172家,另有273家批准筹建。目前,各省市均建立了省级联社,作为省级地方政府管理农村信用社的机构。

四、邮政储蓄

(一)中国邮政储蓄业务的发展历程

第一阶段(1986—1989年):1986年3月10日,经国务院批准,原邮电部、中国人民银行联合发出《关于印发开办邮政储蓄协议的联合通知》,自1986年4月1日起,全面开办邮政储蓄业务。邮政储蓄向中国人民银行缴纳存款,人民银行结算储蓄存款利息,并提供备付金和手续费。

第二阶段(1990—1998年):邮电部门办理的邮政储蓄业务与中国人民银行由缴存款转为转存款,邮政储蓄业务由代办改为自办。邮政储蓄资金改为全额转存人民银行;人民银行不再向其支付手续费,而是按人民银行和原邮电部门双方协商确定的转存款利率计付利息。储户的存款利息改由邮政机构进行支付;邮政储蓄业务收入,也由手续费收入改为利差收入;邮政储蓄所需备用金,由人民银行拨付改为从吸收的储蓄存款中按规定限额留存。

第三阶段(1999—2005年):央行将邮政储蓄转存的存款利息率统一,停止了邮政储蓄转存的活期存款和长期存款利率的部分。2003年8月1日,邮政储蓄存款实行革新,新增的储蓄存款资金由邮政局自主运用。邮政储蓄机构可从事债券投资和协议存款业务,标志着邮政储蓄机构开始资产业务的市场化经营与管理。

截至2003年7月31日,原有的邮政储蓄存款(约8290亿元)继续按4.131%的利率转存人民银行;自2003年8月1日起,邮政储蓄新增存款转存人民银行的部分,按照金融机构准备金存款利率(年利率1.89%)计息,并允许邮政储蓄新增存款由国家邮政储蓄局进行自主运用,主要包括进入银行间市场参与债券买卖、与中资商业银行和农村信用社办理大额协议存款、与政策性银行进行业务合作、开展部分中间业务、承销国债和政策性金融债等。

第四阶段(2005—2007年):2007年2月,新疆邮政储汇局在新疆公路项目建设贷款中出资10亿元,成为全国邮政储蓄开办的首笔直接银团贷款业务,标志着邮政储蓄在资金运用上又迈出了关键性的一步,这进一步拓展了邮政储蓄机构与银行同业合作的空间。

第五阶段(2007—2012年):2007年3月20日,中华人民共和国邮政储蓄银行在北京正式挂牌成立。其目标是充分依托和发挥邮政网络优势,完善城乡金融服务功能,为国民经济和社会发展,为广大人民群众提供金融服务,并最终建设成为资本充足、内控严密、营运安全、竞争力强的现代金融机构。中国邮政储蓄银行由中国邮政集团全资出资组建,注册资本为200亿元,中国邮政储蓄银行开业时,全国邮政储蓄存款余额达1.7万亿元,规模居全国第五位。

中国邮政储蓄银行于2011年12月31日整体改制为股份有限公司获得批准,2012年1月21日正式更名为"中国邮政储蓄银行股份有限公司"。

(二)邮政储蓄银行的小额贷款业务

小额贷款是指中国邮政储蓄银行向单一借款人发放的金额较小的贷款,分为农户小额贷款和商户小额贷款。农户小额贷款是指向农户发放的用于满足其农业种植、养殖或者其他与农村经济发展有关的生产经营活动资金需求的贷款。商户小额贷款是指向城乡地区从事生产、贸易等活动的私营企业主(包括个人独资企业主、合伙企业个人合伙人、有限责任公司个人股东等)、个体工商户等微小企业主发放的用于满足其生产经营资金需求的贷款。

1. 贷款对象

(1)农户:指从事农耕、种植、养殖业的农户或农村个体经营者。

(2)商户:指从事生产、加工、商贸等经营性质的私营企业主。包括个体独资企业主、合伙企业合伙人、有限责任公司个人股东、个体工商户和城镇个体经营者等微小企业主。

2. 贷款金额

(1)农户贷款最高5万元。

(2)商户贷款最高10万元。

(3)个人商务(房地产抵押)贷款原则上为300万元以下,最高不超过500万元。

3. 贷款期限

农户、商户的贷款期限为1~12个月;个人商务贷款的期限为5年以内。

4. 贷款利率

目前,采用等额本息方式还款,年利率为15.3%,个人商务贷款利率为基准利率上浮30%,五年期贷款利率为7.488%。

5. 贷款方式

申请贷款可选择保证或联保方式,个人商务贷款用房产做抵押。

6. 办理流程

只需要借款人组成联保小组或找到担保人,携带户口本和身份证,如是商户还需要携带营业执照,一同到开办小额贷款的网店提出申请并接受调查,审批通过,签订完成合同,最快三天就可以拿到贷款。

【知识链接】

中国邮政储蓄银行发展普惠金融

2013 年 9 月 26 日，中国邮政储蓄银行董事长李国华在第十六届世界储蓄与零售银行协会邮政储蓄银行论坛上透露，截至 2013 年 8 月底，邮储银行累计发放小额贷款 1250 万笔，金额为 7646 亿元；累计发放小微企业贷款 1400 多万笔，金额为 1.7 万亿元。

以小额贷款为标志的零售信贷业务，目前已成为邮储银行基层分支行的主要收入来源。

此论坛上，来自 18 个国家的金融机构和世界储协代表、中国金融监管业高层等作为参与方商讨"商业可持续的普惠金融"。仅以中国的小微企业为例，中国有小微企业 2.1 亿家，小微企业占企业总量的 99% 以上，但能够获得金融服务的只有 2400 万。普惠金融的参与者们均认为，如何吸收并利用金融新业态深度发展普惠金融，是全球储蓄银行共同面临的新课题。

资料来源：第十六届世界储蓄与零售银行协会邮政储蓄银行论坛，2013－09－26.

第三节　新型农村金融机构

目前，农村只有三种金融主体，一是信用社，二是邮政储蓄，三是中国农业银行的分支机构。农村的金融市场还处于垄断状态，没有竞争，服务水平就无法提高，农民的贷款需求也无法得到满足。改革的出路，就是引进新的金融机构。

一、村镇银行

2006 年 10 月，一直在国际上享有"小额信贷之父"、"穷人银行家"美誉的穆罕默德·尤努斯教授以其在孟加拉创立的世界上第一家乡村银行——格莱珉银行获得诺贝尔和平奖。30 年前，他曾把 27 美元借给 42 名赤贫的孟加拉农村妇女，不久建立起孟加拉乡村银行，至今已形成一个有 1200 个分行、遍及 4.6 万多个村庄的银行系统，使 400 多万孟加拉农村的贫困人口脱贫致富。

借鉴格莱珉银行的成功模式，2006 年 12 月 20 日，银监会出台《关于调整放宽农村地区银行业金融机构准入政策、更好支持社会主义新农村建设的若干意见》，这是中国农村金融政策的重大突破。正是在这样的背景下，全国各地村镇银行如雨后春笋般应运而生。

（一）村镇银行的概念及性质

1. 村镇银行的概念

根据《村镇银行管理暂行规定》，村镇银行是指经银监会依据有关法律、法规批准，由境内外金融机构、境内非金融机构企业法人、境内自然人出资，在农村地区设立的主要为当地农民、农业和农村经济发展提供金融服务的银行业金融机构。

当前，村镇银行是我国新型农村金融机构中发展最快的一个，在设立之初，村镇银行的试点数量就高于其他两家。截至 2012 年 9 月末，全国已组建村镇银行、贷款公司和农村资金互助社三类新型农村金融机构 858 家，其中村镇银行 799 家。2012 年以来，银监会坚持面向“三农”、数量服从质量、重点布局中西部县域的原则，积极稳妥地推进村镇银行的组建工作。前 9 个月，银监会共核准 18 家银行业机构发起设立 187 家村镇银行的规划，其中 75% 在中西部地区。

2. 村镇银行的性质

(1)村镇银行是独立的企业法人。享有由股东投资形成的全部法人财产权，依法享有民事权利，并以全部法人财产独立承担民事责任。

(2)村镇银行业务独立。依法开展业务，不受任何单位和个人的干涉。

(3)村镇银行以安全性、流动性、营利性为经营原则。自主经营，自担风险，自负盈亏，自我约束。

(4)村镇银行业务齐全，是按照商业可持续发展原则设立的，是农村银行业金融服务体系的一个组成部分，业务品种较为丰富。

(5)村镇银行是正规金融机构。村镇银行不同于小额信贷组织，小额信贷组织主要依靠自有资金开展贷款业务，不得对公众吸收存款，也不得向金融机构通过融资方式获取资金，以转贷形式发放贷款。小额贷款组织不属于中国银监会的监管范围。

(二)设立村镇银行的条件

(1)有符合规定的章程；

(2)发起人或出资人应符合规定的条件，且发起人或出资人中应至少有 1 家银行业金融机构；

(3)在县(市)设立的村镇银行，其注册资本不得低于 300 万元人民币；在乡(镇)设立的村镇银行，其注册资本不得低于 100 万元人民币；

(4)注册资本为实收货币资本，且由发起人或出资人一次性缴足；

(5)有符合任职资格的董事和高级管理人员；

(6)有具备相应专业知识和从业经验的工作人员；

(7)有必需的组织机构和管理制度；

(8)有符合要求的营业场所、安全防范措施和与业务有关的其他设施；

(9)中国银行业监督管理委员会规定的其他审慎性条件。

(三)村镇银行的经营管理

1. 业务范围

经银监分局或所在城市银监局批准，村镇银行可经营表 2 - 2 中的各类业务。有条件的村镇银行要在农村地区设置 ATM，并根据农户、农村经济组织的信用状况向其发行银行卡。村镇银行在缴足存款准备金后，其可用资金应全部用于当地农村经济建设。村镇银行发放贷款应首先充分满足县域内农户、农业和农村经济发展的需要。确已满足当地农村资金需要的，其富余资金可投放到当地其他产业、购买涉农债券或向其他金融机构融资。

表 2－2　村镇银行可以经营的业务种类

吸收公众存款	从事同业拆借
发放短期、中期和长期贷款	从事银行卡业务
办理国内结算	代理发行、代理兑付、承销政府债券
办理票据承兑与贴现	代理收付款项及代理保险业务

2. 贷款发放

村镇银行应建立适应自身业务发展的授信工作机制，合理确定不同借款人的授信额度。在授信额度以内，村镇银行可以采取一次授信、分次使用、循环放贷的方式发放贷款。村镇银行发放贷款应坚持小额、分散的原则，提高贷款覆盖面，防止贷款过度集中。村镇银行对同一借款人的贷款余额不得超过资本净额的5%；对单一集团企业客户的授信余额不得超过资本净额的10%。村镇银行应建立审慎、规范的资产分类制度和资本补充、约束机制，准确划分资产质量，充分计提呆账准备，及时冲销坏账，真实反映经营成果，确保资本充足率在任何时点上都不低于8%，资产损失准备充足率不低于100%。

3. 内部控制与审计机制

村镇银行应建立健全内部控制制度和内部审计机制，提高风险识别和防范能力，对内部控制应执行情况进行检查、评价，并对内部控制的薄弱环节进行纠正和完善，确保依法合规经营。村镇银行应执行国家统一的金融企业财务会计制度以及银行业监督管理机构的有关规定，建立健全财务、会计制度。村镇银行应真实记录并全面反映其业务活动和财务状况，编制财务会计报告，并提交其权力机构审查。

（四）村镇银行的发展策略

（1）创新金融手段，提高核心竞争力。村镇银行服务于新农村的着眼点，需用新金融工具、新金融技术、新金融产品、新金融服务、新金融机制重塑新农村建设的资金需求。一是完善小额农户贷款和联保贷款管理机制将龙头企业与农户、中介机构和担保机构等具有法人地位的利益主体纳入联保贷款范畴。二是探索抵质押品方式。

（2）寻找政策扶持，营造外部环境。一是人民银行给予村镇银行一定的支农再贷款支持，以扩大村镇银行的资金实力；二是放松利率管制，允许村镇银行根据当地经济发展水平、资金供求状况、债务人可承受能力来自主确立贷款利率；三是对初创阶段的村镇银行减免营业税和所得税，支持其发展壮大；四是加快建立农业政策性保险机构，为村镇银行的资金安全提供切实保障，并考虑建立村镇银行的联合银行；五是建立必要的风险补偿机制，建立村镇银行服务“三农”和支持新农村建设的正向激励机制。

（3）加强内控执行力，促进村镇银行稳健经营。村镇银行由于刚刚起步，考虑到其经营的高风险性和抗风险能力不强的特点，应坚持审慎经营的原则。比如，资本充足率标准应该高于其他类型的银行业金融机构，贷款分类标准和流动性比率应更高，保障其运营更安全，努力减少因运营不善可能给社会带来的负面冲击。应建立完善的法人治理结构和银行组织体系，建立健全内控制度和风险管理机制，提高其风险防范能力。

村镇银行作为一个新兴的农村金融机构，在农村金融需求得不到满足和金融供给不足的条件下，投资农村这个巨大金融市场的回报是十分可观的。村镇银行在国家政策的规范和市场商业利益的驱动下，其发展势头必然如雨后春笋一般。同时，随着农村金融体系的不断完善和农业经济的稳步发展，我国村镇银行在农村经济中必将扮演越来越重要的角色。

二、农村资金互助合作组织

（一）农村资金互助社的概念

根据中国银行业监督管理委员会的界定，农村资金互助社是指经银行业监督管理机构批准，由乡镇、行政村农民和农村小企业自愿入股组成，为社员提供存款、贷款、结算等业务的社区互助性银行业金融机构。

表 2－3　中国银监会框架下的 8 家资金互助社的情况

机构设立地点	机构名称	批准筹建时间
内蒙古通辽市	通辽市辽河镇融达农村资金互助社	2007 年 4 月
内蒙古锡林浩特市白音锡勒农牧场	诚信农村资金互助社	2007 年 5 月
吉林省梨树县榆树台镇闫家村	梨树县闫家村百信农村资金互助社	2007 年 2 月
四川省苍溪县岳东镇	苍溪县益民农村资金互助社	2007 年 6 月
甘肃省定西市岷县洮珠村	岷县洮珠村岷鑫农村资金互助社	2007 年 3 月
甘肃省景泰县龙湾村	景泰县龙湾村石林农村资金互助社	2007 年 3 月
青海省乐都县雨润镇深沟村	兴乐农村资金互助社	2007 年 2 月
青海省玉树藏族自治州称多县清水河镇	称多县清水河镇富民农村资金互助社	2007 年 2 月

（二）农村资金互助社的性质

（1）社员民主管理，以服务社员为宗旨，谋求社员共同利益。

（2）是独立的法人。对社员股金、积累及合法取得的其他资产所形成的法人财产，享有占有、使用、收益和处分的权利，并以上述财产对债务承担责任。

（3）合法权益受法律保护。农村资金互助社的合法权益和依法开展经营活动受法律保护，任何单位和个人不得侵犯。农村资金互助社社员以其社员股金和在本社的社员积累为限对该社承担责任。

(三)农村资金互助合作组织的发展模式

1. 不能走农村信用合作社之路

中国的农村信用合作社源于20世纪20年代，目的也是以合作互助的形式帮助当地农民发展生产，解决生活困难。到了1956年，全国共成立了10.3万个信用合作社，入社农户达到9000多万户，对合作化运动的开展和农业生产的发展起了巨大的推动作用，但是1958年以后，农村信用合作社变成了生产队的信用分部。70年代以后，农村信用合作社归国家银行管理，这使其由民办改为官办。到了2003年，开始大范围的农村信用合作社改革，更是将其引向商业化经营，完全脱离了资金互助的初衷。

2. 不能走农村合作基金会之路

农村合作基金会是改革开放初期由乡村集体经济组织和农户按照自愿互利、有偿使用的原则建立的社区性资金互助合作组织，曾经在80年代到90年代初期的农村金融改革与经济发展过程中扮演了不可忽视的角色。它的宗旨是：为农民服务，为农业生产服务，为发展农村集体经济服务。到1996年底，全国已有2.1万个乡级和2.4万个村级农村合作基金会，融资规模约为1500亿元。这时候，供销社、计生委、民政、劳动和社会保障等部门都加入了创办基金会、股金会的队伍，参与高利率资金市场的恶性竞争。农村合作基金会主要以高于国家法定存款利率和贷款利率的水平吸引并投放资金，即实行“高进高出”的经营策略。一方面，较高的集资利率提高了合作基金会的集资能力，而资金要素的严重短缺又使其能够以较高的利率投放信贷。一方面，为了追求高收益而导致资金投放的非农化趋势发展到十分严重的地步；另一方面，由于监督机制弱，管理水平低，资金投放风险放大，致使局部地区开始出现小规模的挤兑风波，最终没有逃过被清理关闭的命运。

3. 不能把农村资金互助社办成基层政府的附属机构

农村资金互助社不应承担地方的政策性金融业务。地方政府可以视财力情况，给予农村资金互助社以资助，但不能向资金互助社入股，这种情况下，地方政府与资金互助社是服务与被服务的关系，而不是行政隶属关系，政府不应对资金互助社的合法经营活动进行干预，不应制定资金互助社的投资方向，并要保护资金互助社的合法权益不被他人侵犯。

(四)农村资金互助合作组织的作用

(1)缓解了农村金融供给不足、网点覆盖率低、竞争不充分等问题，改进和加强了农村金融服务。农村资金互助社与现有农村金融机构形成互补，从而建立多层次的资金融通体制，以满足农户多层次的融资需求。

(2)促进了农民专业合作组织的发展。2007年7月1日，《中华人民共和国农民专业合作社法》开始实施，标志着我国农民专业合作社的发展进入了一个新阶段。农村信用社向商业化加速改革，农村合作金融出现真空，农村资金互助社的设立为农民专业合作社的发展提供了支撑，有利于建立适应合作经济发展要求的合作金融体制。

(3)有利于建立农村商业银行资金回流农村机制。如前所述，商业银行面对的是分散的农户,并且受交易额小、交易成本高、信息不对称和缺乏抵押品等因素制约,经营的成本和风险加大。而农村资金互助社是建立在农村的熟人社区内,能有效利用信息对称的优势降低经营成本和风险。在这种情况下,商业银行将信贷资金以同业拆借的形式批发给农村资金互助社,将交易成本和识别风险转移给农户内部市场,这样就实现了商业银行面向农村市场的规模经营问题,从而使商业银行能够获取经营利润,保持可持续发展。

(4)有利于优化银行体系结构,降低系统性风险。四大国有商业银行在很大程度上垄断了国内银行业的大多数金融资源和业务,它们的资金需求与供给具有很强的同质性,系统性风险极易爆发。而农村资金互助社的适当发展将会有利于改善银行体系结构,有助于在完善银行组织体系的基础上分散系统性风险。设立农村资金互助社可以分流过度集中于大、中型银行机构的社会资金,形成一个相对独立的社区资金市场,从而较好地分散来自经济与金融层面的冲击,进而规避系统性金融风险。

(5)可以有效地遏制民间非法金融的蔓延和发展。据当地人民银行监测,2006 年农村民间借贷年率最高达到 30%,远远高于国家法定利率。民间融资之所以有较大盈利空间,很大程度上是因为农村资金融通不畅,很大一部分农民的资金需求得不到满足。培育和发展农村资金互助社,一方面可将民间融资纳入国家正规的金融渠道之内,为民间资本进入银行业提供一个比较现实的通道,提高民间的规范化、组织化和机构化,另一方面也可以使高利率的农村民间借贷失去需求的空间。

(五)农村资金互助合作组织的基本规则

1. 设立条件

(1)有符合监管部门规定的章程;

(2)有 10 名以上符合规定要求的发起人;

(3)有符合规定要求的注册资本;

(4)有符合任职资格的理事、经理和具备从业条件的工作人员;

(5)有符合条件的营业场所、安全防范设施和与业务有关的其他设施;

(6)有符合规定的组织机构和管理制度;

(7)银行业监管部门规定的其他条件。

2. 入股条件

(1)具有完全民事行为能力(完全民事行为能力是指法律赋予达到一定年龄和智力状态正常的公民通过自己独立的行为进行民事活动的能力);

(2)户口所在地或经常居住地(本地有固定住所且居住满 3 年)在入股资金互助社所在乡镇或行政村内;

(3)入股资金为自有资金且来源合法,达到规定的入股金额起点;

(4)诚实守信,声誉良好。

3. 组织机构

(1)社员大会。农村资金互助社社员大会由全体社员组成,是该社的权力机构。社员超过 100 人的,可以由全体成员选举产生不少于 31 名的社员代表组成社员代表大会,社员代表大会按照章程规定行使社员大会职权。

(2)理事会。农村资金互助社社员大会(社员代表大会)由理事会召集,不设理事会的由经理召集,应于会议召开15日前将会议时间、地点及审议事项通知全体社员。章程另有规定的除外。

(3)经理层。农村资金互助社设经理一名,未设理事会的,经理为法定代表人。经理按照章程规定和社员大会的授权,负责该社的经营管理。经理事会、监事会同意,经理可以聘任财务、信贷等工作人员。农村资金互助社理事、经理任职资格须经属地银行监督管理机构核准。农村资金互助社理事长、经理应具备高中或中专及以上学历,上岗前应通过相应的从业资格考试。

(4)监事会。农村资金互助社应设立由社员、捐赠人以及向其提供融资的金融机构等利益相关者组成的监事会,其成员一般不少于3人,设监事长1人。监事会按照章程规定和社员大会授权,对农村资金互助社的经营活动进行监督。监事会的职责及议事规则由章程规定。农村资金互助社经理和工作人员不得兼任监事。

三、贷款公司

(一)贷款公司的含义

贷款公司是指经中国银行业监督管理委员会依据有关法律、法规批准,由境内商业银行或农村合作银行在农村地区设立的专门为县域农民、农业和农村经济发展提供贷款服务的非银行业金融机构。贷款公司是由境内商业银行或农村合作银行全额出资的有限责任公司。

2007年3月1日,按照中国银监会的框架注册的四川仪陇县惠民贷款公司在四川仪陇县马鞍镇开业。这是中国首家获得金融许可证的贷款有限责任公司。该公司注册资本50万元,为南充市商业银行专营贷款业务的全资子公司。

(二)贷款公司的业务经营范围

贷款公司开展业务,必须坚持为农民、农业和农村经济发展服务的经营宗旨,贷款的投向主要用于支持农民、农业和农村经济发展。贷款公司可经营下列业务:①办理各项贷款;②办理票据贴现;③办理资产转让;④办理贷款项下的结算;⑤经中国银行业监督管理委员会批准的其他资产业务。

部分贷款公司运行概况见表2-4。

表2-4 部分贷款公司运行概况

<table>
<tr><th>贷款公司</th><th>贷款额度</th><th>审批时间</th><th>贷款条件</th><th>贷款期限</th><th>贷款利率</th><th>还款方式</th></tr>
<tr><td rowspan="2">包商惠农贷款公司</td><td>3000~5万</td><td>3个工作日</td><td rowspan="2">个人担保;以存款或交通工具做抵押</td><td rowspan="2">3个月~2年</td><td rowspan="2">月息千分之十五</td><td rowspan="2">按月等额还款</td></tr>
<tr><td>5万~20万</td><td>7天</td></tr>
<tr><td rowspan="2">仪陇惠民贷款公司</td><td rowspan="2">无限制</td><td rowspan="2">—</td><td rowspan="2">无须抵押,贷款程序严格:首先,入户调查;其次,评估信用等级;最后,发放贷款</td><td rowspan="2">无限制</td><td>3个月期贷款利率高于基准利率</td><td rowspan="2">—</td></tr>
<tr><td>1年期贷款利率执行基准利率</td></tr>
</table>

(三)贷款公司主要监管指标

(1)贷款公司发放贷款应当坚持小额、分散的原则,提高贷款覆盖面,防止贷款过度集中。贷款公司对同一借款人的贷款余额不得超过资本净额的10%;对单一集团企业客户的授信余额不得超过资本净额的15%。

(2)贷款公司应按照国家有关规定,建立审慎、规范的资产分类制度和资本补充、约束机制,准确划分资产质量,充分计提呆账准备,真实反映经营成果,确保资本充足率在任何时点上都不低于8%,资产损失准备充足率不低于100%。

(3)对资本充足率大于8%,且不良贷款率在5%以下的,可适当减少检查频率,支持其稳定发展。

知识题

1. 我国现阶段的农村金融体系是怎样的?简述我国农村金融体系的发展概况。
2. 中国农业银行的性质是什么?简述农行改革进程。
3. 中国农业发展银行的性质和任务是什么?
4. 试分析中国农业银行与中国农业发展银行的业务有什么不同。
5. 试述我国农村信用社改革的阶段。
6. 农村信用社改革与发展中遇到哪些问题?
7. 农村政策性金融与农村合作金融、农村商业金融有何区别与联系?
8. 我国现阶段新型农村金融机构有哪些?
9. 村镇银行的性质是什么?其设立有哪些条件?
10. 简述贷款公司的含义及业务范围。

案例题

新型农村金融机构呈蓬勃发展态势

截至2010年5月末,四川省共有新型农村金融机构17家,其中村镇银行14家、贷款公司2家、农村资金互助社1家。2007年3月1日,四川仪陇惠民村镇银行和四川仪陇惠民贷款公司在全国率先挂牌开业。通过三年多的努力,四川省新型农村金融机构改革试点工作取得明显成效,走在全国前列。

2010年中央一号文件明确提出了"加快培育村镇银行、贷款公司、农村资金互助社,有序发展小额贷款组织,引导社会资金投资设立适应'三农'需要的各类新型金融组织"的要求。银监会2010年农村中小金融机构监管工作会议提出了加快培育新型农村金融机构,力争完成2010年新型农村金融机构培育的工作任务。我们通过对四川省新型农村金融机构的报道,与读者一起了解新型农村金融机构改革试点的相关情况。

三年前,全国第一家村镇银行——四川仪陇惠民村镇银行挂牌开业,四川作为第一批新型农村金融机构改革试点省份之一,开始了崭新的探索。三年后,从四川传来喜人消息:截至2009年末,四川新型农村金融机构共17家,约占全国的1/10;17家新型农村金融机构提足拨备后的净利润占全国一半以上;新型农村金融机构蓬勃发展,有效激活了当地农村金融市场。

新型农村金融机构的设立让偏远地区的农民在家门口就能享受到便利的金融服务。文林场有10个村,200多户农户,村民们居住分散。杨贵兵负责收取文林片区的电话费,原来每月初都要先垫付片区内电信用户的话费,导致自有资金不足。于是杨贵兵加入了农村资金互助社,互助社向其授信3万元,帮他解决了流动资金不足的难题。

苍溪县地处川北,属于国家级贫困县,也是革命老区。2007年7月8日,苍溪县益民农村资金互助社在岳东镇文林场挂牌成立。互助社由文林场附近文坪等10个村的群众,本着"自愿入股,民主管理,服务社员,共谋利益"的原则发起组建,注册资本31万元,共有社员1767户,农户覆盖面高达80%以上。

截至2010年5月末,四川省17家新型农村金融机构(村镇银行14家、贷款公司2家和农村资金互助社1家)总资产56.99亿元,比年初增加6.66亿元;总负债49.93亿元,比年初增加6.42亿元。各项贷款余额29.57亿元,比年初增加3.94亿元。各项存款余额42.5亿元,比年初增加6.02亿元,其中小企业贷款余额19.08亿元,农户贷款余额7.24亿元。2010年1至5月实现利润3251万元。

资料来源:赵晓强.新型农村金融机构呈蓬勃发展态势.中国经济网,2010-07-02.

要求:就上述资料,结合实际讨论我国新型农村金融机构在促进新农村建设中是如何发挥积极作用的。

分析提示:主要从新型农村金融机构的成立背景、性质与任务等方面进行论述。

实训题

实训项目:金融机构调研。

实训目的:通过现场实践和具体操作,使学生掌握某一具体农村金融机构业务运作的程序和方法,了解不同金融机构的组织与管理工作。

实训步骤:

(1)查阅资料,了解我国农村金融体系的基本构架,当前农村金融市场的发展动向、有关政策以及农村金融机构经营方面的问题,为将来就业打下良好的实践基础。

(2)组织学生到当地农村信用社进行现场参观,在条件允许的情况下,可进行实际操作。了解该农村信用社当前的经营状况、业务操作及主要问题,培养学生分析问题和解决问题的能力。

(3)撰写调研报告。

第三章　农村民间金融

知识目标

了解农村民间金融的来历、所属范畴及其发展的过程；掌握农村民间金融与农村经济的相互作用；掌握农村民间金融存在的问题；掌握关于农村民间金融的监管和创新方式。

能力目标

掌握分析农村民间金融学基本特点的能力；掌握运用农村民间金融的相关概念分析中国农村金融现实热点问题的能力；掌握解读国家调整农村民间金融的政策意图的能力。

【引例】

农村民间金融机构应入正规军

清华大学经济管理学院于2009年6月16日发布了“中国农村金融发展研究”项目首年研究成果之一《中国农村金融发展调查报告》（以下简称《报告》），为农村金融的发展提出了一系列政策建议。

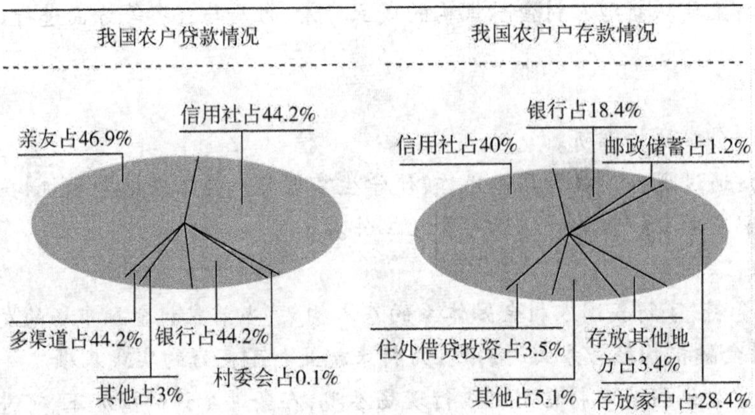

《报告》调查的1523个农户中，74%的农户都有积蓄，从整体上看，在信用社存款仍是农户的第一选择，资金相对更富余的农户则更青睐银行，在有存款的基础上，农户的贷款需求却没有得到满足，调查样本中有66.9%的农户有过借贷行为，其中51.3%来自非正规金融，主要是亲友互借，来自信用社的占44.2%，来自商业银行的只占4.5%；对农村地区企业金融需求的调查显示，有92.7%的企业申请过贷款，有52.5%的企业认为贷款不方便。

调查显示，农民有着显著而迫切的金融需求，但农户的贷款需求得不到很好的满足，而农户不能获得贷款的最重要原因是偿还能力不足，使得低收入农户陷入贫困陷阱。如果提高利率水平或放松利率管制，可能使中低收入农户有更多的机会获得贷款。一方面是农民迫切需要金融贷款，一方面是国有商业银行在农村贷款市场急剧收缩，农村信用社成了农村金融市场的主要提供者，但随着收入水平的降低，农村信用社对农户的覆盖率却明显下降，非正规金融因其期限结构和还款方式的灵活成了农户资金的主要来源之一。

资料来源：清华中国农村金融发展研究项目圆满结题. 网易科技频道，2009－06－14.

这一资料表明：农民金融需求迫切，农村正规金融无法完全满足其需求，农村的非正规金融在相当长的一段时间内无法消失。

第一节　农村民间金融概述

一、农村民间金融的定义

民间金融，又称民间贷款、私人贷款、地下金融或非正式金融，是指那些为民间经济融通资金的所有非政府管理下的资金活动，包括个人之间、企业之间的借贷行为、合会、标会、各种基金的融资、地下钱庄、抬会、银背，甚至洗钱、资金和外汇黑市交易、金融诈骗等各种方式的金融行为。其中，洗钱、资金和外汇黑市交易、金融诈骗等行为是现行制度法规明确不容许的，它们既不能适应市场经济发展的客观要求，又容易造成金融经济秩序的混乱，应该绝对打击和取缔。除此之外的其他民间金融行为，虽然生存在正规制度之外，但却是能够适应市场与经济发展客观需求的金融行为，就金融法规与制度安排而言，它们属于“灰色地带”的金融行为。

农村民间金融是满足农村经济发展需要的一种有效的融资机制，能够促进农村经济的发展，它既是一个国家的现实问题，又是一个理论问题。虽然理论界对农村民间金融进行了一定的研究，但对民间金融的内涵界定尚未形成一个统一的观点。亚洲发展银行的定义为，不受政府对于资本金、储蓄和流动性、存贷利率限制、强制性信贷目标以及审计报告等要求约束的金融部门。

二、农村民间金融的特点

近年来，我国民间资本在农村经济、民营经济和社会发展进程中扮演着越来越重要的角色，对民营经济的资金需求起到了巨大的支持作用，具体呈现出以下特征：

（1）社区性。农村民间金融活动发生于农村社区，基于一定的地缘、血缘、业缘关系而成立。

（2）区域性。交易活动的活跃程度与区域的金融生态发展有关，在民营经济发达的地区，资金需求旺盛，民间融资规模大。

(3)分散性。农村民间金融发生于数以亿计的农村经济主体之间,交易的频率高,金额小,高度分散。

(4)层次性。经济落后地区以民间借贷为主,经济较发达的地区已出现了较为规范的民间金融组织,农村民间金融与农村经济的发展状况相呼应,层次分明。

三、农村民间金融的产生与发展

(一)农村民间金融产生的原因

(1)农村资金需求出现空缺。在当前城乡一体化发展中,资金已经成为一个重要的制约因素。小企业和家庭企业在起步或遇到资金周转困难的时候,或农民进入非农产业时,往往得不到有效的资金支持,这大大制约了现代农村经济的发展。在解决农村资金不足的问题上,有两种选择:一是加强正规金融的服务,对现有农村金融机构进行改革,增加其贷款和储蓄能力;二是发挥民间金融的作用,促进有序民间金融市场的形成。农村原本就是正规金融资源相对匮乏的地区,随着四大银行的商业化改革,农村的许多经营网点被撤销,正规金融资源更加稀少,金融资源供给明显不足;而农业、农民、农村,因其所处的弱势地位,往往更加需要金融支持。这种供需上的极度不均衡,催生了民间金融。民间金融最先在农村产生,并迅速蔓延开来。

(2)农村经济主体的投资需求不能得到充分的满足。正规的农村金融体系存在金融压抑,不能满足农村经济主体因发展经济而产生的对金融服务的需求,为农村民间金融发展留下了广阔的生存空间。此外,正规金融机构的低利率使得越来越多的农民不再把存款储蓄作为首选,为了获得更大的收益,资金持有者会倾向于把资金投到回报率更高的地方,这种趋利性就为民间金融提供了大批的资金来源。

(3)民间金融的优势比较明显。就金融服务需求而言,无论是农户还是农村中小企业,都存在着巨大的金融服务需求,但它们很难向银行提供合格的抵押物来获得贷款,而民间金融中借贷双方能够绕过政府法律法规以及金融机构关于最小交易数额的限制。由于借贷双方居住的地域相近并且接触较多,因此担保品的管理和处置成本相对较低,不被正规金融机构当作担保品的财物仍可作为担保品。就金融服务供给而言,我国农村金融市场存在正规金融机构单一化、垄断化、服务供给能力弱、服务覆盖面窄等缺点。在广大的农村金融市场,正规金融服务难以有效的发挥,农户的信贷需求主要依赖于非正规金融。

(4)农村民间金融形成一套自己独特的风险防范机制。农村中的民间金融大部分是在乡村近邻、亲朋好友等社会小团体的基础上建立起来的,大家彼此熟悉,因此,贷款人对借款人的资信、收入情况、还款能力等相对比较了解,这就避免或减少了由于信息不对称所带来的“呆款烂账”。同时,对这些重要信息的获得也无须成本,主要通过人们的“衣食住行”等非正式的渠道来了解客户的信息,其内容远比正规信息系统充实、丰满。

(二)农村民间金融的发展

中国农村民间金融的发展有着深厚的历史渊源,早在西周时期就已经出现,并一直发展到近代。早期的农村民间金融的出现是基于最基本的借贷需求而产生的。那些需要资金的农户从资金剩余农户那里获得借款,并支付一定的利息作为报酬,这种早期的农村民间金融在农户之间起到了调剂资金余缺的作用。

新中国成立后，由于中国优先发展重工业的战略计划使得国家垄断经济资源，将经济资源大部分投到重工业，抑制了农村民间金融的发展。此外，由于在新中国成立初期，中国实行计划经济管理体制，公有制经济占据主导地位，农户严格按照指令进行生产，严重阻碍了农村民间金融的发展。

改革开放以后，中国农村民间金融的发展经历了三个阶段。

1. 农村民间金融管理宽松时期(1978—1993 年)

改革开放初期，由于在农户中实行家庭联产承包责任制，有效地调动了农民的积极性，广大农户劳动生产率提高，收益不断增加。一部分农户在生产过程中拥有资金剩余，一部分农户由于扩大再生产需要资金，但由于当时农村正规金融机构提供贷款的有限性，只能满足少部分农户的贷款需求，因而需要资金的农户转而寻求民间借贷，向那些在生产过程中有资金剩余的农户借款。在这一时期，政府为支持商品经济的发展，对农村民间金融的存在采取较为宽松的政策，放松管制，默认甚至允许非正规金融组织的存在，并出台了相关文件。得到政府的支持，农村民间金融在这一时期得到了快速的发展。

2. 农村民间金融严格管理时期(1993—2006 年)

随着政府放松对农村民间金融的管制，农村民间金融也暴露出巨大的风险。因而在这一时期，政府出台了一系列政策规范农民的融资行为，打压非正规金融组织。“未经国务院银行业监督管理机构批准，擅自设立商业银行，或者非法吸收公众存款、变相吸收公众存款，构成犯罪的，依法追究刑事责任，并由国务院银行业监督管理机构予以取缔。”1996 年，国务院出台了《关于农村金融体制改革的决定》，提出要整顿农村合作基金会的举措。人民银行规定：“除部分小额信贷、不计息的亲友借款之外，其他非正规金融组织或活动均属非法。”

3. 农村民间金融面临重大发展机遇(2006 年至今)

2006 年 12 月 20 日，中国银行业监督管理委员会发布了《关于调整放宽农村地区银行业金融机构准入政策、更好支持社会主义新农村建设的若干意见》。其中明确规定，允许境内外银行资本、产业资本和民间资本到农村地区投资、收购、新设银行业金融机构。这表明，中央政府正在逐渐放宽对农村民间金融的管制，农村民间金融的发展正面临着巨大的机遇和挑战。如何引导农村民间金融走向更阳光的发展道路，已成为中国亟须思考和解决的问题。

第二节　农村民间金融的形式

一、农村信用社

一般来说,官方界定农村信用社为合作金融组织。从信用社资产负债表中的所有者权益上看,所有者权益里没有国家,实收资本均由合作社社员股金、企业股金构成,由此看来,信用社的产权是明晰的,属于入股的社员、企业共同所有,从这个意义上讲,信用社应属于民间金融。现实中,信用社有的属于国有金融(仍由国家控制),有的属于民间金融(实际被民间接管),有的介于二者之间。农村信用社目前在农村金融实践中的基础地位和主力军作用是毋庸置疑的。至于它是否能真正转变为符合国际通行的合作金融原则的机构,一段时期以来,一直争论很大。我国农村信用社自成立之初就一直向集体所有、向国有靠拢,"官办"的意识和表现非常强烈,为股东负责,其合作金融的"自愿、互助、互利、民主和低营利性"的资金和金融服务的性质体现不多。合作社社员不仅享受不到贷款的优先权和优惠权以及股金分红权,反而还要接受比基准利率高得多的贷款;社员大会、董事会、监事会等民主管理制度根本起不到应有的作用,干部是任命制而非选举制。因此,合作社逐渐失去了农民的信任和支持。我国的合作金融实践一直是与农村信用社联系在一起的,虽然经过多次改革,但农村信用社就从来没有真正成为过合作金融组织,由此引起人们对合作金融存在的基础产生了怀疑。在我国,农村信用合作社一直背离合作制原则是有其客观原因的:政府干预、立法空白、产权制度缺陷、历史包袱沉重,等等。

【知识链接】

浙江:"草根银行"服务经济大省

2006年12月22日,中国银行业监督管理委员会公布《调整放宽农村地区银行业金融机构准入政策的若干意见》,放宽了农村金融机构准入政策;2006年12月26日,在中国金融论坛上,央行又一次提出完善民间金融体系,注重弱势金融的发展。继而农村资金互助社、村镇银行、小额贷款公司等民间金融机构一批批地崭露头角,为"三农"、中小企业的发展提供了前所未有的便利和服务。

浙江省的民间资本庞大,银行业也颇为发达。国有银行的贷款无法惠及整个民间,但作为农村金融市场基础和民营企业根基的民间金融体系却迟迟没有正式成立。1988年,随着"草根银行"的萌芽,以陈小军为核心的10名个体户用10万元资金开办的银座金融服务社点燃了民间金融业的希望,随后逐渐发展成为浙江省台州市商业银行。紧接着,民间的大小金融机构席卷而至,中小企业和"三农"迎来了发展的机遇。2009年11月18日,浙江省临海市涌泉镇忘不了农村资金互助社在忘不了柑橘合作社的帮助下正式开业,这家由103名忘不了柑橘合作社社员出资350万元组成的互助社成为浙江省首家经过银行业监督管理机构批准的农村资金互助社。在浙江,新型农村金融机构虽然起步较晚,但它却是真正服务于"三农"的金融机构。它与非国有商业性银行、小额贷款公司等共同组成了民间的金融体系,有效地周转了民间资本的流动,成为浙江省中小企业和"三农"发展的助推器,并对浙江经济的发展做出积极的贡献。

资料来源:浙江:"草根银行"服务经济大省[N].中国产经新闻报,2010-05-10.

二、农村合作基金

农村合作基金最早是一种新型社会保障组织,后演变为农村合作基金会。农村合作基金会是合作制集体经济组织,从性质上看,农村合作基金会并非真正意义上的金融机构,而是一个社区性金融系统的补充形式。1983年,一些乡村为有效地管理、清理和整顿集体积累资金,将集体资金由村或乡管理并有偿使用而设立基金会;1984—1986年处于萌发阶段;1987—1991年处于改革试验阶段,逐步得到政府和有关部门的鼓励和支持;1992年以来,基金会处于推广和稳步发展阶段,1995年以前,在各地农业行政主管部门的批准下,全国各地的农村相继建立了农村合作基金会,有区级的、乡镇级的、村级的。

基金会筹集资金的渠道主要有:

(1)集体积累资金,即向农民收缴的各项统筹提留资金。如水利费、土地使用费、公路养路费、五保户军烈属、民兵训练费、文教卫生科技服务费等。

(2)农业发展资金:上级拨付或捐赠的支农建设资金。

(3)农户入股资金。

(4)代管资金:财政拨给乡(镇)事业单位的经费收入、各项罚款或收入。

这些资金主要用于:乡(镇)、村办企业,农用基本建设,农户种养殖业,农户生活困难救济等。

农村合作基金会的存在,在一定程度上缓解了正式金融体制安排下资金供给不足的矛盾,有利于农村经济的发展,但大多数农村基金会的运作都违背了合作基金会的互助宗旨,把农村基金会变成了办理存贷业务的第二个农村信用社,由于普遍的高息吸存和内部管理混乱,农村基金会很快出现了大面积的兑付风险。农业部农村改革试验区办公室"农村合作金融"课题组在全国范围的调查中发现,绝大多数农村合法基金组织并没有在当地的工商部门进行登记、注册,也没有获得相应的营业执照,其法人地位并未得到法律的认可(有些地方在处理法律问题上把其当作自然法人)。按民法通则的规定,合作基金组织已基本符合获取法人地位的条件。法人地位不确立,其经济行为就必然会受到限制,既不能照章纳税,也不能受到法律的保护。1999年1月,为规范金融市场、整顿金融秩序,国务院发布3号文件,正式宣布全国统一取缔农村合作基金会。但目前个别地区依然存在极少量的农村合作基金会组织,只是经营方式已由以前的公开转为地下。

农村合作基金会在其存在的历史阶段,一方面填补了基层农村金融体制断层,其业务主要是面向小农户从事行社业务不经济的小额信贷服务，能够以灵活的金融活动来弥补行社之不足；另一方面，从近些年的实践经验看，只有在那些农村合作基金会发展较好的地方，高利贷才能被抑制。然而，在其发展的过程中，政府对它进行了过多的行政干预，且由于缺乏完善的监管机制，导致许多凭关系、走后门的情况发生，农村合作基金会的功能被严重扭曲。农村合作基金会是一个完整走完产生、发展、灭亡全过程的大型民间金融机构，对其分析可以给我们许多经验和教训。一个突出的教训就是，如果金融监管还不能按照市场经济的规则进行，政府还可以对民间金融机构指手画脚，民间金融的合法化就是民间金融的灾难。

三、合会

合会是各种金融会的通称。这是在我国有着较为悠久历史的民间金融形式，是一种基于血缘、地缘关系的带有互动、合作性质的自发性群众融资组织。在国外称为“轮转基金”，在国内包括轮会、标会、摇会等。虽然叫法多种多样，具体做法也五花八门，本质上都是入会成员之间的有息借贷。这是民间盛行的一种互助性融资形式，集储蓄和信贷于一体。合会一般由若干人组成，他们约定每隔一段时间开一次会，每次聚集一定的资金，轮流交给会员中的一人使用，基本上不以营利为目的。其中，事先固定使用次序的称为“轮会”，按照抽签方式确定使用次序的叫作“摇会”，以投标方式决定使用次序的属于“标会”。这些合会一般以地缘、人缘、血缘为纽带，处于地下状态。

合会的名目虽多，但都遵循着一套简单规则：一个自然人作为会首，出于某种目的（比如孩子结婚上学、造房子、买生产原料等）组织起有限数量的人员，每人每期（如每月、每隔一月、每季、每半年、每年，等等）拿出约定数额的会钱，每期有一个人能得到集中在一起的全部当期会钱（包括其他成员支付的利息），并分期支付相应的利息。谁在哪一期收到会钱，由抽签或者对利息进行投标等方式来确定。

在我国，就规模而言，融资数额较大的合会多分布在经济较为发达的东南沿海地区，尤以浙江、福建为多。福建福安市的一个“合会”涉及金额25亿元，参与者达65万人。“合会”融资规模之大，由此可见一斑。而10多万人口的浙江奉化溪口镇，一年财政收入为1亿元左右，在银行的各项存款为10多亿元，民间游资竟有4至5个亿的规模。

合会是农村金融运作中一种比较普遍的形式。合会适合于流动性较弱的熟人社会，它依靠非正式的社会关系、信任关系，还依赖非正式的制裁机构，比如社会排斥。在一般情况下，会员不选择诉诸法律而是对违反标会还款规定的会员进行社会排斥。只有在大规模“倒会”现象出现后，农民才不得不诉诸法律。

四、民间借贷

民间借贷有广义和狭义之分。广义的民间借贷是各种民间金融的总称，狭义的民间借贷指民间个人之间的借贷活动，民间金融活动总体上看是无组织的金融活动。按利率高低划分，民间借贷有三种形式，即友情借贷（白色借贷）、灰色借贷（中等利率水平借贷）和黑色借贷（高利贷）。狭义的民间借贷一般较分散、隐蔽，利率高低不一，借款形式不规范，管理难度大，其中黑色借贷风险较大。

农村民间借贷的形式大致包括以下几种情形：一是口头约定型。这种情况大多是在亲戚、朋友、同乡、同事、邻居等熟人之间进行，他们完全依靠个人间的感情及信用行事，无任何手续，一般数额较小，而且双方关系密切。二是简单履约型。这种借贷形式较为常见，大多仅凭一张借条或一个中间人即可成交。一般数额不太小或双方关系不十分密切的，借款期限的长短，借款利率的高低，凭双方关系的深浅而定。三是高利贷型。个别富裕农户将资金以高于银行的利率借给急需资金的农户或企业，从而获取高额回报。

民间借贷的资金筹集是多方面的。一般来说，一个民间放贷人是本人有一笔余款，还有就是放贷人信誉比较好，亲友或者其他人把钱放到这里，可以获得高于银行存款利息的利息收入。放贷人把这些钱贷出去，获得利差。这些民间放贷人有一种半机构化的特点。民间借贷机构的信用还是很不错的，大面积的倒会只是例外情况。很多民间金融都需要一种信任机制，大家都比较熟，互相相信，是一个熟人社会，流动性比较差。如果出现问题，有非正规的制裁机制，也就是所谓的社会排斥。

在农村，民间借贷者就是农民，农民的民间借贷很多。农民大量的金融需求，包括有些非金融需求（如生大病本来是社会保障方面的需求）也需要通过金融来解决，因为农民没有别的资金来源。比如，生病、婚嫁、盖房子等大事情都需要借款，有亲友借款，也有民间借贷。还有一些小生产，如购买生产工具等。近年来，随着国家宏观调控和利率政策调整的影响，民间借贷市场更趋活跃。民间借贷这种古老的直接融资形式，在我国农村地区仍然有着巨大市场。尤其是在湖北、江西等“三农”问题比较突出的省份和浙江、江苏等民营经济相对发达的地区，受税费改革、金融改革和宏观调控等因素影响，一度有所缓和的民间借贷又活跃起来，且规模庞大。

五、私人钱庄

私人钱庄是没有经过审批所设立的类似银行的金融机构，以吸收存款的形式来发放贷款。私人钱庄分为两类：其一主要涉及从事外汇买卖业务的私人钱庄或者窝点的运作；其二涉及“非法集资”或“发放高利贷”。中国人民银行于2002年1月31日发出《关于取缔地下钱庄及打击高利贷行为的通知》，专门提及近年来在部分农村地区民间信用活动活跃，高利借贷现象突出，甚至出现了专门从事高利借贷活动的私人钱庄。从事融资和高利借贷的私人钱庄在20世纪80年代开始活跃，90年代末出现转折。国务院于1998年7月13日发布《非法金融机构和非法金融业务活动取缔办法》，宣布了一系列机构属于非法金融机构，私人钱庄逐渐地下化。

在温州等地的经济金融活动中，私人钱庄甚至占据着相当重要的地位。80年代温州就有地下钱庄了，第一家公开亮相的方兴钱庄1984年挂牌营业，由当地政府允许，实行利率市场化。后来，由于本地营业的国有商业银行分支机构反对，中央银行经过调查，将其列为不合法经营，被迫转入地下运作数年后停业。当时，考虑到方兴钱庄在当地的影响，如予以强制手段取缔，肯定会因造成客户的损失而带来社会的混乱。于是，人民银行允许在钱库镇的银行和信用社也实行利率浮动，改变了以往的服务方式，成为由人民银行总行批准的在全国率先进行利率改革的试点地区。方兴钱庄就是在这种竞争环境下于1989年正式关门的。后来，其他类似的私人钱庄均以非法金融机构名义被取缔。

六、民间集资

民间集资盛行于20世纪80年代，在相当程度上满足了当时非公有制经济，特别是民营经济起步阶段对资金的需求，对民营经济的崛起和快速发展发挥了重要作用。大规模的集资，特别是规模较大的公募资金，没有经过批准是不受法律保护的。在农村，有少数大户、专业户和有一定规模的乡镇企业都有可能产生对大规模资金的需要，从而出现民间集资的情况。集资包括生产性集资、公益性集资、互助合作办福利集资等，具体包括以劳带资、入股投资、专项集资、联营集资和临时集资等。但由于风险大，而且被认为扰乱了农村金融秩序，一般都受到抑制，如河北省孙大午集资案。民间集资形式的创新夹杂着对风险的漠视以及欺诈的骗局，不时在一些地区引发社会震荡。它与1997年亚洲金融危机后强化的监管意识结合，刺激政府加大了治理非法集资的力度。

1998年4月，国务院颁布了《非法金融机构和非法金融业务活动取缔办法》，提出了“变相吸收公众存款”的概念，同时设置了“未经依法批准，以任何名义向社会不特定对象进行的非法集资”的兜底条款，极大地扩展了监管机关的权限空间，为其监管执法行为增加了更多的灵活性，使一些游走于不同监管机关的权力边界之间的集资形式创新重新回到监管的框架内。

七、小额信贷

以农村扶贫为中心的小额信贷活动，一直没有纳入中国人民银行的监管，部分为准正式金融，部分为非正式金融，部分则为正式金融机构的一项创新性金融工具。为解决我国落后地区人口的贫困问题和弥补扶贫政策的缺陷，我国自20世纪80年代初开始引进并推行农村小额信贷扶贫模式。我国的农村小额信贷借鉴了孟加拉乡村银行模式，在操作上采用“政府+银行+扶贫合作社”的三线一体的运作模式，政府直接、主动地参与是我国农村小额信贷的一个突出特征。同农村金融市场和信贷扶贫政策相比，我国的农村小额信贷坚持采用小组信贷、整贷零还、小额连续放款和提供技术服务等基本制度，实行“有偿使用、小额短期、整贷零还、小组联保、滚动发展”的原则，并指导帮助贫困农户发展生产，增加收入，摆脱贫困，实现经济可持续发展。为达到上述目的，相关小额信贷机构开发、研定了一整套严格的组织、管理规章制度、办事程序，并建立了一支培训有素自愿致力于小额信贷的工作队伍。

中国农村小额信贷分为五类：第一类为项目小额信贷，有项目期限，许多属于国际或者外国机构援助类小额信贷项目，是中国人民银行监管领域之外的金融活动；第二类属于由政府实施的小额信贷扶贫项目，即扶贫贴息贷款；第三类为非政府组织专业性小额信贷；第四类为正规金融机构操作的小额信贷业务，是政府要求农村信用社、农业银行对农户和农村微型企业发放的小额信用贷款或小组联保贷款，属于正规金融机构的一种金融工具；第五类如茅于轼所创办的山西临县“龙水头村民互助基金会”，是一种试验性项目。

小额信贷在我国迅速发展，目前已有10个省区按此方式投放扶贫资金数亿元，取得了令人惊叹的成绩。小额信贷在我国扶贫开发项目中取得了很大成绩，但并非完美无缺，也存在一些不足和局限，主要表现在：小额信贷只解决了向贫困农户提供小额金融服务的问题，却不能涵盖农村中最贫困、没有创收或创收能力不强的那部分贫困户；小额信贷机构目前还只能向他们的贷款户提供技术服务和培训；由于可用于小额信贷的资金毕竟有限和不允许突破最高借贷限额的规定，小额信贷本身很难产生规模效应；小额信贷的生存和可持续发展不仅要做到资本的简单保值，更重要的是使资本增值，有些技术问题有待解决。尽管存在诸多问题，小额信贷仍不失为微型金融服务中由救济式扶贫向开发式扶贫转变的一次革命性的政策转变，是实现“国家八七扶贫攻坚计划”的一项重大战略举措，是贫困地区解决温饱进而脱贫致富奔小康最终实现共同富裕的重要途径。

小额信贷已被实践证明是一种有效的扶贫模式，其科学的运作方式和严格的管理制度保证了小额信贷能够达到较高的还款率。小额信贷的主要作用是为农村贫困人口提供信贷服务，是当前不尽完善的农村金融体系的必要补充，其在实现不同区域扶贫目标方面的重要作用是其他农村正规金融和非正规金融难以替代的。

第三节　农村民间金融的监管和创新

一、农村民间金融存在的问题

(一)利率风险

利率风险是指由于利率水平的变化引起金融资产价格的变化而可能带来的损失。民间金融的显著特点之一就是其利率与正规金融不同，其利率高于正规金融利率，并且随着资金供求关系波动，高利率已成为民间金融的特色，但是过高的利率就是风险产生的根源。从借方考虑，获得资金后的收益必须足够支撑起支付的利息，利率高，那么资金必须投到利息更高的行业中去，伴随该收益的必然是高风险，因此加大了金融风险。无论如何，民间借贷的利率应是市场化的，市场化利率是目前世界各国银行追求的一个目标，民间借贷更应该发挥其市场导向的优势，甚至可以给银行以示范作用。但是，民间借贷的利率水平大致在10%或更高的水平，这与现行银行体系的利率水平存在较大差异。在不远的将来，两套金融体系之间互相补充、彼此分割的状况将有所变化，在相当程度上，彼此之间将形成某种程度上的竞争。从历史和现实来分析，民间借贷的利率常常因无管制而导致市场混乱，从而引发社会问题。

(二)农村民间金融容易产生经济纠纷

农村民间金融往往有两种主要形式：①口头约定型。这种情况大多是在亲戚、朋友、同乡、同事、邻居等熟人中进行，他们完全靠个人的感情及信用行事，无任何手续。②简单履约型。这种借贷形式较为常见，双方只是简单履行一下手续，大都是仅凭一张借条或一个中间证明人即认可借贷行为。贷款期限或长或短，借款利率或高或低，视双方关系的深浅而定。民间借贷的债权人或者是碍于情面不好意思获取必要的证明手续，或者是以获得高额利息为目的,缺乏对借款对象的审查和对借款用途的有效监督。而借款人由于急需用钱,不论利率高低,自己承受能力如何,只管把钱弄到手。结果往往是债权人不能按期收回资金或根本无法收回,债务人不能按时归还借款,从而引发债权、债务纠纷。

(三)农村民间金融给国家宏观调控带来困难

民间借贷自发性和不可控性的特点,削弱了国家宏观调控的效果,不利于信贷结构和产业结构的调整。农村民间金融随着规模的扩大,参与人数的增加,使得信息不对称日益严重。往往一些用途不好、效益不好、不符合国家产业政策的投资项目被银行卡住以后,非正规金融便为其融通资金,使国家的调控手段大打折扣。正规金融机构的资金价格由国家确定,而民间借贷的利率是双方自发商定的,两种定价方法存在天然矛盾。民间借贷大多是在资金需求紧张、银行无法解决的情况下发生的,基本上是卖方市场,利率水平通常畸高,民间借贷形成的货币流量也难以预测和控制。由于目前对民间借贷活动的监督机制还不完善,一方面,导致部分民间借贷演变为高利贷,给社会安定和经济发展带来不稳定因素;另一方面,民间金融的高风险、对政府宏观调控的干扰、与“黑色势力”的某种联系都与民间金融机构身份的“地下性”有关。正是民间金融的“地下性”,使金融监管机构难以对其进行有效监管,这就增加了民间金融的风险,也使国家搞不清民间金融的现状,从而影响政府宏观调控目标的实现。

(四)内部管理较为混乱

一些农村民间金融组织没有建立规范的内部控制制度,没有严格的财务管理及稽核制度,由于缺乏对每笔贷款贷前、贷中、贷后严格的调查,操作人员素质较低,在贷款者对借款者的信誉及贷款用途难以知晓及控制时,便会使农村民间金融风险加剧。一些民间金融机构从一开始就有先天的痼疾,脱离了中央银行的监管,业务经营存在不规范,如高息揽存、盲目贷款。同时,其筹资、信息处理、风险承担等能力低下,非正规金融机构不提取存款准备金和呆账准备金以抵御风险,经营风险较大。

(五)民间金融目前还难以得到法律的保护

虽然民间金融在我国古代就已经存在,但新中国成立以来政府对其活动经历了由禁止、打击到默认而不提倡的过程。即使是改革开放以后,民间金融也一直作为地下经济以灰色状态生存。目前虽已引起重视,但由于缺乏法律保障,民间借贷市场还处于半地下状态。在得不到法律有效保护的情况下,农村民间金融产权的保护只能通过私人来提供,诸如黑社会等非法组织往往会成为债权人的选择,这样会带来不安定因素。

【知识链接】

温州民间融资法规即将实施 承认合会等合法地位

全国首部金融地方性法规《温州市民间融资管理条例》及《实施细则》于3月1日正式实施,其中刚刚公布的实施细则,目前正在公开向社会征求意见。

在民间借贷方面,细则进一步明确了备案对象,这些都是与借贷公众利益息息相关的。首先,细则对自然人、非金融企业和其他组织之间发生的民间借贷这一行为的内涵和外延做出界定，将合会、企业内部集资纳入该行为范畴，并对合会、企业内部集资的概念做出阐述：本细则所称合会，是指会首邀集二人以上为会员，以互助为目的，互约交付会款及标取合会金的活动；本细则所称企业内部集资，是指除国有企业外的非金融企业或者其他组织未向社会公开宣传，仅在单位内部针对本单位职工集资用于本单位生产经营的活动。同时，细则将期限为3个月以内的借款作为临时性调剂的一个判断标准。

资料来源：温州市民间融资管理条例[N]. 温州都市报，2014-03-01.

二、农村民间金融发展的监管和创新

农村民间金融对农村经济发展的积极作用已得到广泛认可，但由于立法、监管的滞后，民间金融长期游离于国家金融监管体系之外，其经营管理不规范，尤其是其非法集资、高息揽存等行为，导致民间金融蕴藏着巨大的风险，严重扰乱了国家金融秩序，削弱了国家宏观调控力度。因此，在对民间金融进行鼓励、支持、引导的同时，必须对其消极作用加以限制。

（一）明确民间金融的地位，改善农村金融领域中二元结构的紧张与对立

民间金融的市场空间实际上取决于正规金融的市场空间，因为实际的金融需求是由经济活动所决定的。尊重民间金融，客观认识民间金融，注意学习和研究民间金融，依法对民间金融进行合理的引导和管理，可能更有利于正规金融和民间金融的合理竞争和良性互动。目前，我国农村金融领域二元结构比较明显，从规范我国农村民间金融的法律法规来看，民间金融与正规金融的关系是紧张的，而不是互补的，主要表现在：①对农村民间金融一律限制甚至禁止。②人为地将正规金融与民间金融对立起来。这种思想和做法本质上是对民间金融的一种歧视。要放弃用正规金融一统农村金融的设想，正确认识正规金融与民间金融对农村经济发展的互补作用。要有条件地允许民间金融的合法化，为发展农民自主参与的各种民间金融提供良好的环境条件。从国外的经验来看，美国、日本等发达国家都曾通过使民间金融"合法化"的方式来规范民间金融，并取得了较好的成效。我们要积极鼓励正常的农村民间金融活动，给民间金融以合法的空间，以使规范意义的信用合作拥有温床和土壤；可出台监管部门授权规章，允许民间借贷在给定条件下合法存在，并将其纳入国家金融监管体系，从而扩大政府财政税收，严格限制和取缔不正常的农村民间金融组织和活动。

（二）将农村信用合作社改造成真正的民间金融

在农村信用社的改革中，难免会产生各种矛盾和问题，甚至在短期内会影响经济的发展与稳定，我们必须坚持农村信用社支持和服务"三农"的制度特征，并通过相应的制度约束，

保证其功能实现。这些制度特征和约束至少应当包括:①立足于农村社区的金融组织;②组织的功能是聚集农村、农民和农户的资金,并通过金融手段在“三农”发展中进行配置;③这个组织应当使农民贷款尽可能地方便,并有内在动力自觉并不可选择地在“三农”中寻求资金出路;④这是个能够自动进化的、开放的和动态的制度安排,随着各地“三农”需求的变化而调整自己的组织结构和功能方向;⑤这个组织体系应当具备自我风险控制能力,并受相应的监管约束。通过一系列改革措施,力争将农村信用社改造成真正的合作金融组织,基本解决农户在农村信用社贷款难的问题。农村信用社的发展不仅需要自身转换经营机制,而且需要有一个良好的社会环境来支持。一项对广大人民有益的制度,也只有在能给其组织者、参与者带来切实的利益之时,才能够具有继续发展和完善的力量。农村信用合作社只有让广大农民享受到合作制的好处,才能获得广大农民的衷心支持,才能成为真正意义上的农村合作金融组织。农村合作金融可以较好地解决限于一个地方经济主体的资金互助,在金融服务方面奉行成员优先的原则。真正的合作金融体系是从下而上建立的,其中基层合作金融组织掌握经营决策权,上层机构一般为基层提供便利服务和开展基层合作金融组织共有的但又不能开展的某些业务。这也是合作金融体系的力量来源。合作金融也可以发展成为金融市场支柱之一。

(三)加强对农村民间金融的规范管理

在鼓励民间金融发展的同时,要趋利避害,对与黑社会等非法组织结合,从事洗钱、炒卖外汇、高利贷等非法活动的民间金融组织予以坚决打击。金融监管部门要制定严格的管理规定,给予民间金融一定的法律地位,尤其要对自发形成的有组织的金融活动加强监管,避免“金融风波”;同时也要坚决保护合法的借贷活动,维护债权人的合法权益。要严把市场准入关,将优良的民间信贷机构吸纳为市场主体,不符合规定的则排除在外,维护市场主体的质量。同时,建立市场退出机制,按照法律规定和市场原则实行破产,以保证中小金融机构健康高效地运行,要使农村民间金融活而不乱,实现发展、效率、稳定三者的最优结合,监管方式的科学化和调控方式的灵活有效是最为关键的一环。政府在对民间金融监管中应该摆正自身的位置,以引导、监控为己任,而不是对其进行过多的干预。要从完善法律、制度、政策入手,在严格市场准入条件、提高准备金率和资金充足率及实行风险责任自负的情况下,引导和鼓励民营的小额信贷银行、合作银行、私人银行等多种形式的农村民间金融健康发展,达到合法、公开、规范,并纳入农村金融体系中加以监管,以增加农村金融的服务供给,满足“三农”多层次的融资需求。

(四)继续支持农村小额信贷机构发展

2005 年的中央一号文件明确提出:“有条件的地方,可以探索建立更加贴近农民和农村需要、由自然人或企业发起的小额信贷组织。”在农村金融服务体系不完备、农村资金大量外流的情况下,开展小额信贷成为当下丰富农村金融体系多层次格局、满足农村金融需求的必然之选。为了更好地发挥“小额信贷”业务,主要应推进以下工作:①强化扶贫资金对农村小额信贷试验和发展的支持,划拨发展小额信贷专项资金,由小额信贷实施机构提出申请,经扶贫机构和资金管理部门审批同意后,用于补贴小额信贷工作经费或周转用于小额信贷的资本金。②鼓励独立的小额信贷专业非政府组织（NGO）开展小额信贷，形成金融部门和扶贫部门宏观管理和监控，专业 NGO 独立运作小额信贷的格局。稳定和发展一支小额信贷专业队伍，建立长期为农村贫困人口提供基本金融信贷服务的机制。③利用小额信贷运作规范度提高、发展规模扩大、覆盖面增加的有利时机，探索建立扶贫银行的可能性；建立专业的机构，引入小组还款机制，促进信贷资金的良性运行。④成立小额信贷行业协会。小额信贷在我国已经有 10 年的实践，由于这些机构大多注册为社团组织，在金融操作方面并没有得到金融监管部门的许可，因此，这些机构大多各自为战，所从事小额信贷的方法和内容也不尽统一，随着小额信贷的不断发展，有必要成立一个专门的协调机构来协调和引导我国小额信贷的发展，这将有利于不同机构之间的交流和合作，规范小额信贷的运作，尽快结束小额信贷各自为战的局面。

【知识链接】

中和农信

中和农信于 2008 年成立，负责公益小额信贷项目的管理和实施，目前已经成为国内最大的公益性小额信贷机构，根据其官方网站发布的月度简报显示，截至 2012 年 10 月 31 日，中和农信项目覆盖 14 个省份、59 个县，覆盖人口数超过 2488 万，累计发放贷款余额超过 34 亿元，有效客户数达 12.6 万，女性客户占比达 92.98%，超过 30 天的风险贷款率为 0.33%。

（五）建立农村民间金融机构存款保险制度，防范基本的金融风险

我国虽然没有建立存款保险制度，但实际上一直由国家承担隐性担保。例如，当农村信用合作社出现流动性风险时，政府就会通过财政手段为其兜底。甚至在处理非法集资活动中，政府也承担了存款保险的角色。在金融市场逐步开放、所有制和产权制度日益多元化的背景下，再由国家承担隐性担保已不合时宜了，建立存款保险制度已迫在眉睫。目前可先在农村试点，探索建立农村存款保险制度。农村存款保险制度不仅是保障农产存款和实现农村金融机构可持续发展的基础，也是开放民营银行的前提条件。建立存款保险制度的基本目的：①保护小储户，防止挤兑现象；②为出现严重问题、破产或濒于破产的金融机构提供资金支持。从我国当前情况看，建立我国农村民间金融机构存款保险制度的最基本目的，在于以此加强我国金融管理部门的监管能力和对濒临破产的农村民间金融机构的处置能力。为了降低农村民间金融机构的脆弱性，有必要建立存款保险制度，以保护公众信心。突出监管功能和加强对包括出现严重问题的农村民间金融机构的处置能力，将是我国农村存款保险机构的运作特点。就处置方法而言，一般有清偿存款、承接购买、不歇业救助以及建议改进的“保险存款转移”等方式。

（六）拓宽直接融资渠道，分流农村民间金融的资金

可以通过扩大企业债券发行、中小企业上市、开展股权融资等方式拓宽直接融资渠道，把更多的中小企业引入合法融资渠道；鼓励金融创新，推进商业票据、短期融资债券、金融衍

生产品的发展；加强创业板市场的建设和完善，发展场外交易市场、柜台市场和无形市场，更多地引入境内外的风险投资机构；修改《公司法》，认定民营企业发行公司债券的资格，适当降低发债公司净资产额的限额规定，以综合指标确定企业的发债规模；发展投资基金和信托基金，引导民间资本投入基建、公益事业和其他生产领域。

第四节　其他国家(地区)的农村民间金融

每个国家的国情不同，政治、经济和文化背景也大相径庭，因此各国政府对待民间金融机构的态度和政策也不尽相同。有些国家限制或打压民间金融，有些国家扶持或鼓励民间金融的发展，更有些国家或地区正规化民间金融组织，按照正规金融的监管制度和规定来规范民间金融，使其“改邪归正”。

一、发达国家的农村民间金融

(一)美国农村民间金融

美国是一个金融机构成熟、金融市场高度发达的国家，是世界上拥有商业银行数量较多的国家之一。但小企业、低收入阶层、移民和有色人种的金融需求却得不到满足。这些被正规金融忽略的人，正是民间金融的客户群。美国现有信用社 11500 多家，储蓄贷款协会 2500 家及互助储蓄银行 500 多家。这些都是美国的民间金融机构。

由此可以看出，信用合作社是美国最基本的民间金融组织形式。信用合作社出现于 19 世纪的欧洲，而在美国得到较快发展。截至 2012 年，美国人口 3.1 亿，其中有信用社会员 8900 万人，足足占了总人口的 1/3 之多；资产方面，信用社总资产额 7765 亿美元，其中存款将近 1/2，约 3600 亿美元，各项贷款 5437 亿美元。

美国的金融监管是采取联邦政府和州政府两种监管主体共存的模式，对信用社同样适用。信用社可选择在联邦注册或者在某一州政府注册；可以选择参加联邦存款保险体系或者参加其他保险机构，也可以不参加任何存款保险安排。美国政府对信用社的政策是扶持而非干预。在竞争如此激烈的美国金融界，信用社仍然以合作为主，在合作的基础上进行经营，而不是以营利为根本目的，这与美国政府的支持有必然的联系。美国国家政府制定法律，明确规定了对信用社的优惠政策，如免税、免存款准备金、利率自主决定等。各州政府对信用社也颁布了相应的法案，虽然各不相同，但宗旨和理念都是帮助信用社发展。合作性质的金融组织是弱者的联合，可以说是先天不足，只有在政府的庇护下才能健康发展。中国政府也可以通过对中国农村民间金融的正确引导，将其发展成合作银行，吸纳民间资本，使其走上合法化的道路。民间金融机构的定位与商业银行不同，面向的客户也不同，农民和农村市场中未被满足的资金需求是其存在的根本原因。与正规金融机构相比，民间金融满足农户小额短期的生产生活信贷需求，在客户信息成本方面拥有绝对优势，是国家经济体系中不可或缺的补充部分。只要加以有效的监管和大力扶持，就可以保证金融系统的稳定，促进经济的发展。

(二)日本农村民间金融

日本的民间金融由来已久，政府赋予其法律地位，使其发展很快。特别是在农村地区，已经形成了以农协金融组织为主，结合互助银行、地方银行农业保险等的农村民间金融格局。除借鉴欧美国家经验建立金融的合作组织以外，日本传统的民间金融机构是 Mujin，也称为 Tanomoshi - Ko。日语中 Mujin 指的是典当融资，最早出现在1255年。而第一篇关于 Mujin 的系统文献是1913年日本银行的一份报告，文中指出，Mujin 是帮助那些遭受不幸，如遭受火灾、疾病和其他灾害的人的组织，会员缴纳会金，第一笔会金将会交给处于困难中的会员。在日本17世纪初期到19世纪中叶的江户时期，Mujin 是由寺院等慈善机构发起的，用来资助有需要的人们的一种非互助非营利金融。明治维新时期以后，欧美国家的新型金融机构传入日本，Mujin 虽然被保留下来，却换上了以营利为目的的新面貌。1915年，日本政府出台了关于 Mujin 的第一部法律《无尽业法》，试图管理和规范 Mujin。其中对 Mujin 组织成员的数量、缴纳会金金额和运作期限都做出了详尽的限制性规定，使得 Mujin 这一互助组织纳入了国家金融体系。而后，日本又通过了法案，将互助会改为互助银行。到了20世纪80年代，互助银行都转化成为商业银行，Mujin 也就不复存在。

从日本传统非正规金融的演变来看，日本的民间金融受国家干预过多，过于依赖国家和正规金融，目前已经归为正规金融，失去了自己的独立性。

二、发展中国家（地区）的农村民间金融

（一）孟加拉农村民间金融

孟加拉国是世界上最贫穷的国家之一，全国有85%的农村人，还有50%以上的人生活在世界贫困线以下，其中1/3为极度贫困人口。孟加拉国长期接受美国、日本、世界银行和亚洲开发银行等国际机构的援助，但仍不能满足其资金需求。在孟加拉国内，正规金融机构根本没有足够的资金提供给穷人，只能靠大量的小额信贷公司为穷人提供无担保小额贷款。这些小额信贷公司在孟加拉农村地区发挥了巨大的作用，也推动了农村经济的发展。

孟加拉的格莱珉银行是这些民间金融机构中比较典型的，旨在向穷人提供贷款，帮助穷人脱离贫困。目前，格莱珉银行为7万多个村庄提供信贷服务，有高达650万的借款者，其中58%的借款人已经成功脱贫。从在孟加拉国的实践来看，格莱珉银行无疑是成功的，它为穷人脱困和地区的经济发展都做出了贡献。看到它成功的同时，我们也要注意到这种小额信贷机构模式利息过高、容易引发暴力事件的缺陷。在我国，是不允许小额信贷机构吸收存款的，资金来源受到很大限制，不像格莱珉银行那样有充足的资金来运作。

因此，在加强作为一种民间金融机构的小额信贷机构建设的同时，也要注意地区差异，应当探索出一条具有中国特色的民间金融之路。

（二）中国台湾地区的农村民间金融

民间借贷互助的传统习俗在台湾根深蒂固，加上台湾地区的二元经济体系，民间金融仍旧活跃在当代台湾人的日常生活中，并且发挥着不可替代的作用。台湾地区的民间金融规模大，覆盖范围广，形式多种多样，这些就连金融业十分发达的美国都无法比拟。

首先，台湾的民间金融规模庞大，占台湾企业总数的98%以上的民营企业，其绝大部分资金来自民间金融的民间借贷。20世纪中后期的20年间，台湾民营企业的民间金融借贷规模从75.24亿新台币上升到6287.74亿新台币，增长了6000多亿新台币，翻了八十几倍。

其次，台湾的民间金融具有广泛的群众基础。台湾民众对参与民间金融有很高的热情。据统计，1984 年有一半以上的台湾人参与标会这种民间金融活动。

最后，台湾具有多种多样的民间金融的形式。有 20 世纪五六十年代的当铺、合会和地下钱庄；70 年代的抵押借款、租赁公司和企业职工集资；80 年代的地下投资公司；近年来新生的地下期货公司等。

台湾民间金融发展得如此迅猛，究其原因主要有两个：①主观上，金融中介服务滞后。这种滞后表现为既不能有效地吸收存款，也不能有效地提供贷款。农户、个体经营者、中小企业的小额贷款需求无法从正规金融体系中得到满足，民间金融体系也就有了生存活动的空间。②客观上，台湾当局的金融抑制政策也起到了推动作用。台湾当局为了推动经济增长，压低银行利率，导致银行利率长期处于市场利率之下。资金盈余者为了避免损失，不得不借助于民间金融。

台湾近年来的研究表明，民间金融既然能将资金投向更有效率的领域，政府就不应该对其过多限制，而应让它继续发挥促进经济增长的作用。民间金融的发展并不是经济发展的绊脚石，只要政府积极引导，规范和监管民间金融活动，严厉打击非法形式和扰乱社会秩序的民间金融机构，民间金融就可以实现可持续发展，进而推动地区经济。

知识题

1. 农村民间金融的定义是什么？
2. 农村民间金融有哪些特点？
3. 农村民间金融经历了哪几个发展阶段？
4. 农村民间金融的形式有哪些？
5. 农村民间金融的风险有哪些？
6. 我国农村民间金融的改革方向是什么？
7. 合会是什么？
8. 私人钱庄是什么？
9. 农村信用合作社是什么？
10. 国外的农村民间金融各有哪些特点？

案例题

公益性小额信贷：金融繁华之下被遗忘的角落

根据央行数据，2002 年到 2011 年，中国社会融资规模由 2 万亿元扩大到 12.83 万亿元，年均增长 22.9%。其中，银行贷款以外的融资规模增加尤其引人注目。2012 年第三季度，信托业资产规模已超 6 万亿，甚至连小额贷款公司都已增长至 5629 家，平均每年增加上千家。

与商业信贷一片欣欣向荣之景形成鲜明对照的是，公益性小额信贷却鲜有人问津，这样的反差再次应验了资金的趋利性。然而正是在这种自生自灭的状态下，目前国内仍然有一百家左右的 NGO 小额信贷机构在苦苦支撑。缺乏有效的政策及资金支持成为它们面临的最大难题，此前国际援助及国内捐款是这些机构最大的资金来源，随着近日“普惠1号”公益性小额信贷批发基金成立，业内也开始探索商业渠道的融资新道路。然而，首期一千万的募资额远远不能满足广大农村地区的小额信贷需求，批发基金的模式也只是处在起步阶段，未来发展一片迷茫。中国小额信贷联盟理事长杜晓山对记者坦言，希望政策上给予更多的扶持，呼吁尽快出台公益性小额信贷机构管理办法。

今年47岁的何松林是陕西省西乡县妇女发展协会的一名普通信贷员，他平时的工作就是为贫困妇女放款和收款。何松林从外表上看与普通农民没有任何区别，唯一的不同在于之前曾做过代课老师。他说：“这里的农民大多不识字，所以农户每次来借款我都要给他们无数遍地讲解我们的合同。如果他们听明白了，既保障了他们的权益，也避免了将来还款可能出现的一些麻烦。”

目前，中国有100多个NGO小额信贷机构，有1000多名信贷员跟何松林一样奔走在中国3000多个农村。经他们手放出的每笔贷款不过在数千元左右，而信贷员的工资也仅仅是维持当地正常的生活。

国内最早的NGO小额信贷机构出现在1994年，到了2003年一度达到约300家。

之前在社科院工作过的王灵俊接触到了最早的一批NGO，他告诉《证券日报》记者，当时大多被称作小额信贷项目，多是靠国际援助，逐渐发展为社团性质的民间组织。对于近十年来NGO小额信贷的日渐萎缩，王灵俊认为主要是这类机构没有合法身份，难以形成有效的治理结构。杜晓山对本报记者表示，解决目前NGO小额信贷机构的困境也不难，只要依照银监会和央行出台的《关于小额贷款公司试点的指导意见》（下称《指导意见》），有了明确的法律地位和管理办法，一切难题就迎刃而解了。公益性小额信贷在中国发展近二十年，却并不为公众所熟知，反倒是近几年商业性小贷公司的飞速发展，让“小额贷款”一词飞入寻常百姓家。自从2008年《指导意见》出台，国内商业小贷公司发展到2012年第三季度末，已经增至5629家，贷款余额5330亿元。但是记者了解到，国内的小贷公司单笔贷款额并不小，几十万甚至数百万的数额很是常见。银监会对于小额贷款的定义也在单户五百万以下，而国际上通行的小额贷款额度却小得多，一般在人均GDP三倍以内。

清华大学经管学院刘玲玲教授认为，农信社、小贷公司这类商业性机构往往嫌贫爱富，难以真正满足农村小额信贷的需求，这就要借助NGO小额信贷机构，才能覆盖到偏远山区，为贫困农民提供金融服务，弥补商业贷款的不足。

“授人以鱼，不如授人以渔”。王灵俊认为，公益贷款小贷的意义在于，并非简单的捐赠，而是提供给贫困农户低息资金，让其发展生产。这种公益金融的思想还需要进一步普及。

资料来源：肖怀洋. 公益性小额信贷：金融繁华之下被遗忘的角落[N]. 证券日报，2012-12-11.

要求：试分析公益性小额贷款市场为何萎缩？

提示：金融创新。

实训题

实训项目：介绍各类农村民间金融的组织形式和特点。

实训目的:掌握各类农村民间金融的组织形式和特点。

实训步骤:

(1)提出实训要求和标准。

(2)分列小组,布置任务。

(3)学生课堂展示,组织评委评分。

(4)教师进行总结和点评。

第四章　农村金融业务

知识目标

了解农村金融机构的负债业务、资产业务和中间业务；掌握农户小额信用贷款的业务操作流程和操作要点。

能力目标

能够熟练掌握农村金融机构的各类业务，并将其运用于实践。

【引例】

抓住机遇创新农村金融业务

近日，福建省连城县成立了全省首个县一级的农民专业合作总社。这标志着该县注册登记的307家农民专业合作社突破单个经营规模和服务半径较小、综合实力偏弱的瓶颈，开始进入抱团发展的新阶段。

农民专业合作总社的诞生，展露出农村产业专业化纵深发展的趋势。同时，也为进一步推进农村金融服务提供了良好契机。

总体上说，抓住契机就要借力农民专业合作总社，共同打造良好的信用环境。特别是把农民专业合作总社在协调整合涉农单位资源，提升规模化生产、集团化经营等方面的优势，变为合力打造良好的经济、信用生态环境的动力源，为深化服务"三农"奠定基础。具体来说，一是全面建立农金机构与农民专业合作总社战略合作关系。二是农金机构要针对农民专业合作社的需求，创新金融产品与服务方式。三是在农民专业合作总社牵头下，鼓励单个社之间开展互助保险和担保业务，鼓励农村担保公司为农民专业合作社提供担保业务。四是农金机构当积极推动农民专业合作总社，创造条件自办信用合作。五是探索建立农民专业合作社贷款与农村保险联姻。一旦农民专业合作社无力偿还贷款，由承保的保险机构偿还并同时转让债权，以解除农金机构放贷的后顾之忧。

资料来源：吕志强. 抓住机遇创新农村金融业务[N]. 经济日报，2012-06-13.

这一资料表明：中国农村金融改革主要在于农村金融机构和农村金融业务的创新。

农村金融业务，是农村金融体系中各个金融机构和组织为履行其职责、实现经营目标，对外开展的各类信用活动和服务活动的总称。目前，我国农村金融机构的业务与商业银行业务大体相同，因此本章主要针对商业银行金融业务做介绍。另外，特别介绍我国农村金融机构的特色业务——农户小额信用贷款。

第一节　负债业务

一、存款业务

（一）农村存款的分类

农村金融机构的存款按不同的划分标准可分成不同的种类。农村金融机构的存款按照存款期限，可分为活期存款和定期存款。活期存款是指款项存入银行、信用社时，不规定存款期限，存入人可以随时提取或转让款项给他人。定期存款是指款项存入银行、信用社时就规定了存款期限，一般不能提前支取。定期存款又分为短期存款和长期存款，由于农业生产的季节性，农村存款以短期为主。

农村金融机构的存款按照存款的币种，可分为人民币存款和外汇存款。人民币存款是以人民币形式吸收的存款。外汇存款是以外汇形式所吸收的存款。目前，我国农村的商业银行和农村信用社办理的外汇存款的币种主要有美元、英镑、日元、瑞士法郎、澳大利亚元、加拿大元、港币和欧元。其他不可自由兑换货币可同上述货币中的一种按存入的外汇牌价折算入账。农村金融机构主要是吸收农村经济组织和个别农村居民的外汇存款。

农村金融机构的存款按照存款的性质，还可分为农村储蓄存款、农村企业存款、农村财政性存款、农村信用社转存款等。农村企业存款是指地处农村的企业把货币形态的资金存入银行而形成的存款。农村企业存款又分为活期存款和定期存款两种。农村企业活期存款指企业可以随时开出支票用于转账或提取现金的存款，属于银行信用社流动性负债，银行信用社只能用它从事流动资产业务。但从整体上看，众多的企业活期存款总会形成一个最低的且较稳定的余额，银行信用社可将此余额用于长期性资产业务。农村企业长期存款一般是指企业的各种专用基金，如公积金、公益金等形式的存款，属银行信用社的长期负债，这项负债稳定性强，构成了商业银行长期资产业务的主要来源。农村财政性存款是指财政部门、基本建设单位和由财政拨款的机关、团体、学校、部队等事业单位的经费和其他收入形成的存款。农村信用社转存款是指农村信用社把吸收的存款转存到商业银行，主要是中国农业银行而形成的存款。

（二）农村储蓄存款

在农村金融负债业务中，最常见的是农村储蓄存款。所谓储蓄存款，是指城乡居民个人把日常生活中节余和暂时闲置的货币收入存入银行或其他金融机构的信用行为。农村储蓄存款主要指由农村金融机构吸收的农民和农村职工货币收入的消费待用金。农村储蓄存款来源于农村居民的货币收入。为了贯彻党和国家保护和鼓励人民储蓄的政策，农村金融机构在储蓄存款工作中实行“存款自愿，取款自由，存款有息，为储户保密”的原则。这项原则是办理储蓄业务应坚持的基本准则，它是维护储户合法权益和农村金融机构信誉的根本保证。

存款自愿，即储户存不存款，存多存少，什么时期存，存到哪个金融机构，都根据储户自己的意愿决定，任何单位和个人都无权干涉。

取款自由,即储户的存款到期,金融机构应无条件支付,什么时候取,取多少,怎么用,金融机构都不应过问,不应故意刁难。取款自由与存款自愿是互为条件的、密切相关的两条原则,取款是存款的目的,如果限制取款,储户就不会再愿意存款了。

存款有息,即金融机构储户的存款要根据存款的不同性质按规定的利率和期限支付利息。金融机构支付的储蓄利息,来源于金融机构贷款向企业所收的利息,说到底是来源于劳动群众创造的社会纯收入,把劳动群众创造的一部分纯收入再以利息形式支付给劳动群众,不存在剥削性质。

为储户保密,即要求金融机构对储户存款的姓名、金额、期限等情况,做到严守秘密,不随意向他人透露。坚持这一原则的目的是保护存款的安全,使储户存款的所有权不受侵犯。至于人民法院、人民检察院因审理案件要查询冻结罪犯的储蓄存款时,必须按照规定,由县或县级以上人民法院、人民检察院和公安机关出具正式通知书,并经县级金融机构同意,才能办理。

目前,我国农村储蓄存款主要有以下几种:

1. 活期储蓄存款

活期储蓄存款是一种不定期限,随时存取、按年结息的储蓄。它是一种最基本的储蓄种类,适用于人们随时可能消费的那部分货币收入的存储。这种储蓄方式的优点:一是存期不受限制,存取灵活方便;二是有利于手持现金的保管安全;三是有利于节约零星花费。农村金融机构利用此存彼取的时空差,经常保持一个相当数额的活期存款余额,来聚积社会闲散资金。

活期储蓄按使用的存取款凭证划分,主要有活期存单储蓄、活期存折储蓄、活期支票存款储蓄、代发工资转存储蓄。

(1)活期存单储蓄。活期存单储蓄是使用活期存单,一次存入,一次取清,金额大,存期不受限制的储蓄。存入时写一份存单,取款时凭存单,一次全部结清本息,再存加写存单。

(2)活期存折储蓄。活期存折储蓄是凭活期存折随时存取的一种储蓄。这是当前活期储蓄的主要形式。其办法是开户时发给存折,1 元起存,多存不限,随时凭存折存取,每年 6 月 30 日计付一次利息,由金融机构主动并入本金,清户时随时结算,利息算到清户的前一天。

(3)活期支票存款储蓄。活期支票存款储蓄是以个人信用保证的一种储蓄,主要是为我国部分居民的较大金额消费支出的需要而设立的。储户开户时的起点存款为 200 元或 500 元,凭开户时预留金融机构的签名签订使用支票进行转账或取现,支票的使用按金融机构的有关规定执行。

(4)代发工资转存储蓄。代发工资转存储蓄是由储户所在工作单位直接将本人工资收入以储蓄的方式存入本人的活期储蓄账户的一种形式。这种储蓄形式在我国许多大中城市企业、事业机关中已普遍实行,效果显著。

2. 定期储蓄存款

定期储蓄存款是储户在存款时约定存期,一次或在存期之内按期分次存入本金,整笔或分期、分次支取本金或利息的储蓄。这种方式主要适合储户生活节余款相当金额的长期的有计划存取需要。由于定期储蓄时间较长,且比较稳定,对有效地蕴蓄购买力、平衡市场供求、充实信贷资金来源、增强金融机构支持发展经济的能力有重要作用。

为了适应储户货币收支的不同情况和要求,定期储蓄存款又细分为以下五种形式:整存整取定期储蓄、零存整取定期储蓄、存本取息定期储蓄、整存零取定期储蓄、保值储蓄。

(1)整存整取定期储蓄。人民币10元起存,多存不限。存款期分为半年、一年、三年、五年、八年五个档次,按单利计息,期限越长,利率越高,到期凭存单一次还本付息。

(2)零存整取定期储蓄。储户同金融机构约定,每月固定存入一定金额,存满约定期限,凭存单一次领取本息。发生漏存次月补,如果不补,到期照扣利息。再一种方式是储户选择一种时期目标金额,比如计划每月储存一定数额的存款,使其在一年、三年或五年到期时,本息一共能够得到500元、1000元、2000元不等,每月应存金额事先由金融机构算好,便于储户选择。这种方式的主要特点是积零为整,适合有计划地购买高档商品而收入又稳定的储户。

(3)存本取息定期储蓄。一次存入一笔较大的款项,与金融机构约定,在一定期限(一年、三年、五年)内不动本金,只按期(月或季)支取利息,到期支取本金。这种方式适合把存款利息收入作为日常生活来源的储户。

(4)整存零取定期储蓄。储户同金融机构约定期限(一年、三年、五年),存入一定数额的本金,期内约定时间(月或季)提取本金使用,到期一次结付利息。这种方式主要适用于大笔收入计划在一定时期内均衡使用的情况。

(5)保值储蓄。保值储蓄是国家银行根据物价上涨的情况,对储户存入的定期储蓄在规定的期限内给予一定的保值补贴的一种储蓄。经国务院1988年第20次常务会议决定,自1988年9月10日起,我国举办保值储蓄,保值储蓄范围为城乡居民三年以上的整存整取定期储蓄、华侨(人民币)定期储蓄、存本取息定期储蓄。

这种储蓄的优点是:①存期较长而稳定,有利于金融机构在较长时间内运用资金,支援国家建设;②定期存取,手续简便,节约社会劳动及费用;③能有效地蕴蓄社会购买力,有利于调节市场供求关系;④有利于人民群众合理安排经济生活,留有后备。

3. 定活两便储蓄

定活两便储蓄是以存单为存取凭证,存款时不确定存期,随时可以提取,利率随存期长短而变动的一种介于活期和定期之间的储蓄。利率按现行规定:存期不满三个月的,按活期储蓄利率利息;满三个月不满半年的,按五个月利率打折计息;满半年不足一年的,按半年期利率六折计息;一年以上的,无论时间长短,均按一年期六折计息。

储蓄存款是各级农村金融机构营运资金的重要组成部分,广泛组织和吸收是增加农村信贷可用资金、扩大农村金融业务活动的重要途径。因此,积极开展城乡储蓄工作,对支持农村经济建设、调节农村货币流通、保证城乡市场供求均衡具有极其重要的意义。

二、借入资金业务

借入资金是农村信用社一种主动增加资金来源的手段。农村信用社的借入资金主要包括中央银行借款、银行同业借款等。

表 4－1　2012 年 7 月 6 日调整后的定期存款利率表

项　目	年利率(%)
一、城乡居民及单位存款	
(一)活期	0.35
(二)定期	
1. 整存整取	
三个月	2.60
半年	2.80
一年	3.00
二年	3.75
三年	4.25
五年	4.75
2. 零存整取、整存零取、存本取息	
一年	2.85
三年	2.90
五年	3.00
3. 定活两便	按一年以内定期整存整取同档次利率打 6 折
二、协定存款	1.15
三、通知存款	.
一天	0.80
七天	1.35

1. 中央银行借款

农村信用社资金不足时,可以向中央银行借款。一般来说,农村信用社向中央银行借款主要的、直接的目的在于缓解资金暂时不足,而非用于营利。向中央银行借款主要有两种形式:①再贴现,即农村信用社把自己办理贴现业务所买进的未到期商业票据再转卖给中央银行。②再贷款,即农村信用社向中央银行申请的直接贷款。它可以是信用贷款,也可以是农村信用社以自己持有的合格票据、银行承兑汇票、政府公债等有价证券作为抵押品向中央银行取得的抵押贷款。这种方式比再贴现更为灵活、简便。当农村信用社资金紧张时,可以向中央银行申请借款,取得相应的贷款。

2. 银行同业借款

银行同业借款主要包括以下三种类型:

(1)同业拆借。同业拆借是农村信用社之间或农村信用社与其他银行业金融机构之间的短期资金融通活动。在每天营业终了或在票据交换结算结束时,总会出现有的银行头寸不足、有的银行头寸多余的情况。为了实现资金平衡、保持资金正常周转，头寸不足的银行就需从头寸多余的银行临时拆入资金轧平头寸支付利息；头寸多余的银行也愿意将暂时盈余的资金拆出以取得利息，这样就发生了银行同业拆借活动。同业拆借具有期限短、数额大、利率适中等特点。目前，许多大银行都把拆入资金作为一项经常性的资金来源。

(2)抵押、质押贷款。农村信用社在资金紧张、周转不畅的情况下，也通过抵押、质押的方式向其他金融机构取得资金。作为抵押、质押的资产大部分是客户的担保资产。

(3)转贴现借款。当农村信用社资金发生周转困难时，可以将通过办理贴现买进的未到期票据转贴现给其他农村信用社、商业银行或贴现机构以获得资金。

第二节　资产业务

一、现金资产业务

现金资产，是指农村金融机构随时可用来支付客户现金需要的资产，是农村金融机构资产中最具有流动性的部分。现金资产一般包括以下三项：

1. 库存现金

库存现金是指农村金融机构业务库内保存的纸币和硬币。它主要用于应付柜台上客户取现和支付农村金融机构本身日常开支的需要。

2. 在中国人民银行存款

在中国人民银行存款是指农村金融机构在中国中央银行开户而存放的用于调拨款项、提取现金、往来资金结算以及按存款准备金缴存于中国中央银行的法定准备金和其他需要缴存的款项。

3. 存放同业款项

存放同业款项是指存在其他金融机构的款项。存在同业的款项主要是为了便利金融机构之间的票据清算以及代理收付等往来业务。

现金资产是一种无利或微利的资产，农村金融机构拥有这部分资产的目的，主要是应付客户和同业的各种流动性需求，这是因为客户的存款行为具有随机性、波动性和不可控性，如果农村金融机构不持有一定量的现金资产，就不能及时应付必要的现金支付，从而失信于顾客和同业，甚至可能形成挤兑风险，造成金融秩序的混乱，触发信用危机。

二、农村贷款业务

农村贷款业务，一般是指由农村金融机构将吸收的信贷资金，按照一定时期党和国家有关农村信贷政策、原则，遵循信贷基本制度，向需要资金的客户发放贷款业务的总称。农村贷款是农村金融机构资金运用的基本方式和经营活动的重要内容，也是农村金融机构发挥职能作用、取得经济效益的主要手段。

(一)农村贷款的政策与原则

农村贷款政策是根据国家产业政策和货币政策以及资金供求情况来制定的，是农村金融机构组织资金营运和信贷活动的准则。在社会主义农村市场体制建设过程中，农村信贷的基本政策是：

（1）继续增加对农业的信贷投入，支持加快农业结构与农业产品结构的调整，促进高产、优质、高效农业的发展。一是在继续支持粮棉生产区、提高粮棉生产能力的同时，积极支持其调整农村产业结构，发展多种经营。二是支持"两高一优"农业示范区的建设。三是搞好农业综合开发和扶贫的信贷服务工作，要加强与有关部门的配合与协作，坚持贷款自主权，把有限的资金切实用到社会效益大、经济效益好的地区和项目上来。四是支持国有农业企业和村级集体经济的发展。

（2）积极支持农村工业企业优化产业、产品结构，增强产品的市场竞争能力，提高经济效益。进一步发挥科技信贷的先导和示范作用，要适当集中资金和规模进行扶持，对规模大、效益好、实行集团经营的骨干企业项目和优势产品，要给予重点支持。

（3）认真做好农副产品收购资金的供应工作，对国家专项储备、定购部分所需贷款，要优先安排；对收购其他农副产品的，实行以销定贷。同时，积极支持流通企业扩大商品购销，搞好农业生产和生活资料供应。

【知识链接】

农信社金融支农的主力军

农村经济发展需要与之相适应的金融服务体系，农村合作金融机构在农村经济发展中起着其他金融机构不可替代的作用，已逐步成为金融支农的主力军。近几年，全市农村合作金融机构发放农户及农业经济组织贷款年增长率保持在15%以上，超过贷款平均增幅，远远超过全市农业经济的同期增幅，基本满足了农民、农业、农村的资金需求。

首创支农"信用卡"。对种植养殖大户、购销大户发放支农"信用卡"，实行一次核定，随借随还。这是宁波市农村合作金融机构首创，并在全国推广的便民措施。1998年，在北仑梅山创建第一家信用村，之后在浙江省以及全国部分省市推广，建立"农户信用镇"。浙江省首家由县级政府和市级行业管理部门确认的"农户信用镇"落户慈溪胜山镇，进一步提升了全市农信社信贷支农活动的层次。尝试各种贷款方式，积极探索新的贷款方式，力求简便、灵活，先后进行信用户评定、信用评议小组的创建，利用信用贷款证、农贷联保、小额信用贷款等方式解决农民贷款难、手续烦的问题。助推中小企业特别是小型企业的成长。积极支持农业龙头企业和农民专业合作社发展，增强其加工增值、规模拓展和带动农户的能力。努力开辟融资绿色通道，完善金融服务体系，支持中小企业产品上档次、创名牌，支持产品更新换代和技术改造，积极促进农村工业化。

资料来源：宁波：改进金融服务大力支持新农村建设，宁波市镇海区人民政府网站。

贷款原则是贷款发放过程中的管理准则。银行发放贷款要坚持以下原则：

(1)必须在国家信贷计划范围内择优扶持。农村金融机构应选择经营好、信誉好的企业及经济成果好、市场需要的产品优先扶持。

(2)必须有经济担保和承担经济责任。经济保证的内容包括:适用、适销、适量的物资或商品;经购货方或银行承兑的票据;实物抵押品等。承担经济责任,一是指借款人或担保人对贷款的归还承担经济和法律责任;二是指发放贷款的决策人和有关工作人员对贷款的按期收回本息也应承担经济和法律责任。

(3)必须按期偿还和计收利息。效益性既是银行贷款应追求的目标和落脚点,又是企业使用贷款的客观要求,这是信贷资金运行的本质所决定的。一切贷款,都必须按生产、流通、周转期或投资回收期的规定期限,到期收回,并按用途、期限分别计收利息。

企业向银行借款要坚持以下原则:

(1)企业使用贷款必须遵守银行贷款的原则,即必须按批准的用途和范围使用,必须有经济保证并承担经济责任,必须按银行规定的期限偿还贷款。

(2)保证流动资金的完整无缺,不得任意挤占、挪用。坚持流动资金与固定资金、专用资金的专口管理、分别使用。

(3)企业亏损占用的贷款必须按规定及时弥补。计划内亏损应在两个月内弥补,逾期不弥补的,银行应加收利息。

(4)企业必须按国家规定补充自有流动资金。

(二)贷款业务的一般程序

1. 贷款申请

凡符合借款条件的借款人,在农村金融机构开立结算账户、与农村金融机构建立信贷关系之后,如果出现资金需要,都可以向农村金融机构申请贷款。借款人申请贷款必须填写《借款申请书》。《借款申请书》的基本内容包括:借款人的名称、性质、经营范围、申请贷款的种类和期限、金额、方式、用途、用款计划、还本付息计划以及有关的经济技术指标等。

为了便于贷款人审查贷款,借款人在递交《借款申请书》的同时,还必须提供以下资料:

(1)借款人及保证人的基本情况及有关法律文书,如营业执照、法人代表证明文件等;

(2)财政部门或会计(审计)事务所核准的上年度会计报表及申请贷款前1个月的财务报表或资产负债表;

(3)原有不合理占用的贷款纠正情况;

(4)自有资本和自有流动资金补充情况;

(5)担保品及拟同意担保的有关证明文件;

(6)贷款人认为需要提供的其他文件、证明等。

如果借款人申请中长期贷款,除了上述资料外,还必须提供以下资料:

(1)项目开工前期准备工作的情况报告;

(2)在开户农村金融机构存入规定比例资金的证明;

(3)经批准下达的项目开工通知书;

(4)按规定项目竣工投资所需自有流动资金落实情况及证明材料;

(5)进出口协议或合同等。

2. 贷款调查

农村金融机构在接到借款人的借款申请后,应指派专人进行调查。调查的内容主要有两个方面:

(1)关于借款申请书内容的调查,主要审查其内容填写是否齐全、数字是否真实、印鉴是否与预留农村金融机构的印鉴相符、申请贷款的用途是否真实合理等。

(2)贷款可行性的调查。主要调查以下几个方面:①借款人的品行。主要了解与借款人资料有关的证明文件和批准文件。②借款的合法性。主要了解借款的用途是否符合国家产业、区域、技术以及环保政策和经济、金融法规。③借款的安全性。主要调查借款人的信用记录及贷款风险情况。④借款的营利性。主要调查测算借款人使用贷款的盈利情况及归还贷款本息的资金来源等。

3. 对借款人的信用评估

农村金融机构在对借款人的贷款申请进行深入细致的调查研究的基础上,还要利用掌握的资料,对借款人进行信用评估,划分信用等级。信用评估可以由农村金融机构独立进行,评估结果由农村金融机构内部掌握使用;也可以由中国人民银行认可的有资格的专门信用评估机构对借款人进行统一评估,评估结果供各家农村金融机构使用。

4. 贷款审批

对经过审查评估符合贷款条件的借款申请,农村金融机构应当及时进行审批。农村金融机构要按照"分级负责,集体审定,一人审批"的贷款审批制度进行贷款决策,逐笔逐级签署审批意见并办理审批手续。

5. 借款合同的签订与担保

借款申请经审查批准后,必须按《经济合同法》和《借款合同条例》,由农村金融机构与借款人签订《借款合同》。对于保证贷款,保证人需向农村金融机构出具"不可撤销担保书"或由农村金融机构与保证人签订"保证合同"。对于抵押贷款和质押贷款,农村金融机构须与借款人签订抵押合同或质押合同。需办理公证或登记的,还应依法办理公证和登记手续。

6. 贷款发放

借款合同生效后,农村金融机构应按合同规定的条款发放贷款。在发放贷款时,借款人应先填好《借款借据》,经农村金融机构经办人员审核无误,并由信贷部门负责人或主管行长(主任)签字盖章,送农村金融机构会计部门,将贷款金额划入借款人账户,供借款人使用。

7. 贷款检查

贷款发放以后,农村金融机构要对借款人执行借款合同的情况即借款人的资信状况进行跟踪调查和检查。检查的主要内容有:借款人员是否按合同规定的用途使用贷款;借款人资产负债结构的变化情况;借款人还款能力即还款资金来源的落实情况等。对违反国家有关法律、法规、政策、制度和《借款合同》规定使用贷款的,检查人员应及时予以制止并提出处理意见,对问题严重的,要及时上报并采取紧急措施,最大限度地降低贷款风险。

8. 贷款收回

贷款到期后,借款人应主动及时归还贷款本息,一般可由借款人开出结算凭证归还本息,也可由农村金融机构直接从贷款人账户中扣收贷款本息。贷款到期,由于客观情况发生变化,借款人经努力仍不能还清贷款的,短期贷款必须在到期日的 10 天前,中长期贷款在到期日的 1 个月前,向农村金融机构提出贷款展期申请。如果农村金融机构同意展期,应办理展期手续。如果农村金融机构不同意展期或展期以后仍不能到期还款,即列为逾期贷款,农村金融机构应对其进行专户管理,并强化催收。

(三)农村贷款的种类

农村贷款按不同的标准可以划分为不同的种类,各种分类都有它的实际作用。按贷款对象的所有制性质分,可分为国有企业贷款、集体企业贷款、个体企业贷款、"三资"企业贷款;按贷款对象所属经济部门分,可分为工业、交通运输业贷款,商业、旅游服务业贷款,农业贷款,科技贷款;按贷款性质分,可分为生产性贷款、消费性贷款;按贷款用途分,可分为流动资金贷款、固定资金贷款;按贷款期限分,可分为短期贷款、中长期贷款;按贷款保障分,可分为信用贷款、担保贷款、票据贴现贷款;按贷款币种分,可分为人民币贷款、外汇贷款;按贷款安全程度分,可分为正常贷款、关注贷款、次级贷款、可疑贷款、损失贷款等。下面分别介绍几种主要贷款及其用途。

(1)农村工业贷款。农村工业贷款是农村金融机构为解决农村中从事自然资源的开发和对原材料进行加工的国有、集体和个体工业生产活动中因流动资金的不足的问题而发放的贷款。按资金周转的不同特点,可划分为流动资金贷款和固定资产贷款。流动资金贷款主要是用于企业再生产过程中流动资金不足所需的贷款,包括工业企业流动资金贷款和流动资金周转贷款。流动资金贷款是银行对企业流动资金达不到规定比例的不足部分所发放的补差贷款,其性质是弥补企业铺底资金或自有资金缺额,属积累性流动资金投资。它解决企业流动资金计划占用额内的临时性、季节性资金需要,具有短期周转性质,最长期限不超过一年。固定资产贷款,主要是用于企业扩大、提高和维护再生产能力资金不足时的贷款。固定资产贷款必须坚持企业以实现的新增利润、提取的折旧基金和固定资产变价收入等首先归还贷款并据以落实还款期的年月及归还计划。

(2)农村商业流动资金贷款。农村商业流动资金贷款是银行为解决农村商业企业经营活动中因流动资金的不足而发放的贷款。按用途不同,又可细分为商业流转贷款、农副产品收购贷款、农副产品预购定金贷款。商业流转贷款主要是用于解决商业企业在组织商品流转过程中所发生的流动资金不足而发放的贷款。它的发放对象包括所有的农村商业,主要用于国有商业和供销社的批发、零售企业。农副产品收购贷款是银行为解决农村商业按照国家政策规定收购、储存、调拨农副产品所发生的资金不足而发放的流动资金贷款。它是一种特定用途的贷款,因此,又叫农副产品收购专项贷款。农副产品预购定金贷款是指银行在核准的农副产品预购定金指标内,直接向指定的收购单位发放的用于预购定金用途的专项贷款。此种贷款由收购单位统一承贷、承还。预购定金的使用者是签约合同指定的农副产品生产者。

(3)集体农业贷款。集体农业贷款主要包括三种:第一种是农业银行、农村信用社为了帮助农村集体经济农业生产单位解决当年农业周转资金暂时困难而发放的农业生产费用贷款;第二种是农业银行、农村信用社帮助农业集体经济组织解决购置固定资产、改变生产条件、进行农田水利基本建设时资金不足的问题而发放的农业生产设备贷款;第三种是农业专项贷款。

截至2010年8月底，甘肃省已累计发放妇女小额担保贷款40.35亿元，扶持10.6万名妇女创业就业。

(4)农户小额信用贷款。农村信用社农户小额信贷是农村信用社以农户的信用为保证，在核定的额度和期限内向农户发放的一种不需要抵押、担保的贷款。中国人民银行于1999年下半年下发《农村信用社农户小额信用贷款管理暂行办法》，2000年初又下发了《农村信用合作社农户小额信用贷款管理指导意见》，农户小额信用贷款在我国农村开始试行。它在我国的试行虽然只有短短几年的时间，却取得了令人瞩目的成绩，不仅在支持农村经济结构调整，推进农业产业化进程，拓宽农民生产经营的渠道，增加农民收入，强化农村信用社扎根农村、支持农业、服务农民的市场定位，改善经营状况等方面发挥了重要的作用，还密切了农民与农村信用社的信用关系，启动了农村信用体系这一具有长远意义的工程。本章第四节将专门对农户小额信用贷款进行讲解。

三、证券投资业务

在目前分业经营和分业监管的体制下，我国的农村信用社和农村银行类金融机构的证券投资业务的对象主要是风险较小的国债、金融债券，一些信誉较高的公司债券和中央银行票据等，其目的主要是增加收益和增加资产的流动性，不得从事境内信托投资和股票业务等高风险投资业务。

证券投资业务一方面为其暂时多余的资金找到投资途径，从而取得收益；另一方面，需要资金时又可在证券市场上迅速售出变现，增强资产的流动性。证券投资业务灵活调度资金的性能要大大优于贷款业务。

第三节　中间业务

我们以农村信用社为例介绍农村金融机构的中间业务。农村信用社的中间业务是指不构成农村信用社表内资产、表内负债，形成农村信用社非利息收入的业务。这种业务是农村信用社在办理资产负债业务的过程中衍生出来的，它是农村信用社资产负债之外，占用农村信用社资产较少，农村信用社资产负债表上一般不能直接反映出来的业务。

农村信用社在办理中间业务的时候不直接作为信用活动的一方出现，即不直接以债权人或债务人的身份参与，一般不使用农村信用社自有资金。这是中间业务同负债业务和资产业务最根本的区别。

一、农村信用社中间业务分类

(1)支付结算类中间业务。这是指由农村信用社等银行类金融机构为客户办理因债权、债务关系引起的与货币支付、资金划拨有关的收费业务,包括国内外结算业务、同城结算业务和异地结算业务。

(2)银行卡业务。银行卡是由经授权的金融机构(主要是银行类金融机构)向社会发行的具有消费信用、转账结算、存取现金等全部或部分功能的信用支付工具,包括借记卡和贷记卡,贷记卡在我国也称为信用卡。

(3)代理类中间业务。这是指农村信用社等银行金融机构接受客户委托,代为办理客户指定的经济事务、提供金融服务并收取一定费用的业务,包括代收代付业务、代理证券业务、代理保险业务、代理金融机构委托等。目前,农村信用社等农村银行金融机构的代理业务以代收代付为主。

(4)担保类中间业务。这是指农村信用社为客户债务清偿能力提供担保,承担客户违约风险的业务,包括银行承兑汇票、备用信用证、各类银行保函等。

(5)承诺类中间业务。这是指农村信用社在未来某一日期按照事前约定的条件向客户提供约定信用的业务,主要是贷款承诺业务,包括可撤销承诺和不可撤销承诺两种。

(6)交易类中间业务。这是指农村信用社为满足客户保值或自身风险管理等方面需要,利用各种金融工具进行的资金交易活动,主要包括远期外汇合约、金融期货、互换和期权等金融衍生业务。

(7)证券托管业务。这是指有托管资格的农村信用社、商业银行接受证券公司和基金公司委托,安全保管所托管的证券、基金的全部资产,为所托管的证券和基金办理资金清算、款项划拨、会计核算和监督管理人投资运作等业务。

(8)咨询顾问类业务。这是指农村信用社依靠自身在信息、人才、信誉等方面的优势,收集和整理有关信息,并通过对这些信息以及农村信用社和客户资金运动的记录和分析,形成系统的资料和方案,提供给客户,以满足其业务经营管理或发展需要的服务活动,如信息咨询、财务顾问等。

(9)其他类中间业务,如保管箱业务等不能归入以上8类的业务。

二、农村信用社中间业务举例

(一)结算业务

(1)汇兑。汇兑是汇款人委托银行将其款项支付给收款人的结算方式。单位和个人的各种款项的结算,均可以使用汇兑结算方式。汇兑分信汇和电汇两种。

(2)银行汇票。银行汇票是指由银行签发一定金额,并委托付款人于指定到期日,无条件付款给收款人或者持票人的票据。目前主要有省辖银行汇票、三省一市银行汇票(浙江省、江苏省、安徽省和上海市范围内使用)和全国汇票。一般用于异地结算,具有一手交钱,一手交货,钱货两清,方便、快捷、灵活、安全的优点。

(3)银行本票。银行本票是银行签发的,承诺自己在见票时无条件支付确定金额给收款人或者持票人的票据。一般用于本辖区内的结算,具有灵活方便、防伪措施严密、信誉度高、结算方便快捷的优点。

(4)支票。支票是出票人签发的,委托办理支票存款业务的银行或者其他金融机构在见票时无条件支付确定的金额给收款人或持票人的票据。支票一般分为现金支票和转账支票两种。

(5)银行承兑汇票。银行承兑汇票由出票人签发,委托银行在指定日期无条件支付确定金额给收款人或持票人的票据。在银行开立存款账户的法人以及其他经济组织之间具有真实的交易关系或债务关系时可选择使用,银行承兑汇票的付款期限最长不超过6个月。

(6)委托收款。委托收款是收款人委托银行向付款人收取款项的结算方式。委托收款不受金额起点限制,在同城、异地均可使用。单位和个人凭已承兑商业汇票、债券、存单等付款人债务凭证办理款项的结算,均可以使用委托收款结算方式。

(二)代理业务

(1)代收代付业务。代收代付业务指农村信用社等银行金融机构利用自身网点、人员、技术、汇兑和网络等优势,接受单位和个人的委托,代为办理指定范围内的款项收付事宜。此业务既可以帮助企业解决繁杂的常规收付款事务,又可以给银行带来手续费收入和存款来源。代收代付业务主要包括代理发放工资和退休人员退休金,代理企事业单位和个人收付公用事业费、税款、劳务费、学费、有线电视费等费用,代收保险金等。

(2)代理国债业务。这是指农村信用社等农村银行金融机构代理财政部、中国人民银行发行、销售、兑付国债的业务。目前主要是代理发行、兑付凭证式国债。凭证式国债是一种国家储蓄债,可记名、挂失,以"凭证式国债收款凭证"记录债券,但不得更名、不能上市流通转让,从购买之日起计息。凭证式国债的期限一般为2年期、3年期和5年期。凭证式国债可提前兑付,但只能全额而不能部分提前兑付,凡办理凭证式国债提前兑付的,均按兑付本金的规定比例收取手续费。

(3)信用证业务。信用证是一种支付保证书,在国际贸易中使用最普遍,它是指银行根据进口商的请求,对出口商发出的以银行或进口商本人为付款人的汇票,承诺只要交来符合信用证条款规定的单据和汇票,必定承兑和付款的一种书面保证文件。信用证通常在国际贸易结算中使用,当前农村银行类金融机构主要提供进口开证、出口来证通知和出口议付业务。

(4)贷款承诺业务。贷款承诺是指农村信用社等农村银行类金融机构与借款客户达成的一种具有法律约束力的正式契约,农村信用社承诺在契约有效期内,按照双方约定的金额、利率,随时准备应客户的要求提供贷款。农村信用社提供这种承诺的同时,要按一定比例向客户收取承诺费,即使在规定期间内客户没有申请贷款,也须缴纳承诺费。

(5)代理保险业务。农村信用社代理保险业务是指农村信用社各机构受保险公司的委托,利用农村信用社储蓄遍布城乡的网点,为保险公司代办保险、收取保险金的中间业务。

经营宗旨:诚信为本,客户至上,服务制胜,追求卓越。

合作伙伴:与中国人寿、太平人寿、太平洋人寿、中国人保、平安财险、大地财险、太平洋财险等多家保险公司建立代理合作关系。

业务范围:农村信用社可代理保险公司收取保险费;根据保险公司的委托,协助保险公司办理相关业务。

第四节　农户小额信用贷款

一、农户的金融特征

农户金融指的是农民家庭金融活动,除了普通家庭活动的特征外,农户所处的地域,所从事的经济活动、生产经营中所面临的自然环境和市场环境,与其他类型的家庭存在明显的差异,主要表现在以下三个方面:

(一)现金流量不稳定

农户现金流的收入和支出两方面都存在较大的不稳定性。农户的收入取决于农产品产量和价格两个因素。其中,农产品产量受自然条件、生产投入、农业科技应用的因素影响;农产品价格则受到消费结构变化引起的市场供求结构的影响。这里,无论是自然条件,还是市场条件,农户都无法影响和控制,只能被动地接受。如果风调雨顺,农作物收成好,收入就可能增加;如果遇到自然灾害,农作物收成不好,收入就减少。在农产品市场价格波动面前,农户是无奈的接受者,因为他们组织化程度低,在流通环节中缺乏价格谈判能力,在农产品价值链中处于弱势地位。近年来,农产品"多收了三五斗"带来的更多的是尴尬,"增产不增收"在许多地方并不少见。

农户支出包括生活性消费支出和生产性消费支出。从生活性支出来看,近年来,农户的生活消费就发生了很大的变化,由于社会分工的发展,农户已经无力去依靠家庭生产解决全国的家庭生活消费,必须对外采购商品;随着社会发展水平的提高,教育、医疗等服务的价格上涨飞快,农户为子女提供教育,为老人提供医疗保健的支出比重不断上升。从生产性消费的角度看,农户必须要购买种子、农药、化肥、农具等生产资料,从事非农产业的农户有时候还要建设厂房、购买机器和其他的固定资产,这些采购活动受到市场因素的重大影响。由于农户经济规模小,只能被动接受自然和市场的波动。

收入和支出两方面的波动是农户现金流量不确定性的根源,这样就大大提高了金融机构提供农户借贷服务的风险。

(二)资金用途难以区分

由于农户同时具备生产经营和生活消费两种功能,它是生产单位和生活单位的统一体,农户的资金使用要同时服从两方面的需求。

农户资金的用途经常发生转换,主要表现在两个方面:一是生产性资金或者生活性资金内部之间会进行转换;二是生产性资金和生活性资金相互之间会进行转换。多数农户属于"兼业型",他们往往同时开展多种生产经营活动。把种菜的钱用来养鸡,买化肥的钱给孩子交学费,买电视的钱用来买猪仔 ,这些情况在农村十分常见。另外,有些资金的用途甚至难以区分。比如,农户修缮住房,这在表面上属于生活性支出资金,但是对大多数农户来说,住房其实就是其生产经营的活动场所,农民在饲养家畜或者搞一些简单的粮食加工时,住房就带有了生产性特征。农户治病,从表面上看属于生活用途,但家庭成员是农户生产经营的主要劳动力,这项投入也具有生产目的。

此外,多数农户对自己的资金活动情况不能进行规范的记录,金融机构难以了解农户资金活动的实际情况,常常因为无法监督农户资金用途而不愿意对其提供借贷。

(三)收入不平衡

影响农户收入水平的有主观和客观两方面因素。从客观上看,农户所处地域的自然条件、产生活动内容及其资产规模的不同,导致了农户收入水平的差异。从主观上看,农户家庭成员的健康状况、文化科技水平、经营管理能力和社会关系资源等,对农户收入水平也有很大的影响。

实际上,农户可划分为贫困型、维持型、市场型三种类型。各类农户都具有贷款、存款、投资和结算需求,但是不同类型的农户金融需求的形式特征及其服务手段的要求并不一致。贫困型的农户尚未稳定地解决温饱问题,其生产、生活资金都比较短缺,家庭生产性资产也比较少,因此其信贷风险大,再加上资金需求量少,放款成本也高,一般只能通过政策性金融组织、民间借贷或者政府扶贫资金来满足。维持型农户已经基本解决温饱问题,具有债务意识,较为遵守信用。市场型农户的生产经营活动是以市场为导向的,资金需求量比维持型农户大,需要求助于商业性金融机构。但由于维持型农户和市场型农户一般都缺乏有效的抵押担保品,所以从普通商业银行获得贷款比较困难。

【知识链接】

农户的定义

"农户"指具有农业户口,主要从事农村土地耕作或者其他与农村经济发展有关的生产经营活动的农民、个体经营户等。

中国农业银行的《农户小额贷款管理办法》中规定:农户是指长期(一年以上)居住在乡镇行政管理区域内的住户和长期居住在城关镇所辖行政村范围内的住户,户口不在本地而在本地居住一年以上的住户,国有农林场的职工和农村个体工商户;位于乡镇行政管理区域内和在城关镇所辖行政村范围内的国有经济的机关、团体、学校、企事业单位的集体户;有本地户口,但举家外出谋生一年以上的住户,无论是否保留承包耕地,均不属于农户。

二、农户小额信用贷款的概念及原则

(一)概念

农户小额信用贷款是指农村信用社为了提高农村信用合作社信贷服务水平,加大支农信贷投入,简化信用贷款手续,更好地发挥农村信用社在支持农民、农业和农村经济发展中的作用而开办的基于农户的信誉,在核定的额度和期限内向农户发放的不需要抵押、担保的贷款。它适用于主要从事农村土地耕作或者其他与农村经济发展有关的生产经营活动的农民、个体经营户等。

(二)原则

农户小额信用贷款应遵循的基本原则是:

(1)偿还性。农户小额信用贷款的本质特征是贷款,偿还性是信贷资金的第一原则。它既不同于一般商业金融的贷款,也有异于国外的一些机构捐助性资金的运作,更不同于财政资金的扶贫补贴。因此,农户小额信用贷款的高收贷率是维持其贷款活动持续、不间断进行的最根本前提。

(2)信用性。农户小额信用贷款服务的基本对象是因贫困而缺少抵押物和担保人但诚信度较高的农户群体。如果沿袭商业金融的保证制度或以变相的抵押担保方式作为贷款风险的控制手段,就不能体现农户小额信用贷款的基本特征,其服务性也就失去意义。

(3)投向性。农户小额信用贷款主要用于低收入农户种植业和养殖业的简单再生产和小规模扩大再生产的资金供给,以及小额的生活消费资金。因此,一般的农业生产企业、加工运输企业、工商贸易企业、乡镇企业和农业基础设施建设不是农户小额信用贷款的供给对象,农村信用社也不应凑零为整,对一些已形成规模化和专业化的农业生产经营企业发放农户小额信用贷款。

(4)方便性。商业银行发放贷款从申贷到放贷有一套较严格的程序和手续。农户小额信用贷款要做到"手续简便",就要真正落实小额贷款证的总额控制、授期有效、随时存取、柜台办理的信贷承诺。

(5)自主性。农村信用社不仅是小额信用贷款的经营主体,更是小额贷款风险的唯一承担者,按照决策和风险责任统一的原则,贷款授权的期限、利率、额度应由农村信用社做出最终的决策,其他行政主体不能干预,也不能在相关政策和制度上设置间接障碍。

(6)"三公性"。为防范小额信用贷款的风险和防止发放主体"内部人"控制,在对农户信用等级和贷款风险评估时要做到"公开、公平、公正"。由村党政组织、农户代表、信用社员工组成的评估小组是符合农村实际也有利于"三公"的,把评级原则、标准、程序、条件公开,有利于评估监督,把非市场价格的资金合理、均衡地配置到农村的低收入群体。

(7)量力性。中国各农村信用社的运作环境差异性大,资金供应关系很不均衡,有的地区农村信用社对负债依存度很高,但负债源又不足,资金供求矛盾突出。因此,要按照各信用社的负债能力和自身的资产规模量力而行,关键是要搞好集约经营,提高小额信用贷款的营销质量。

三、农户小额信用贷款业务操作

(一)相关规定

1. 借款人的基本条件

(1)具有中华人民共和国国籍,年满18周岁,60周岁以下,在农村区域有固定住所,身体健康,具有完全民事行为能力和劳动能力,持有有效身份证件。

(2)是农村家庭的户主或户主书面指定的本家庭其他成员,且已经申请获得金穗惠农卡。

(3)应具有稳定的经营收入及按期偿还贷款本息的能力。

(4)所从事的生产经营活动符合国家法律法规及产业政策。

(5)信用评级为一般级及以上。

(6)品行良好,在金融机构没有连续逾期90天以上或累计逾期6期以上的信用记录,申请贷款时无逾期未还贷款。

(7)贷款人规定的其他条件。

2. 贷款用途

农户小额贷款原则上用于农户维持基本生产所必要的融资需求。具体包括：

(1)从事农、林、牧、渔等农业生产经营活动。

(2)从事工业、商业、建筑业、运输业、服务业等非农业生产经营活动。

(3)农村劳动力职业技术培训、已参加农村合作医疗农户的医疗资金需求。

其中,用于已参加农村合作医疗农户医疗资金需求的,须经省分行批准并制定实施细则后方可开办。

3. 贷款额度

(1)农户小额贷款单户额度起点为3000元,单户余额不得超过所从事生产经营项目投入资金的50%。单户最高余额不得超过3万元。

(2)授信额度内的单笔贷款起贷金额为3000元,贷款增幅基础数为1000元。

4. 贷款期限

(1)农户小额贷款的授信期限应根据农户从事基本生产的经营周期、收入情况来确定,一般不超过1年,最长不超过3年。

(2)额度内的单笔贷款期限不得超过1年,且到期日不得超过授信额度有效期6个月。

5. 贷款利率

农户小额贷款定价坚持收益覆盖风险的原则。在上级行规定的利率浮动范围内,各行可根据当地同业竞争情况合理确定利率浮动幅度。对信用村、信用专业合作社的信用户或已参加各类相关保险的农户可适当减少上浮幅度。

【知识链接】

农户小额信用贷款的利率是如何确定的

根据中国人民银行的规定,农户小额信用贷款利率按中国人民银行公布的贷款基准利率浮动幅度适当优惠,各地可根据自身实际情况在利率浮动幅度范围内自行确定。目前,我国农村信用社在实施农户小额信用贷款中的做法是:有些地方根据中国人民银行公布的贷款基准利率(不含利率上浮部分)的50%贴息(展期不贴息),贴息资金由中央财政和地方财政各负担一半。而有些地方,如山东省的部分地区,农村信用发放的农户小额信用贷款,贷款利率为中国人民银行公布基准利率的110%,信用特别好的农户可以达到90%;信用社其他贷款的利率为基准利率的130%。

6. 还款方式

农户小额贷款采取利随本清或按季(月)结息到期还本的还款方式。

7. 贷款担保规定

农户小额贷款方式分为信用贷款和担保贷款两类,其中担保贷款分为保证贷款、抵押贷款和质押贷款。

(二)操作流程

1. 基本程序

农户小额贷款业务由县级支行审批。基本流程为客户申请,客户经理调查、客户部门

(营业网点)负责人签字认可后,交支行审查岗审查,具有相应权限的独立审批人审批,支行放款审核岗审核贷款发放手续,客户经理实施经营管理。

2. 贷款申请

客户应填写《农户小额贷款业务申请表》(见本书79页附表1),向经营行客户部门(营业网点)提出农户小额贷款业务申请。采用联保小组方式的,还需填写《农户小额贷款业务联保承诺书》。客户需要提供以下基本资料:

(1)借款人及其财产共有人合法有效的身份证、户口簿、银行卡。

(2)抵(质)押物或保证人相关资料,按照《"三农"信贷业务担保管理实施细则(试行)》相关规定提供。

(3)贷款人要求的其他材料。

3. 贷款受理

客户部门(营业网点)收到申请资料后,初步审核客户是否具备办理农户小额贷款业务的基本条件,同意受理的在CMS系统中输入农户小额贷款业务受理相关数据及信息。不同意受理的,经客户部门(营业网点)负责人同意后,可自行终止信贷业务办理程序。借款人存在以下情况之一的,不予受理:①存在逃废银行债务及其他债务的;②有严重违法违纪或其他不良记录的;③有赌博、吸毒等不良嗜好的;④从事国家明令禁止的业务的。

4. 贷款调查

对同意受理的农户小额贷款业务,客户部门(营业网点)及时进行信贷业务调查,CMS信贷流程相应进入调查环节。

(1)农户小额贷款业务须采取实地调查方式,客户经理要与客户进行面谈,并做谈话记录。对首次申请信用的业务,应由两人共同调查。

(2)有条件的,客户部门要组织各村(专业合作社、农业产业化企业)成立贷款协查小组,成员由村委会(合作社董事、企业董事)代表、村民(社员、企业)代表组成,人数不少于5人,负责协助客户经理对农户进行贷前调查。贷款协查小组的运作方式由二级分行制定。

(3)调查的主要内容:①客户(包括其家庭成员)的个人品质、健康状况及信用记录。②客户提供的资料是否完整、真实、有效。③客户经营管理能力、生产经营状况。④客户自有资金投入情况。⑤借款用途是否真实、合法,客户的还款能力和意愿。⑥核实担保人的担保能力和意愿,抵(质)押物的权属、价值等。

(4)调查同意的,客户部门(营业网点)调查人员要根据调查情况,填制《农户小额贷款业务调查表》,明确拟提供的金额、期限、利率、还款方式、担保方式、贷款资金进入银行卡主账户与专用子账户的比例等。借助村委会等外部组织调查的,还要填制《农户小额贷款业务协查表》。调查人员按规定将调查核实的相关数据及信息输入CMS系统,通过CMS系统提交客户部门(营业网点)负责人。

5. 贷款审查

支行审查岗负责农户小额贷款业务的审查。

(1)审查岗主要对信贷基本要素、借款人和担保人主体资格、信贷政策、信贷风险等内容进行审查。

(2)根据审查情况,就是否同意贷款以及贷款额度、期限、利率、还款方式、担保方式、贷款资金进入银行卡主账户与专用子账户的比例等提出明确意见,将审查的相关数据及信息输入 CMS 系统后提交有权审批人审批。

(3)审查岗对客户部门(营业网点)移交的信贷资料不全、调查内容不完整或不清晰的农户小额贷款业务,可要求补充完善;对不符合国家政策、农业银行信贷政策的,可终止信贷业务办理程序,将有关材料及时退回客户部门(营业网点),并做好书面记录。

6. 贷款审批

有权审批人在授权范围内,根据调查、审查结论等因素审批农户小额贷款业务事项,对审批同意的贷款,要明确金额、期限、利率、还款方式、担保方式、贷款资金进入银行卡主账户与专用子账户的比例等内容,并将审批的相关数据及信息输入 CMS 系统。对审批不同意贷款的,签署意见后退回审查部门。

7. 合同签订

8. 贷款发放

(1)贷款合同生效并办妥有效担保后,客户经理在信贷管理系统中录入借款合同信息,将《最高额担保个人借款合同》和《自助可循环贷款额度签约/修改通知单》交给柜面人员。

(2)柜面人员核对无误后,在会计核算系统签约,在借款人的银行卡内设定贷款额度、有效期限和利率、专用子账户额度比例等贷款要素并打印凭证,客户签字(章)后由柜台存档,并在签约通知单上签字盖章后返还客户经理。

(3)在有效额度和期限内,自助循环贷款的借款人可通过柜台、网上银行、电话银行、自助设备等渠道申请自助用款和还款,可循环使用;放款操作后,资金直接发放至借款人银行卡主账户和专用子账户,业务发生时不必逐笔签订借款合同和担保合同。柜台应每日打印放款清单送客户部门按月装订,专夹保管。

(4)借款人可以在最高贷款额度和有效期限内循环办理借款和还款,超过额度有效使用期限的,仅能办理自助还款。

9. 贷后管理

(1)贷后检查。农户小额贷款的授信额度核定后,无论借款人是否用款或是否存在贷款余额,客户经理每半年至少进行一次定期检查,贷后检查主要检查以下内容:①客户的家庭情况、健康状况、生产经营、财务状况是否正常,主要产品的市场变化情况。②客户是否有违法经营行为,是否有经济纠纷,在其他金融机构的履约情况。③担保人保证能力、抵(质)押物的完整性和安全性。抵押物的价值是否受到损失,抵押权是否受到侵害,质押物的保管是否符合规定。

(2)风险监测。风险经理要按照规章制度、岗位职责,通过每日在线监测和定期监管的方式,对辖内农户小额贷款业务的信贷制度执行情况、业务风险状况等风险实施非现场监管,对非现场监管发现风险或违规线索的,风险经理可以延伸现场检查。

(3)到期处理。贷款到期后,系统自动从借款人银行卡扣收贷款。到期日之前,借款人也可按约定通过自助渠道办理提前还款。

对到期尚未归还的农户小额贷款，客户经理应按规定及时报告经营主责任人及有关部门，列入逾期催收管理，及时发送逾期贷款催收通知书；需诉讼的，按规定及时提起诉讼。

附表1　农户小额贷款申请表

一、申请人基本信息							
姓名		性别	□男 □女	年龄		家庭劳动力数量	
身份证号码							
婚姻状况	□未婚　□已婚有子女　□已婚无子女　□离异　□丧偶						
教育程度	□研究生及以上　□大学本科　□大专/高职　□高中/职高　□初中及以下						
户籍所在地		居住地址					
住宅电话		手机号码					
生产经营类型	□1-农业　□2-林业　□3－牧业　□4-渔业　□5-农、林、牧、渔服务业 □6-个体户及个人经营　□7-其他						
配偶姓名							
配偶身份证号码							
二、贷款申请信息							
申请金额	大写 人民币 ________　小写￥ ________						
借款用途						贷款期限	月
还款方式	□一次性还本付息　□等额本息还款　□阶段性等额本息还款						
首次还本月	第______月						
放（还）款账户户名		账号					
三、保证人基本信息							
姓名		性别	□男 □女	年龄		婚姻状况	
身份证号码							
教育程度	□研究生及以上　□大学本科　□大专/高职　□高中/职高　□初中及以下						
户籍所在地		居住地址					
联系电话		工作单位					
月收入（元）		与申请人关系					
四、借款人及保证人声明及承诺							

1. 我承诺以上所填信息完全属实，若由××银行_工作人员或其他人员代为填写，是经我授权并认可的，且按规定报送贵行留存的资料复印件属实；
2. 我承认本申请表作为向贵行申请贷款的依据，无论银行是否贷款，银行均有权保留此申请书及相关资料；
3. 经贵行审查，本申请不符合规定的条件而未予通过时，我没有异议；
4. 本人授权××银行在本次业务过程中(从业务申请至业务终止)，向中国人民银行个人信用信息基础数据库及信贷征信主管部门批准建立的其他个人信用数据库或有关单位、部门及个人查询并留存本人的信用信息，并将本人信用信息提供给上述个人信用数据库，查询获得的信用报告限用于中国人民银行颁布的《个人信用信息基础数据库管理暂行办法》规定用途范围内；
5. 保证人已明确知道，如果借款人不能及时偿还全部贷款本息，保证人应当替其偿还；
6. 我们承诺，借款人与保证人家庭之间的经济相互独立，且无其他债权债务关系，贷款由借款人用于申请时指定的用途，不由保证人使用。

申请人签字：________　申请人配偶(主要财产共有人)签字：________

保证人签字：________　　年　月　日

知识题

1. 农村金融机构的负债业务有哪些?
2. 农村金融机构的存款业务有哪些?
3. 农村金融机构的资产业务有哪些?
4. 农村金融机构的贷款业务有哪些?
5. 农村金融机构的中间业务有哪些?
6. 农村信用贷款的定义是什么?
7. 农村信用贷款有哪些特点?
8. 农村信用贷款的基本条件是什么?
9. 农村信用贷款的操作流程是什么?
10. 农村信用贷款的风险管理有哪些?

案例题

一位普通农户的家庭收支账

经济下行、物价上涨、就业锐减……2009 年,中国经济经受了严峻考验,给普通百姓的家庭收支带来了影响。

2009 年岁末,新华社记者走进几户普通家庭,了解他们一年来的生活变化,晒晒他们的"家庭收支账"。

"既然有盐,还要酱油干啥?"当问起焦光书在柴、米、油、盐、酱、醋方面的支出情况时,他的一句话让记者心里发酸。

42 岁的焦光书是贵州省平坝县乐平乡清峰村村民。

"种粮食不挣钱,家里的收入基本靠打工。"他说,"去年收了一千斤苞谷、一千斤稻谷。苞谷基本用来养猪,稻谷只够吃,基本没卖。苞谷地间种了油菜,收了 700 斤,卖了一千来块钱。可这三亩地的投入就要一千多块。"

"我只有用打工挣点养猪的饲料钱,补贴家用。"焦光书告诉记者,由于没有技术,只能在平坝县城工地上做点小工,每天 50 元。

他告诉记者,今年村里危房改造后住上了新房,政府给免费建了沼气池,省掉了做饭的煤炭钱,不过家里的纯收入不会超过两千元。"一是村里搞危房改造,外出打工少了;二是今年毛猪价格跌了,从往年的 8 块 3 掉到 4 块 9,今年卖了三头猪,只卖得三千来块,比往年少了两千多块。"

问及这个家庭一年中较大的开支,焦光书的回答是每月需要交付的十七八块钱的电费,还有洗衣粉。"洗衣粉一年下来要四五十块,算是我家很大的支出!"

资料来源:晒晒几位寻常百姓的"家庭收支账"[N]. 证券日报,2009 - 12 - 28.

要求:说说你身边熟悉的某个农民家庭的收支情况。想一想,农户的家庭收支构成和影响因素与一般城市居民有何不同?

提示:农村金融机构的三大业务。

实训题

实训项目:农户信贷需求调查。

实训目的:通过调查,了解农户的信贷需求特点与一般城市居民会有何不同。

实训内容:4~6人一组,分小组对某一地区的农户进行调查,分析他们的信贷需求及目前的信贷供给和满足情况,根据调查结果撰写调查报告。注意重点分析以下信贷基本要素:①贷款的期限;②贷款的金额;③贷款的利率;④贷款的用途;⑤贷款的方式;⑥贷款资金的来源渠道;⑦其他贷款需求特点。

第五章　小额贷款

知识目标

了解小额贷款的含义、所属范畴及发展过程；了解中国小额贷款公司发展的现状及小额贷款公司所发挥的作用；掌握小额贷款公司实务的主要内容。

能力目标

掌握分析小额贷款基本内涵的能力；掌握运用小额贷款的相关概念分析中国小额贷款现实热点问题的能力；掌握解读国家小额贷款政策的能力。

【引例】

小额贷款离我们再近些

山西新绛县古交镇南李村农民靳知法，7年前想发展大棚蔬菜，资金短缺，信用社经过市场调查，给他贷款1万元，解了燃眉之急，大棚建起后，当年受益，第二年就归还了信用社的贷款。之后信用社用这种办法滚雪球，在南李村给450户贷款5000元至1万元，使南李村600户，建起1000亩大棚蔬菜，收入达到1.5万元。

过去由于信用社定位的偏差，放贷垒大户，使信用社背上了沉重的包袱。10年前新绛县信用社备付金不足700万元，不良贷款占有率高，收息率低，有4个信用社两年没有发放一笔贷款，有5个信用社处于关门歇业，靠拆借资金度日。实施小额贷款后，新绛县信用社每年吸收存款13亿元，发放支农再贷款2.8亿元左右，扶植农民发展蔬菜、林果、中药材、畜牧等产业，贷款回收率达85%以上，使农民、信用社获得双赢。

这几年，新绛信用社以创建信用户、信用村、信用乡镇、信用生态县为载体，构建县、乡镇、村、农村金融机构、农户五位一体的农村信用体系；根据农户评定的信用等级，逐户核定信用贷款额度，张榜公布，给农民颁发《农户小额贷款证》。坚持做到谁贷款谁使用，贷款资金全部交给农户。建立“包放、包收、包效益”的责任制，确保到期收回贷款。

资料来源：任小平，红军，南俊杰. 小额贷款离我们再近些[N]. 农村金融时报，2012－05－15.

这一资料表明：小额贷款业务是农村金融改革的新路径，也是提高农村金融机构经营利润的新方向。

第一节　小额贷款概述

一、小额贷款的概念

小额贷款,是指对城乡低收入者提供一种小规模的可持续的贷款金融服务。主要是针对低收入农民、各种微型的非农经济体以及小商贩等发放短期无担保的小额贷款。贷款的金额一般为20万元以下,1000元以上。

虽然小额贷款发展的初期是作为一种金融模式的扩展,但其目的则是为低收入者和微型企业提供自我实现和发展的机会,使其摆脱贫困的状态。因此,小额贷款同时也是一种重要的扶贫手段。早在17世纪,英国就出现了以资助穷人而非获得收益为目的的慈善基金,这些基金的重要来源则是慈善组织和其他宗教机构。这种慈善基金实际上就发挥了一种小额贷款的作用。在中国的北宋时期,王安石的青苗法则被看作一系列关于农村信贷的开创性方法,包括了农户联保、市场化利率机制、贷款审核、信贷风险防范机制等诸多制度形式,并带有很强的抑制高利贷的扶助目的。20世纪70年代开始,小额贷款在亚洲国家与拉丁美洲国家相继获得成功,具有面向贫困人群、不需要抵押、借贷数额小、还贷利率高等特点。

农村小额贷款是指专门以贫困或中低收入农村群体为特定目标客户,并提供适合特定目标客户的金融产品服务,这是农村小额贷款项目区别于正规金融机构的常规金融服务以及传统扶贫项目的本质特征。小额贷款自从1976年由穆罕默德·尤努斯博士在孟加拉国创立以来,在发展中国家得到快速发展,在金融界乃至消除贫困领域,创造了一个神话。作为农村金融体制的重要改革创新,我国从2000年开始发展小额贷款。我国农村地区以传统的家庭经营为主,规模小,经济基础薄弱,农民贷款难,民间借贷活跃,高利贷猖獗,小额贷款在农村地区是一种双赢的模式,它不仅有利于推进农村金融机构端正经营方向、转换经营机制、拓展服务群体和空间、实现农村金融机构扭亏增盈与可持续发展,还可解决农民贷款难的问题,减少农村资金"农转非",提高农民的信用意识,并促进农村经济发展。

二、小额贷款的起源

现代小额贷款最早起源于孟加拉国,20世纪70年代,穆罕默德·尤努斯在孟加拉国创办了孟加拉农业银行格莱珉(Grameen,意为乡村)试验分行,格莱珉小额贷款模式开始逐步形成。1979年6月,在孟加拉中央银行的指导下,每一家国有银行都应提供三家分行启动格莱珉银行项目。1983年,孟加拉国议会通过了《1983年特别格莱珉银行法令》,正式成立了格莱珉银行。2006年10月,尤努斯因其成功创办孟加拉乡村银行——格莱珉银行荣获诺贝尔和平奖。目前,"格莱珉银行"已成为孟加拉国最大的农村银行,这家银行有着650万的借款者,为7万多个村庄提供信贷服务。格莱珉模式在50个国家得到了成功复制,如菲律宾的ASHI、DUNGGANON和CARD项目、印度的SHARE和ASA项目,尼泊尔的SBP项目等,这些项目实施后,借款者的生活和收入都得到了明显的改善,在我国云南地区也曾有过格莱珉银行的试验。联合国更把2005年命名为"国际小额贷款年"。小额贷款产生的最初目的是消除贫困和发展农业生产，其资金主要来自政府补贴和公共基金，并通过金融机构或合作组织发放低息、无息或无偿贷款。由于补贴资金有限、贷款偿还率低等缺陷，这种模式被证明无法达到预期的扶贫目标，而且由于小额贷款的运作不可持续，很多机构面临着经营危机。后来，人们逐渐认识到，扶贫机构只有在保持其自身可持续发展的前提下，才能有效提高扶贫的广度和深度。跨入 21 世纪后，小额贷款向全方位的金融服务方向发展：其服务对象仍然是低收入阶层，但覆盖所有城市和农村的低收入阶层；不仅提供贷款，还提供现金存取、储蓄、保险、养老和抚恤以及汇款等多种金融服务；借款人可以是联合担保的，也可以是个人；资金的来源较之从前更加多元化，包括吸收存款、从资本市场借入的资金、自身的利润累积等。

三、小额贷款的国际模式

不同国家和地区的小额贷款模式在目标、发展战略、产品和服务设计、组织和管理制度方面都具有很大的差异。

(一)孟加拉的乡村银行模式

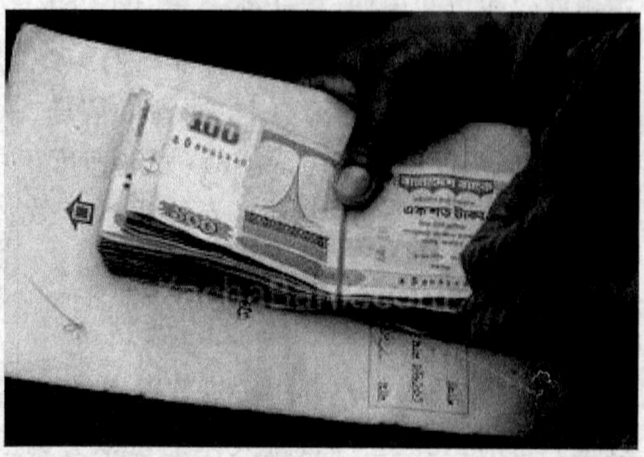

孟加拉乡村银行——格莱珉银行(Grameen Bank，简称 GB)由穆罕默德·尤努斯教授创建。这种 GB 模式的典型特征是：针对农村贫困人口，特别是贫困妇女，只提供贷款和强制储蓄服务，5 人连带小组，每周中心会议制度，小组基金制度，每周还款等。1998 年，孟加拉国遭受特大洪灾，使得乡村银行的大量贷款无法收回，内部运行成本上升，迫使其推出第二代模式。这种模式提供了更加适合穷人需求的、灵活多样的贷款产品，并开始从事自愿存款和小额保险业务等。由于乡村银行还要提供很多非金融服务，如要对员工进行大量的培训，管理成本很高，所以一直没能摆脱对补贴的依赖，还不能实现自我持续发展，但它在缓解贫困方面却是成功的典范。自孟加拉国乡村银行创立以来，小额贷款受到了当地穷人的热烈欢迎，近 6 成的借款人和他们的家庭已经脱离了贫穷线，这种模式被迅速推广到亚洲、非洲、拉丁美洲的许多发展中国家，成为一种非常有效的扶贫方法。

(二)印度尼西亚小额贷款模式

印度尼西亚人民银行小额信贷部(BRI - UD)是正规金融机构从事小额贷款的模式，也是小额贷款发展中可持续性最好的典型。BRI - UD 总部对中央银行和财政部负责，下设地区人民银行、基层银行和村银行。村银行是基本经营单位，独立核算，自主决定贷款规模、期限和抵押，具体执行贷款发放与回收。机构内部建立激励机制。

实行商业贷款利率(年利率32%)以覆盖成本;如果借款者在6个月内都按时还款,银行将每月返还本金的5%作为奖励;储蓄利率根据存款额确定,存款越多,利率越高。BRI－UD高利率和鼓励储蓄的政策,是其实现财务可持续性的重要原因。另外,BRI严格分离银行的社会服务职能和营利职能,银行不承担对农户的培训、教育等义务。1997年的亚洲金融危机使印度尼西亚的商业金融机构受到重创,尽管小额贷款产业也受到影响,但BRI－UD经受住了考验,并为人民银行度过这次危机做出重大贡献,与此同时,其缓解贫困的作用也是有目共睹。2003年11月,BRI－UD在印度尼西亚成功上市,同时在美国证券柜台交易市场挂牌交易,迄今为止,BRI－UD已成为世界上最大和最具营利能力的小额信贷网络。

(三)玻利维亚阳光银行模式

玻利维亚是南美洲最贫困的国家,它在20世纪80年代经历了经济和政治结构的转型,从严重通货膨胀转向货币的稳定,从国家资本主义转向了开放的市场经济。在这一转型过程中,经济获得了复苏,但却导致了大量的失业和城市移民。他们绝大多数流入了城市的非正规部门或自我雇佣,生活处于贫困线以下。玻利维亚阳光银行(Bancosol)模式正是在这样的背景下应运而生的,它是一种非政府组织的项目成功地转制为专门从事小额贷款业务的私人商业银行模式。该组织主要提供信贷、就业以及小企业融资等服务。其贷款运作虽颇为成功,但仍面临着三方面挑战:发展速度不能满足巨大的信贷需求;不能合法地向客户提供全方位的金融服务,尤其是不能吸纳存款;不能采取以市场为导向的方式提供小额信贷服务。

四、我国农村小额贷款的现状

我国自1993年试办小额贷款以来,经历了从国际捐助、政府补贴支持到商业化运作的过程。目前,我国小额贷款大体上可以分为三种类型:一是大银行提供的下岗失业担保贷款、助学贷款和扶贫贷款,总计有几千亿元的贷款额度。二是农村信用社的小额贷款。有6100万农户享受到1927亿元贷款,覆盖面占到全部农户的27.3%;还有一部分农户联保贷款,约有1200万户享受到141亿元的贷款。三是目前存在的100多个非政府小额信贷组织,提供了约10亿元的贷款。尽管我国小额贷款产生的时间比较早,但在小额贷款的运行过程中,出现了许多具有我国特点的问题。

(一)农村小额贷款资金存量不足,难以满足农户需要

我国现阶段农村金融的根本问题是资金问题。随着农村经济发展的进程加快,"三农"对小额信贷资金的需求越来越大,加之中国部分小额信贷项目不能吸收公众存款,只能依靠外部资金注入,缺乏可持续的资金来源,影响了小额贷款的资金供给,加剧了农村小额信贷资金的供求失衡,形成需求大于供给的局面。其原因一方面在于农村资金大量外流,影响了农村资金的整体供给。另一方面,公益性小额贷款机构主要依靠捐赠,缺乏融资渠道。一旦捐助者和政府资金出现变动,借款者的偿还出现了延迟,小额贷款机构就没有能力对客户的信用需求做出灵活的反应。

(二)行政干预造成小额贷款风险加大

一是由于对小额贷款的认识还停留在扶贫手段的层面上,这就不可避免地使小额信贷

染上行政色彩。而这种行政色彩一旦形成,便出现了重资金发放、轻资金管理和回收的现象。二是由于以前项目的失败,农户大都不同程度地存在拖欠农村信用社贷款的情况,政府组织的新项目推广以后,更容易使农民贷款风险重叠。三是一些村组为转移农村的部分经济矛盾,村组干部向农户借贷款证套取贷款,而村组最终又无偿还能力,致使农村信用社与借款户的矛盾激化,成为小额信贷管理中遇到的新漏洞。

(三) 农村小额贷款缺乏保障机制,风险无法分散

一般的金融机构发放贷款,都需要担保。坚持有担保原则,对保障贷款债权的安全具有重要的意义。而现行小额贷款原则上不需要抵押担保或可采取灵活多样的抵押担保形式。但是因为农业产业是一个受自然灾害、市场行情、人为因素等诸多环节影响的弱质产业,小额信贷的借款主体——农民,大多还属于经济弱势群体,自身抗风险能力比较脆弱。其担保作用与一般金融机构的商业贷款担保相比,也是微乎其微。薄弱的农村征信体系和保障机制致使小额贷款的高风险不能有效地分散,不利于小额贷款的长期发展。

(四) 农村小额贷款利率单薄,引发诸多弊端

我国开展小额贷款业务的机构包括正规金融机构和非政府民间信贷机构。非政府民间信贷机构有相当自主的利率定价权。然而,对于正规金融机构,我国实行的仍然是利率封顶政策,对存贷利率实行严格的国家控制。城市商业银行与担保公司联合开展的小额贷款项目,以基准利率放贷,由财政贴补,借款人不支付利息或利率很低。这种控制使目前大部分正规金融机构收取的利率不能补偿操作成本,无法达到自负盈亏的局面,不得不依靠外部补贴,这成为影响其财务可持续发展的不利因素,也造成了大多数金融机构不愿意涉足农村信贷业务的局面。

(五) 农村小额贷款放贷主体缺少监管

目前,我国的小额信贷根据放贷主体,分为三类:一类是以国际资助为资金来源,以民间或半官半民组织为运作机构的小额信贷试验项目;一类是以国家财政资金和扶贫贴息贷款为资金来源、以政府机构和金融机构为运作机构的政策性小额贷款扶贫项目;还有一类是以农村信用社存款和央行再贷款为资金来源、以农信社为运作机构的农户小额信用贷款和联社贷款。第一类项目长期发展的合法性问题没有解决,对其行为进行金融监管更是困难重重。第二类项目的基本目标是实现政府的扶贫攻坚任务,其在确立项目和机构的可持续发展问题上尚未得到重视,且在体制和管理制度上存在着弊端,造成了金融监控困难的问题。目前,我国小额贷款组织还处于摸索试点阶段,没有一整套法律框架来界定小额信贷组织的法律地位,也没有系统的监管框架来对小额贷款组织实施有效的监管。

五、促进农村小额贷款发展的对策

(一) 充分利用原有的农村正规金融机构,建立多层次的小额信贷载体

农村的金融需求具有多样化的特征,需求的多样化决定了供给也应该是多样化的。一个多层次的小额贷款载体,要比一个单一形式的金融机构更能迅速地反馈各种信息,满足不同主体的需求。一方面,要依靠我国原有的农村正规金融机构,包括商业银行、邮政储蓄银

行和农村信用社。这些正规金融机构具有合法的金融机构身份、专业技术和管理能力，其经营网点遍布全国农村，它们也是目前服务于农业、农村和农民的主要金融机构，其金融产品经过创新是可以适用于农村小额贷款市场的。另一方面，要大力发展小额贷款机构。非政府的小额贷款机构能够弥补正规金融机构的不足，整合并动员地区性的私人资本，并将这些私人资本运用到可持续性的商业投资领域中去，从而实现小额贷款业务的健康发展。

（二）加强立法，建立弱势群体便利融资的支撑

国家应该在条件成熟时制定关于小额贷款的法律、法规，运用国家强制力保证其实施。国家关于小额贷款的立法，首先要依法明确小额信用贷款的发放对象，它应该包括在农村务农的农户、进城务工需要救助的农民、城市下岗失业人员等一切需要救助的社会弱势群体。其次要依法明确承办小额贷款业务的存款及非存款金融机构，在境内的商业性金融机物和政策性金融机构均能获取此项业务的经营权，并且在条件成熟的地区组建城、乡风险投资公司，让其对需要救助的弱势群体投入创业资金，帮助广大的农村弱势群体及早符合申请小额贷款的法定条件。同时，要依法加大社会信用治理力度，对一切不守信用的行为和人员依法追究刑事责任。

（三）大力发展农业保险，分散小额贷款的信用风险

农业生产的周期长，不可控制的因素较多，增加了参与小额贷款的金融机构的风险管理成本。而农户被迫违约的结果，使金融机构进一步收紧对农户的放贷，形成农业生产和农民收入在自然灾害影响下的不稳定和小额贷款市场的恶性循环。而农业保险会有效减轻自然风险对农民收入、农业生产经营、农户消费支出等方面的冲击，使农户具有较好的维持农业再生产和进行产业结构调整的能力，从而提高金融机构向农民进一步放贷的预期。从上述意义上说，发展农业保险不仅可以降低农业生产的自然风险和市场风险，也是形成农业生产与农村信贷市场良性互动机制、推进小额信贷市场持续发展的重要环节。

（四）实行灵活的小额信贷利率并逐步实现利率市场化

利率的过分管制会带来资金使用价格的扭曲和金融资源配置上的不合理，而且还直接影响到商业性金融机构在农村金融市场上的赢利水平。小额贷款扶贫是一种经济行为，应考虑信贷资金的回收和财务上的可持续发展。监管部门要根据市场需要，放宽利率浮动的范围，对农村小额信用贷款实行灵活的利率。从目前国内的情况来看，由于利率市场化并未完全形成，小额信贷项目的利息收入尚不足以覆盖成本，这严重影响了小额信贷业务的持续健康发展。可尝试令小额贷款机构根据农户的财富状况、信用记录以及风险情况确定不同的贷款利率水平。

（五）建立小额贷款科学管理体系，实现良性循环

一方面，疏通正规金融机构间资金融通的渠道。当前，我国大多数农村以信用社作为主要的资金调度机构，因此可以在地方农村信用社的基础上，建立区域性的农村信用社资金融通，在有条件的地方，还可以逐步扩大规模，最终形成全国性的资金市场。另外，农村地区的邮政储蓄机构可以通过同业拆贷和购买金融债券等方式，将其吸收的储蓄存款转借给当地农村信用社和农业银行等金融机构使用，拓宽农村正规金融机构的资金来源。另一方面，建立健全一套责、权、利相统一的、激励与约束相结合的、适应小额信用贷款建设发展要求的信贷管理责任制度。

第二节　小额贷款公司概述

一、小额贷款公司的建立背景

中国是一个农业大国，农村人口占比很高，农村、农业、农民所获取的金融资源和融资服务，却一直处在相对稀缺状态。这一状态集中表现在：县域金融机构网点与从业人员数逐年下降；县域内金融机构存贷差规模逐年加大，资金流出农村的现象严重；农村地区金融机构组织体系不健全。

金融对"三农"和小企业的有效支持不足，直接影响到农民获得生产和扩大再生产资金、开拓市场、应用新技术和推广优良品种的步伐，进而影响到农民增收、农业发展和农村稳定。

有鉴于此，在进一步鼓励和促进存量金融加大对"三农"投入的同时，引入创新金融机构、完善现代农村金融服务体系也被提上议事日程。

2004 年的中央 1 号文件就提出，要"兴办直接为'三农'服务的多种所有制的金融组织"，随后在 2005 年、2006 年的中央 1 号文件进一步明确指出，要"新办多种所有制金融机构，探索建立更加贴近农民和农村需要、由自然人或企业发起的小额信贷组织"，"鼓励在县域内设立多种所有制的社区金融机构，允许私有资本、外资等参股。大力培育由自然人、企业法人或社团法人发起的小额贷款组织"。其实，早在 2005 年底，中国人民银行就以山西省平遥县作为首批小额贷款试点，在全国率先成立了"晋源泰"、"日升隆"两家小额贷款公司，尝试以民间资金为依托，以服务"三农"、支持农村经济发展为重点，为农户提供小额贷款。

2006 年，中国人民银行在山西、四川、陕西、贵州、内蒙古 5 个省、自治区开展了小额贷款组织的试点，参与设立了 7 家商业性小额贷款公司。随后，在其他省份也成立了一些小额贷款公司。2008 年 7 月，银监会、中国人民银行联合发布了《关于小额贷款公司试点的指导意见》（银监发[2008]23 号，以下简称《意见》）。这是银监会和央行首次对小额贷款公司出台的正式规定，《意见》对小额贷款公司的性质、设立条件、资金来源、资金运用和监管等方面做出了明确的规定。

在《意见》出台后不久，浙江省、上海市率先完成了第一批小额信贷公司的申报、审批工作。目前，小额贷款公司试点工作已经在全国大部分省市展开，预计将有不少于 1000 家获得批准设立。

【知识链接】

江苏首批农村小额贷款公司诞生记

一张江苏首批小额贷款公司的牌照,让丁节存欣喜不已,这就是他村镇银行梦的一个开始。"农民要干点事,常常最为发愁的就是资金。"从事农村工作多年的丁节存,很早就看到了问题。他对《第一财经日报》表示,一旦有一种解决农村资金缺口的模式出来,将大有市场。

"农村要发展,没钱可不行。"江苏兴化市戴南镇农民腾建平对此体会颇深。2007 年,在政府号召发展农村高效农业的情况下,腾建平主动承包了 148 亩葡萄园。可是,还没有任何收入的腾建平在项目刚刚上马时就遇到了资金周转方面的困难。

丁节存所成立的永泰诚农村小额贷款公司(下称永泰诚)帮他解决了这个问题,让他喜出望外。"我很激动,在我最需要帮助的时候,他们帮我解决了资金短缺问题,现在,我们投资高效农业的热情高了不少。"腾建平对《第一财经日报》说,"我们想贷款搞点种养殖,主要是从亲戚那借钱,银行不好打交道的。"不少戴南镇的村民和个体户都感觉到,原来的农村金融体系,显然跟他们现在的需求存在很大的出入。

戴南镇位于江苏省兴化市,总面积 107.8 平方公里,有民营企业 1400 多家。近几年,戴南镇的经济发展居苏中各镇之首,被称为"苏中第一镇"。2007 年,全镇 GDP 收入达到 53 亿元,人均收入 9318 元。随着新农村建设的推进,戴南镇经济社会发生了巨大的变化,镇里小额融资需求已逐步由简单的生产生活需求向扩大再生产、高层次消费需求转变,由零散、小额的需求向集中、大额的需求转变,由传统耕作的季节性需求向长期性需求转变,呈现出多元化、多层次特征,迫切需要对原有农村小额贷款制度进行相应的调整和完善。而在此之前的农信社独撑的农村金融体系存在巨大的资金投入盲点,从这个意义上说,农村小额贷款公司的诞生正逢其时。

小额贷款公司是由自然人、企业法人与其他社会组织投资设立,不吸收公众存款,经营小额贷款业务的有限责任公司或股份有限公司。永泰诚注册资本 6000 万元,作为农村非金融机构小额贷款公司,其主要业务范围是:农户小额贷款、微型企业贷款、小额质押贷款、大学生创业贷款。

目前,类似永泰诚这样的小额贷款公司试点工作已经在全国范围内掀起,而江苏省也将在年内再增加 15 家农村小额贷款公司。尽管这些农村小额贷款公司目前还不成熟,也面临着与同行业及小额贷款公司(以中小企业为主,也包括"三农"贷款)和地下钱庄的竞争,但它们的出现,已经让腾建平这样的农民欣喜不已。

在得知刚成立的永泰诚是一家专门为"三农"贷款的农村非金融机构后,腾建平马上就向永泰诚提出了申请。令他没有想到的是,在他申请后,永泰诚马上组织了人员到田园里考察，第二天便给出答复，"可以贷款"。第三天，在腾建平还没有任何心理准备的时候，他拿到了他的第一笔贷款。

江苏省金融办对外表示，成立农村小额贷款公司的目的，就是拓宽农村融资渠道，填补农村金融资本的空白，对缓解"三农"贷款难，对农业增产、农民增收和农村经济发展等方面有积极作用。

资料来源：洪其华，吴丽君．江苏首批农村小额贷款公司诞生记[N]．第一财经日报，2008－09－04.

二、小额贷款公司的概念

小额贷款公司是由自然人、企业法人与其社会组织投资设立，不吸收公众存款，经营小额贷款业务的有限责任公司或股份有限公司。与银行相比，小额贷款公司更为便捷、迅速，适合中小企业、个体工商户的资金需求；与民间借贷相比，小额贷款更加规范、贷款利息可双方协商。

小额贷款公司是企业法人，有独立的法人财产，享有法人财产权，以全部财产对其债务承担民事责任。小额贷款公司股东依法享有资产收益、参与重大决策和选择管理者等权利，以其认缴的出资额或认购的股份为限对公司承担责任。

小额贷款公司应遵守国家法律、行政法规，执行国家金融方针和政策，执行金融企业财务准则和会计制度，依法接受各级政府及相关部门的监督管理，自主经营，自负盈亏，自我约束，自担风险，其合法的经营活动受法律保护，不受任何单位和个人的干涉。

三、我国农村小额贷款公司发展阶段面临的主要问题

（一）农村小额贷款公司缺位现象严重

目前，我国许多农村小额贷款公司是以项目的形式存在的，依托于当地的政府部门，缺乏专门的机构来运作。从事小额贷款管理的业务人员多数是临时性的，他们缺乏专业的小额信贷知识和技术。没有独立的小额贷款公司作为承载主体，这些小额贷款项目是无法实现可持续发展的，一旦项目结束了，小额贷款也就不复存在了。农村小额贷款要实现为农村居民提供持续性的信贷产品与服务的目标，需要一个具有独立性和稳定性的公司来运作。

（二）农村小额贷款公司经常存在产权不明晰的问题

非政府组织小额贷款公司大多是由捐赠者资助成立或者由国际多边组织投资设立的，这样就会出现其产业结构中没有真正的所有者，即使有所有者也不太关心公司管理的情况。在缺乏委托人监督的情况下，公司管理者的行为主要取决于自身的责任心，取决于对公司扶贫的使命感。再者，大部分小额贷款公司内部管理体制不完善。有的没有设立决策机构和监察机构，有的设立了却只是流于表面，无法发挥其作用，决策权和执行权集中在少数人手里。由于中国特殊的体制问题，许多农村小额贷款公司在成立之初就是依赖于政府组织建立起来的，缺乏职能上的独立性，管理人员中的一部分就是由政府机关人员组成的，他们既缺乏专业的金融基础知识，也无法实现专职化，只是把小额信贷作为一种完成短期扶贫目标的手段，有时当地政府部门甚至还会干预小额贷款机构的贷款发放。一个从一开始就没有

独立性和完善的内部治理结构的小额贷款公司,是不可能实现自身可持续发展的。

(三)大多数农村小额贷款公司对目标客户的选择过于严格

我国由政府主导、农村信用社或中国农业银行发放的农村小额贷款,多数贷款额度最高不超过5万元,信用联社规定对较大额(如5万元以上)贷款必须采用房产抵押方式。另外,农村小额贷款额度从小到大,须经过多次按时还款后,额度才能有所增加,还款方式一般为按月还款,还款期限从三个月到一年不等,一般不超过两年。事实证明,这种产品设计多数无法适应农村农业经济周期长、效益慢的特点。如果用国际上评价农村小额信贷贷款规模的常用指标——平均贷款余额与人均国内生产总值之比来衡量中国农村小额贷款用户的贷款规模,可以发现,中国农村小额贷款用户的平均贷款规模是明显偏小的。近年来,中国社会经济的高速发展使得人民收入大幅增长,与此同时,物价水平也在不断上涨,在国内现有物价水平下,几千元的额度,对农户来说,吸引力是十分有限的。尽管中国银监会已经宣布提高农村小额贷款额度,但大部分机构对不能提供抵押或担保的农村小额信贷的额度是否提高还是持谨慎态度。

(四)缺乏可持续性发展

(1)财务上的可持续性。农村小额贷款公司本质上反映的是一种借贷关系,不应被视为一种单纯的扶贫,而应看作一种正常的经营业务。所以,小额贷款公司经营获得的利润必须超过其费用和经营成本,才能够不依靠外界的补贴和捐助持续地生存,进而实现小额信贷的良性循环,但是目前中国大多数农村小额信贷公司仍未实现财务上的可持续发展,即不依靠贴息或捐助进行可持续地运行。首先,中国对存贷款利率仍实行严格控制。利率控制使大部分小额贷款公司收取的利率不能补偿操作费用,因此大多数非政府小额贷款公司只能基本实现账面上的盈利,一旦计入其低息贷款的成本,很少能实现盈利。其次,农村小额信贷资金来源单一,多数项目处于需要外来资金注入或部分补贴的阶段。除正规金融公司外,大多数小额信贷资金主要来源于政府的扶贫资金,其数量有限,品种单一。其他如吸收存款、基金储蓄、代扣罚金和吸收入股等国际上常见的形式,在我国都比较少,而且我国小额贷款资金来源容易受到政府的左右和金融政策的制约(如存款利率、吸收存款的政策等),因而缺少稳定的资金来源渠道。因此,项目一旦离开外来的补贴或援助,是很难维持下去的,要达到自负盈亏,还需要进行不懈的努力。

(2)创新的可持续性。只有符合客户需要的、根据其特点设计的信贷服务才能持续发展。成功的小额贷款公司会通过一系列的金融创新,持续地为穷人提供贷款服务。创新应当包括金融工具的使用,在金融产品方面则要求能提供满足借款人需要的产品,进而降低操作成本和信贷风险等。中国农村小额贷款公司业务品种依然少且不完全适应农业经济特征,无论是贷款期限、贷款模式、还款间期,还是贷后指导以及监控,均未做到灵活多样,无法满足农村生产需要。

(3)机构及人员的可持续性。公司的持续性主要是指机构排除干扰因素的能力。中国农村小额贷款公司受到较多的干预和制约,公司的独立运作受到很多外来因素的影响,加上管理和经营能力有限,公司可持续性普遍不强。而人员的持续性则要求拥有受过良好培训、业务素质和思想道德修养都较高的专职人员。但是,我国多数小额贷款公司内部管理体系不完善,机构缺乏明晰的战略目标和运营计划,如建立一个独立的或者相对独立的金融机构,实现可持续发展,长期服务于农户。专业人才缺乏,农村小额信贷扶贫在贫困地区实施,首要的问题是适应性人才稀缺,从人员的构成来看,农村小额贷款的从业者缺少小额贷款方面的金融知识,这导致他们的工作效率低,在执行过程中常常会感到力不从心。

四、促进农村小额贷款公司可持续性发展的对策

(一)提高融资比例

从促进小额贷款公司内部经营运作角度:①适当提高银行融资比例,将小额贷款公司从银行等金融机构获得的融入资金,由现在的不得超过资本净额的50%提高到100%,把小额贷款公司向银行等金融机构融入的资金界定为同业拆借,享受银行间同业拆借利率,进而降低小额贷款公司的融资成本。②政府相关部门应及时协调银行等金融机构给予小额贷款公司的资金支持,给小额贷款公司的配套融资、业务结算等提供便利。③适时扩大经营范围和降低经营风险。由于小额贷款公司经营风险较高,应在有关部门的指导和监督下,允许小额贷款公司开展票据贴现、资产转让、委托贷款等低风险业务,降低小额贷款公司的经营风险。

(二)增加业务量

从增加小额贷款公司收入角度:①增加业务量,目前大多数小额贷款公司业务范围局限在当地的区域内,业务量有限,今后可考虑扩大业务区域,增加业务量。②积极开展第二、三业务。小额贷款公司应在目前政策允许范围内,积极开展第二、三业务,如担保业务等,增加收入来源,增强竞争力。③充分利用资金优势。小额贷款公司可利用自身的资金流和金融中介信息流优势,投资有竞争优势、成长潜力大又缺乏发展资金的中小企业,通过年度分红、股权转让等方式获取超额投资回报。

(三)加强风险管理

从加强内部控制和风险控制角度:①内部控制方面,小额贷款公司选用人才时应将品德放在第一位,能力不足和经验欠缺,可进行针对性的培养,拥有忠诚和能干的员工是小额贷款公司拥有良好内控环境的基础。②制定明确的政策和程序,将其认真付诸实际操作中,财务规定制定部门有局限性和交易过程的明确程序是良好的内部控制环境的重要方面。票据程序有助于保证财务交易记账和分类的一致性,书面程序手册和与之相关的培训有助于保证新员工遵守同样的指导方针。③明确划分职责和权限,分工明确,权责清晰,形成相互制约机制。例如,交易的记账应与贷款支付分开,资金转作他用需要有两个或以上的人串通共谋才能完成,这就使这种问题出现的可能性大大降低。④建立完善的内部审计制度,将会计凭证按逻辑程序列归档案,建立明确的审计线索并就财务报告的准确性向其公司利益各方提供反馈。⑤接触资产的人数应有限,并明确其保管责任。⑥资金应当存入银行,对资金的提取至少应得到两人的批准并有明确的签名授权规定。除留出每日经营所需的一定量现金之外,其他现金应当锁入保险柜,应当授权最低限度的人员掌管保险柜。每月银行对账的人员应当是不涉及现金收付的人员,这样在核查每笔交易时可保持必要的独立性。⑦在风险控制方面,贷款的决策由经验决策向科学民主化转变,力求做到定性与定量分析相结合,实

施审贷分离，发挥制约机制，积极减少或转嫁风险，提高信贷员素质，进行量化考核，信贷质量高低与信贷员经济利益挂钩，奖罚分明，信贷员不仅要关注客户的财务信息，也要收集客户的非财务信息，全方位地评价客户的资信情况，实行信贷员风险共担机制，让信贷员交保证金，出现坏账就跟公司分担风险，增加信贷员的责任感。完善小额贷款公司的资本金风险补偿机制，拓展资本金补充渠道。

第三节　小额贷款实务

一、小额贷款公司的成立步骤

(1)有试点意向的区(县)政府向市金融办递交试点申请书，阐明试点工作方案并承诺承担风险防范与处置责任。

(2)由区(县)政府对本区(县)符合相关条件及有申报意向的小额贷款公司主要发起人进行筛选。

(3)经筛选的小额贷款公司主要发起人向所在区(县)政府递交的小额贷款公司设立申请材料，区(县)政府完成预审后上报市金融办复审。小额贷款公司申请人凭市金融办批准批文，依法向工商行政管理部门办理登记手续并领取营业执照，并在5个工作日内向当地公安机关、银监局和人行分行报送相关资料。

二、小额贷款公司的成立条件

(1)有符合《中华人民共和国公司法》及各地区关于小额贷款公司管理办法的章程。

(2)发起人或出资人应符合各地区小额贷款公司管理办法规定的条件。

(3)小额贷款公司组织形式为有限责任公司或股份有限公司。有限责任公司应由50个以下股东出资设立；股份有限公司应由2～200名发起人，其中须有半数以上的发起人在中国境内有住所。

(4)小额贷款公司的注册资本来源应真实合法，全部为实收货币资本，由出资人或发起人一次足额缴纳。有限责任公司的注册资本不得低于500万元，股份有限公司的注册资本不得低于1000万元。单一自然人、企业法人、其他社会组织及其关联方持有的股份，不得超过小额贷款公司注册资本总额的10%。

(5)有符合任职资格条件的董事和高级管理人员。

(6)有具备相应专业知识和从业经验的工作人员。

(7)有必需的组织机构和管理制度。

(8)有符合要求的营业场所、安全防范措施和与业务有关的其他设施。

(9)省政府金融办规定的其他审慎性条件。

三、小额贷款的申请步骤

(1)申请受理。借款人将小额贷款申请提交给贷款行之后，由经办人员向借款人介绍小额贷款的申请条件、期限等，同时对借款人的条件、资格及申请材料进行初审。

(2)再审核。经办人员根据有关规定，采取合理的手段对客户所提交材料的真实性进行审核，评价申请人的还款能力和还款意愿。

(3)审批。由有权审批人根据客户的信用等级、经济情况、信用情况和保证情况，最终审批确定客户的综合授信额度和额度有效期。

(4)发放。在落实了放款条件之后，客户根据用款需求，随时向贷款行申请支用额度。

(5)贷后管理。贷款行按照贷款管理的有关规定对借款人的收入状况、贷款的使用情况等进行监督检查，检查结果要有书面记录，并归档保存。

(6)贷款回收。根据借款合同约定的还款计划、还款日期，借款人在还款到期日时，及时足额偿还本息，至此小额贷款流程结束。

四、小额贷款公司利率

小额贷款公司贷款利率制定基准：①按照市场原则自主确定；②上限——放开，但不得超过同期银行贷款利率的四倍；③下限——人民银行公布的贷款基准利率的0.9倍。

五、小额贷款公司主要资金来源及经营的限制

(一)主要资金来源

(1)股东缴纳的资本金。

(2)股东捐赠资金。

(3)来自不超过两个银行业金融机构的融入资金。

(二)主要资金来源及经营限制

(1)不得进行任何形式的非法集资。

(2)不得非法吸收或变相吸收公众存款。

(3)不得发放高息贷款。

(4)不得从工商企业获取资金。

(5)不得向其股东发放贷款。

(6)不得对外担保。

(7)不得开展经营范围以外的业务。

(8)不得在核定的县(市、区)行政区域外从事经营活动。

(9)从银行业金融机构获得融入资金的余额，不得超过公司资本净额的50%。

(10)融入资金的利率、期限由小额贷款公司与相应银行业金融机构自主协商确定，利率以同期“上海银行间同业拆放利率”为基准加点确定。

六、小额贷款公司控制和防范风险的措施

(1)小额贷款公司应建立发起人承诺制度，公司股东应与小额贷款公司签订承诺书，承诺自觉遵守公司章程，参与管理并承担风险。

(2)小额贷款公司应按照《公司法》的要求建立健全公司治理结构，明确股东、董事、监事和经理之间的权责关系，制定稳健有效的议事规则、决策程序和内审制度，提高公司治理的有效性。小额贷款公司应建立健全贷款管理制度，明确贷前调查、贷时审查和贷后检查业务流程和操作规范，切实加强贷款管理。小额贷款公司应加强内部控制，按照国家有关规定

建立健全企业财务会计制度,真实记录和全面反映其业务活动和财务活动。

(3)小额贷款公司应按照有关规定,建立审慎规范的资产分类制度和拨备制度,准确进行资产分类,充分计提呆账准备金,确保资产损失准备充足率始终保持在100%以上,全面覆盖风险。

(4)小额贷款公司应建立信息披露制度,按要求向公司股东、主管部门、向其提供融资的银行业金融机构、有关捐赠机构披露经中介机构审计的财务报表和年度业务经营情况、融资情况、重大事项等信息,必要时应向社会披露。

(5)小额贷款公司应接受社会监督,不得进行任何形式的非法集资。从事非法集资活动的,按照国务院有关规定,由省级人民政府负责处置。对于跨省份非法集资活动的处置,需要由处置非法集资部际联席会议协调的,可由省级人民政府请求处置非法集资部际联席会议协调处置。其他违反国家法律法规的行为,由当地主管部门依据有关法律法规实施处罚;构成犯罪的,依法追究刑事责任。

(6)中国人民银行对小额贷款公司的利率、资金流向进行跟踪监测,并将小额贷款公司纳入信贷征信系统。小额贷款公司应定期向信贷征信系统提供借款人、贷款金额、贷款担保和贷款偿还等业务信息。

知识题

1. 小额贷款的定义是什么?
2. 小额贷款起源于哪里?
3. 小额贷款有哪些模式?
4. 我国小额贷款的特点有哪些?
5. 促进小额贷款发展的对策有哪些?
6. 小额贷款公司的定义是什么?
7. 小额贷款公司的主要业务有哪些?
8. 小额贷款公司成立的条件有哪些?
9. 小额贷款公司的经营限制有哪些?
10. 小额贷款公司的风险控制措施有哪些?

案例题

农村"金融贫血"症结何在

长期以来,以金融为主的生产要素在城乡之间的发展极不平衡,农村"金融贫血"的症结究竟在哪里?事实上,商业金融机构不愿介入农贷的根本原因,在于农贷缺乏抵押物、风险大、利润低,甚至连专吃"风险饭"的担保公司,大多也不愿涉足。

农民向东2007年初新买了一辆小货车,他每天早上都开着车,到自己的养鸡场上班。在旁人艳羡的目光中,这个曾是壁山县七塘镇三步梯村有名的贫困户,在很长一段时间里颇有些飘飘然。不过,向东最近又有了新烦恼。2000年,一场罕见的大风席卷壁山,向东家的房屋几乎被摧毁。而这,也成了向东人生的转折点——为重建家园,向东背上了5万元债务。巨大的经济压力下,他不得不前后4次向镇农信社申请小额农贷用于养鸡。2004年,他还完了所有债务和贷款,并在邻村办起了养鸡场。2007年初,他又花4万余元添置了小货车。日子逐渐红火,向东的腰板也越挺越直,他准备进一步扩大养殖规模。个人小额贷款无须担保,但上限只有2万元,对于扩建养鸡场急需的20万“巨款”而言,无异于杯水车薪。还账、买车、建鸡场已经花掉了向东几年来的积蓄,他想到了银行贷款。要贷款,首先得有抵押物。养鸡场厂房是租的,不能抵押;房子建在宅基地上,也不能抵押;上万只鸡苗是活物,还是不能抵押。那辆长安货车倒是能抵押,却值不了几个钱。无奈之下,他找到了村支书张良劲。除了担任村支书,张良劲还是七塘农信社的“业务经理”。在七塘,几乎每个村都有一两名在村里威信高的人兼任农信社的“业务经理”。农户借款、农信社收款,都可以找他们。“小额贷款没问题,大笔的贷款我确实没办法。”张良劲摊着双手,表示爱莫能助。自1997年农信社开始推行小额贷款以来,三步梯村发展副业逐渐得到资金支持。在村里,像向东一样急于扩大副业规模的农户还有好几家,光靠小额贷款,已很难满足他们的胃口。无物可押,没有银行敢把钱借给这些刚脱贫的农民。

杨希永是一个只管两个人的官,官衔是璧山县七塘农信社主任。在七塘镇,农信社是唯一的金融机构。重庆有1000余家农信社,2000多个农信社营业网点,作为唯一分布于乡镇、村社的金融机构,其规模大都很小。1997年前,农信社并没有大规模开展小额农贷,它们争夺的主要客户和其他商业银行基本一致。牌子不响、底子不硬的农信社在市场夹缝中艰难求生。20世纪90年代中期,随着璧山当时的支柱产业——皮鞋制造业的衰退,七塘农信社也陷入发展最低谷,存贷款大幅萎缩。1997年初,该社存款总额仅为1890万元,贷款总量755万元,年盈利才3万元,形势异常严峻。此时,杨希永临危受命来到七塘。当时,七塘附近尚有几家商业银行,其良好的工作环境,刺激着新上任的杨希永。1997年6月,农信社开始向农户大力推行小额农贷,少则50元,多则上万元,风险高,利润低。长期以来,这种无须抵押的业务从不为商业银行看好。就连农信社,也只是被动执行相关政策。1998年,商业银行开始大规模撤离农村,农村市场几乎只剩下农信社在坚守。看着一家家银行的门面变成商店、饭馆,杨希永有些迷惑——广阔的农村天地,难道真的没有金融业的发展空间?农信社向农村告别会不会也只是时间问题呢?杨希永摸索着搞起了“建立经济档案,评定信用等级,授予贷款额度”的农户贷款模式,为全镇80%的农户评定了信用等级。有10%的农户首次凭着看不见摸不着的“信用”拿到了货真价实的钞票。小额贷款受到广大农户的极大欢迎,据七塘信用社统计,10年来,全镇已有近50%的农户接受过小额贷款。

截至2006年底,重庆市农户从农信社贷款的比例已经达到96%。也就是说,重庆每百元的农户贷款中,就有96元来自农信社。但是,要实现城乡统筹发展的目标,光靠农信社的小额贷款显然力不从心。农信社这个孤独的农田守望者,到底还要孤独地守望多久?

资料来源:农村“金融贫血”症结何在. 新华网,2007-07-11.

要求:试分析农村信贷紧张的主要原因及解决途径。

提示:抵押和贷款限额。

实训题

实训项目:小额贷款的业务流程。

实训目的:熟悉小额贷款的业务流程。

实训步骤:

(1)提出实训要求和标准。

(2)分列小组,布置任务。

(3)学生课堂展示,组织评委评分。

(4)教师进行总结和点评。

第六章　农业保险

知识目标

了解保险的相关理论；掌握农村保险的具体类型；掌握农业保险与农村经济的相互作用；掌握中国农业保险发展的主要内容。

能力目标

掌握鉴别农业保险类别的能力；掌握运用农业保险的相关概念分析中国农村经济现实热点问题的能力；掌握分析对比不同类型农业保险模式适应性的能力。

【引例】

不要受了灾才想起上保险

“读书人望考，种田人望稻”，对于长年累月在田里“刨食”的农民来说，最大的企盼莫过于有一个好收成。然而，2012年的夏天对于台州黄岩区在上虞种瓜的部分瓜农来说，可谓天不遂人愿，辛辛苦苦努力大半年种植的西瓜，受水灾影响，近乎绝收。

我国是一个农业大国，俗话说，“天有不测风云”，对农民来说，没有比天灾更让他们痛心和无奈的了。统计显示，近10年来我国平均每年约有3亿亩农作物受灾，2亿多农村人口受到灾害影响。在灾害面前，农民的抗风险能力很差，常常是“一次重灾，即刻致贫”。

农业保险是指专为农业生产者在从事种植业和养殖业生产过程中，对遭受自然灾害和意外事故所造成的经济损失提供保障的一种保险。通过农业保险，可以减少自然灾害对农业生产的影响，稳定农民收入，促进农业和农村经济的发展。可是，本应是农业“保护伞”的农业保险，每逢大灾当前，发挥的效用却十分有限，这就形成了“赈灾靠国家，保险靠边站”的怪现象。农民不上保险的原因有很多，最关键的恐怕还是农民收入水平太低。农民首要解决的是吃、穿、孩子上学和看病等问题，除去这些，剩下的可支配资金就微乎其微了。同时，农民对农业保险的认识还不够，一提到加入农业保险，就认为“如果没有灾害，我的钱就白交了”，因此加强宣传还是很有必要的。农业需要保险，保险却并不青睐农业，因此要实现“灾有所赔”、“损有所依”，无疑还有很长的路要走。

资料来源：不要受了灾才想起上保险. 北方新闻网，2010－01－06.

这一资料表明：保险对于农业生产来说，不仅有化解风险的作用，而且可以保障农民收入。但是，我国的农业保险发展不完善，农民投保意识不强。

第一节 保险概述

一、保险的概念和功能

(一)保险的概念

根据《中华人民共和国保险法》第二条的规定:保险是指投保人根据合同约定,向保险人支付保险费,保险人对于合同约定的可能发生的事故因其发生所造成的财产损失承担赔偿保险金责任,或者当被保险人死亡、伤残、疾病或者达到合同约定的年龄、期限时承担给付保险金责任的商业保险行为。

(二)保险的基本职能

1. 分摊损失

即通过保险活动将遭受风险事故的被保险人的经济损失在众多投保人之间分摊。其关键是预计损失,即运用大数法则可以掌握灾害事故发生的规律,然后根据预计损失确定投保人应交付的保险费的数额。大数法则是保险合理分摊损失的数理基础。

2. 补偿损失

保险通过将参加保险的全体成员所交保费建立起的保险基金用于对少数成员因遭遇自然灾害或意外事故所受到的损失给予经济补偿。

保险的两个基本职能是相辅相成的,分散风险是达到补偿损失的一种手段,而补偿损失是保险的最终目的,没有分散风险就无法进行损失补偿,两者是手段与目的的统一。

(三)保险的作用

1. 社会的"稳定器"

(1)有利于国民经济持续稳定的发展。由于保险具有分摊损失和补偿损失的职能,任何单位只要缴付了保险费,则一旦发生风险事故,便可得到经济补偿,从而保证了社会再生产的连续性和稳定性。

(2)有利于企业及时恢复经营。无论何种性质的企业,在经营中都可能遭受自然灾害和意外事故的损害,造成经济损失。企业参加保险后,一旦遭遇灾害事故损失,就能按照合同约定的条件及时得到保险赔偿,获得资金,恢复生产经营。

(3)有利于安定人民生活。保险能够通过与人民生活密切相关的险种直接稳定人们的生活,构建和谐社会,如通过家庭财产保险,可以保障人们家庭财产安全。通过人身保险,可以保障人们因生、老、病、死、残等人身风险造成的经济困难。

2. 社会的"助推器"

(1)有利于科学技术的推广应用。当代的商品价值越来越趋向于高新技术的竞争。新技术的采用在提高生产力的同时,也会给企业带来新的风险。保险可以通过对企业的技术风险提供保障的方式,有力地促使企业引进新技术、开发新产品,促进新技术向现实生产力转化。

(2)有利于对外贸易和国际交往,促进国际收支平衡。保险是对外贸易和国际经济交往中不可缺少的环节。按照国际惯例,进出口贸易都必须办理保险。保险外汇收入是一种无形的贸易收入,是国家经济外汇资金的重要来源。

二、保险的分类

(一)按保险标的的保障范围分类

(1)财产保险。财产保险是指以物质财富和与其有关的利益、责任作为保险标的的保险。保险人对被保险人由于自然灾害或意外事故造成的财产损失承担赔偿责任。我国的财产保险业务包括财产损失保险、责任保险、信用保险等。

(2)人身保险。人身保险是以人的生命或是身体作为保险标的的保险。我国的人身保险主要有人寿保险、健康保险、意外伤害保险等。

(二)按保险的性质分类

(1)商业保险。商业保险是指按商业经营原则所进行的以营利为目的经营保险,所以又称营利保险。它是一种合同关系,通过投保人与保险人签订保险合同而建立保险关系。一方面,投保人根据保险合同负有向保险人支付保险费的义务;另一方面,保险人在保险事故发生时负有赔偿或给付保险金责任的义务。

(2)政策保险。政策保险是政府为实现其政治、经济、社会伦理等方面的政策目的,运用普通保险的技术开办的一种保险。如农业保险、出口信用保险等。

(3)社会保险。社会保险是指国家或政府通过立法形式,采取强制手段对全体公民或劳动者因遭遇年老、疾病、生育、伤残、失业和死亡等社会特定风险而暂时或永久失去劳动能力、生活来源或中断劳动收入时的基本生活需要提供经济保障的一种制度。社会保险主要包括养老保险、医疗保险、失业保险、工伤保险和生育保险等项目。

(三)按风险的转嫁形式分类

(1)原保险。原保险是指投保人与保险人直接签订保险合同而建立保险关系的一种保险。

(2)再保险。再保险简称分保,它是指保险人将其承担的保险业务,部分或全部分给另一个或几个保险人承担,它是保险人之间的业务关系。

(3)重复保险。重复保险是指投保人以同一保险标的、同一保险利益、同一风险事故分别与数个保险人订立保险合同,且保险金额总和超过保险价值的一种保险。

(4)共同保险。共同保险指两个或两个以上的保险人,就同一保险标的、同一保险利益、同一风险共同缔结保险合同的一种保险,而保险金额之和不超过保险价值的保险,也称共保。

(四)按赔付形式分类

(1)定额保险。定额保险是指在保险合同订立时,由保险双方当事人协商确定一定的保险金额,当保险事故发生时,保险人依照预先确定的金额给付保险金的一种保险。定额保险一般适用于人身保险。

(2)不定值保险。不定值保险是指在保险事故发生后,由保险人根据保险标的的实际损失额支付保险金的一种保险。不定值保险一般适用于财产保险。

(五)按保险实施方式划分

(1)自愿保险。自愿保险是指投保人或被保险人和保险人双方在平等原则的基础上,根据自愿原则签订的保险合同,如各种商业保险等。

(2)法定保险。法定保险又称强制保险,它是由国家政府通过法律或是行政命令强制实行的保险,如社会保险、机动车辆第三者责任险等。

三、保险的基本内容

(一)保险原则

1. 最大诚信原则

即保险双方在签订和履行保险合同时,必须以最大的诚意履行自己应尽的义务,互不欺骗和隐瞒,恪守合同的约定和承诺,否则将导致保险合同无效。

2. 保险利益原则

即指在签订和履行保险合同的过程中,投保人和被保险人对保险标的必须具有保险利益。

3. 近因原则

即若引起事故发生、造成保险标的损失的近因属于保险责任范围,则保险人承担损失赔偿责任;若近因属于除外责任,则保险人不负责赔偿。

4. 损失补偿原则

即当保险事故的发生导致保险人的经济损失时,保险人给予被保险人的经济损失赔偿,以恢复被保险人遭受保险事故前的经济状况为准。

(二)保险合同

1. 保险合同的含义

保险合同是当事人之间为实现一定的经济目的,明确各自权利、义务的协议。

2. 保险合同的主体和客体

(1)保险合同的主体。

一是当事人。保险合同的当事人是与保险合同发生直接关系者,包括保险人、投保人和被保险人。保险人,又称承保人,即收取保费并按合同规定负责赔偿损失或履行给付义务的人,通常指承包保险事业的各种组织。投保人,也称要保人,即对保险标的具有保险利益,同保险人签订保险合同并缴纳保费的人。被保险人,指被保危险发生时,保险单所保障的个人或团体。

二是关系人。保险合同的关系人是与保险合同发生间接关系者，包括受益人、保险代理人和经纪人。受益人，指合同中由投保人指定在事故发生时享受保险合同规定利益的人，即有权领取保险金的人。保险代理人，指与保险公司订立代理或授权合同，在约定的职权范围内，代理保险公司业务而向保险公司收取佣金或费用者。代理人通常需取得政府发放的执照。保险经纪人，指代表被保险人向保险公司洽购保单，而向保险公司收取佣金的人。

(2)保险合同的客体。

保险合同的客体不是指保险标的物本身，而是指保险标的物的可保利益。保险标的是指合同中权利和义务所指向的对象。可保利益是投保人或被保险人对保险标的所拥有的某种合法的经济权力或利益。若投保人或被保险人对于投保标的物没有权益关系，则合同失效。

3. 保险合同的内容

保险合同的内容包括以下几个方面：

(1)保险标的及其价值。保险合同中对于标的物的具体事项须按要求详细填写。

(2)保险费。保险合同是双务合同，支付保险费是投保人的义务，也是保险合同生效的重要条件。

(3)保险责任。即保险合同中约定由保险人承担的危险范围，在保险事故发生时所负的赔偿责任，包括损害赔偿、责任赔偿、保险金给付、施救费用、救助费用、诉讼费用等。

(4)保险期限。即合同的有效期限。

4. 保险合同订立的步骤

(1)要约。指要约人所进行的法律行为，是要约人将要求订约的意向和合同的重要条件向对方所做的一种意思表示。

(2)承诺。指被要约人对要约的内容表示完全同意接受的一种意思表示。

(三)保险业务的流程

保险业务的运行包括展业、承保、理赔等环节。

1. 保险展业

(1)展业的含义。保险展业是指保险公司进行市场营销的过程。

(2)展业的方式：①直接展业。直接展业是指保险公司依靠自己的专职人员直接推销保险单，招揽业务。它较适合实力雄厚、地区分布均衡、分支机构健全的保险公司。②保险代理人展业。保险代理人展业是指保险公司与代理人签订代理合同，委托代理人在职权范围内为保险人招揽业务，保险人按照保费收入的一定比例支付佣金或手续费。③保险经纪人展业。保险经纪人是投保人的代理人，代表投保人的利益，他们对保险市场和风险管理富有经验，能为投保人设立保险方案，选择保险产品，并从保险人处获得佣金。

2. 保险承保

(1)承保的含义。保险承保是指保险公司对投保人所提出的投保申请进行审核后，认为符合保险条件，统一接受投保人投保的行为，它是保险合同签订的过程。

(2)承保的主要内容：①核保。核保是指保险人对将要承保的新业务加以全面评价、估计和选择，以决定是否承保的过程。②承保控制。承保控制是指保险人采取各种措施，防止保险过程中可能发生的心理风险或道德风险，即投保人或被保险人因保险而麻痹松懈，放松对风险损失的警惕或故意制造保险事故骗取保险赔款。

3. 保险理赔

(1)理赔的含义。保险理赔是指在保险标的发生风险事故后，保险人履行保险合同承诺，处理被保险人提出的索赔要求的行为。

(2)理赔的程序。

第一，立案查验。保险人在接到出险通知后，应当立即派人进行现场查验，了解损失情况及原因，查对保险单，登记立案。

第二，审核证明。保险人对投保人、被保险人或者受益人提供的有关证明和资料进行审核，以确定保险合同是否有效，保险期限是否届满，受损失的是否是保险财产，索赔人是否有权主张赔付，事故发生的地点是否在承保范围内等。

第三，核定责任。保险人收到被保险人或者受益人的赔偿或者给付保险金的请求，经过对事实的查验和对各项单证的审核后，应当及时做出自己应否承担保险责任及承担多大责任的核定，并将核定结果通知被保险人或者受益人。

第四，履行赔付。保险人在核定责任的基础上，对属于保险责任的，在与被保险人或者受益人达成有关赔偿或者给付保险金额的协议后十日内，履行赔偿或者给付保险金义务。保险合同对保险金额及赔偿或者给付期限有约定的，保险人应当依照保险合同的约定，履行赔偿或者给付保险金义务。

四、中国保险业的发展

我国的保险业起步较晚，鸦片战争前后，在我国的国土上陆续出现了保险公司，但这些保险公司都是外国人办的。直到 1885 年，我国成立了“仁和”、“济和”两家民族保险企业。第一次世界大战期间，由于帝国主义列强忙于战争，中国的民族企业有了较快的发展，从而为民族保险业的成长奠定了基础，但是，中国的民族保险企业大多规模较小，在市场竞争中处于劣势地位。

中华人民共和国的成立，为我国民族保险业的发展提供了重要的制度保证。1949 年 10 月 20 日，中国人民保险公司成立，标志着中国现代保险事业的创立。中国人民保险公司在全国各地建立了分支机构，开办了多种保险业务。我国的保险业开始步入良性发展的轨道。但在 1958 年以后，由于受到“左”的思想干扰，国内的保险业务被迫停办，直到 1979 年，才得以恢复。1988 年以后，随着太平洋保险公司、平安保险公司的相继成立，中国人民保险公司独家经营的局面被打破。1993 年以后，商业保险公司按照分业经营的原则，相继完成了财产保险、人寿保险和再保险业务的分离工作。1998 年 10 月，中国人民保险(集团)公司改组设立了中国人民保险公司（专营财产险）、中国人寿保险公司和中国再保险公司；与 30 多年前相比，我国保险的业务种类迅速增加、业务总量急剧扩大，更为重要的是，一批新的股份制商业保险公司的成立，使商业保险市场主体大大增加，并初步形成了国内外众多保险经营主体相互竞争、相互促进的市场格局。

第二节　农业保险概述

一、农业保险的概念

（一）农业保险的含义

农业保险的概念有广义和狭义之分。狭义的农业保险仅指种植业和养殖业保险，即保险人专为农业生产者在从事种植业和养殖业生产过程中，对遭受自然灾害或意外事故所造成的经济损失提供经济保障的一种保险。广义的农业保险则除了种植业和养殖业保险之外，还包括从事广义农业生产的劳动力的人身保险和农场上的其他物质财产的保险，即农村保险。农村保险，是指保险人为在农村进行经济活动的生产经营者、劳动者提供的各类人身保险及财产保险和为他们所从事的经济活动如农业、林业、畜牧业、副业、渔业、工业、商业、运输业、建筑业和服务业等提供的各类保险保障。

在国外，尤其是发达国家，一般使用广义的农业保险概念。而在我国，目前一般采用狭义的农业保险概念。因此，本书讨论限于狭义的农业保险概念。

（二）农业保险的特点

由于农业生产在很大程度上受自然因素的影响，与其他财产保险相比，农业保险具有以下特点：

（1）地域性。各种有生命的动植物的生长和发育都要具备严格的自然条件，然而由于各地区的地形、气候、土壤等自然条件不同，再加上社会经济、生产条件、技术水平的不同，形成了动植物地域性的不同，从而决定了农业保险只能根据各地区的实际情况确定承保条件，而不应该强求全国统一。

（2）季节性。由于动植物生长受自然因素制约，具有明显的季节性，这就要求农业保险在整个业务操作过程中，必须对动植物的生物学特性和自然生态环境有正确的认识，掌握农业保险各种保险标的作为保险对象的财产及其有关利益或者人的寿命和身体的特点。

（3）连续性。动植物在成长过程中，是紧密相连不能中断的，并且是互相影响和互相制约的，因而，农业保险具有连续性。农业保险的经营者要考虑动植物生长的连续性，要坚持全面和长期的观念，使农业保险业务稳步发展。

（4）政策性。由于农业保险具有上述特点，加之农村经济发展水平的不平衡，被保险人的交费能力普遍有限，为了保障农业生产的稳定，促进农村经济发展，许多国家都把农业保险作为政策性保险业务。

【知识链接】

浙江省"共保体"模式下政策性农业保险简介

政策性农业保险是相对商业性农业保险而言的一种特殊农业保险形式，它是国家依据政策目标或服从特定的政策规划而建立的一种保险制度。浙江省政策性农业保险试点的运作方式分为两种：共保经营方式和互保合作方式。共保经营方式，即由两家及以上商业保险公司组建"浙江省政策性农业保险共保体"（以下简称共保体），其中一家保险公司为"首席承保人"，其他保险公司为"共保人"。根据省政府授权，共保体经营运作全省政策性农业保险项目，按照章程约定的比例，分摊保费、承担风险、享受政策，共同提供服务。互保合作方式则是相关试点市、县(市、区)依托各类农业行业协会、专业合作社和农业龙头企业，按照自愿原则，建立农业生产者互助合作保险组织，实行"会员缴费、财政补助，自我管理、合作共享，专户监管、滚动发展"。共保经营是主体形式，互保合作是辅助形式。

在浙江省"共保体"模式中，人保财险浙江省分公司为首席承保人，太平洋财险、平安财险、大地财险等10家商业保险公司浙江分公司为共保人，11家商业保险公司组建为"浙江省政策性农业保险共保体"。受共保体委托，人保财险浙江省分公司作为首席承保人，承担政策性农业保险的日常业务，并从收取的保费中提取一定比例作为经营费用。其他保险公司不参与日常业务经营。在"共保体"内，"首席承保人"和"共保人"以商业保险运作模式实施对农业保险的承保、理赔、结算、风险准备金提存等。

共保体的经营范围为农险、以险养险、涉农险三类，实行"单独建账、独立核算、盈利共享、风险共担"。即共保体各成员公司单独建账，每月进行资金清算，首席承保人将收取的保费按股份比例划拨给共保人。在灾后发生理赔时，共保人将各自应承担的赔款划转给首席承保人，由首席承保人赔付参保农民。年终结算时，共保体各成员公司按股份比例分摊盈利或亏损。

资料来源：浙江省新政策性农业保险共保体成立. 浙江在线，2009－04－21.

二、农业保险的作用

农业保险是商品经济发展到一定阶段的产物。农业科技、农业投入、农业保险是现代农业可持续发展的关键要素。现代农业承受着自然风险、社会风险、经济风险的威胁，这些风险的存在，严重影响农业的可持续发展。农民的收益和农业经济处在一种极度不确定状态下，客观需要创建一种转移分散风险、分摊经济损失的风险管理机制，现代农业保险应运而生。农业保险的发展，对保障农业再生产的顺利进行，推动农业的可持续发展无疑具有重要的理论意义和深远的现实意义。

(一)农业保险对农民个人的影响

农业保险可以使投保农户在遭受保险责任范围内的灾害后及时得到经济补偿，尽快恢复农业生产，转移和分散风险，由参加农业保险的农民共同分担损失，以赔偿支付的方式保障农民生活的稳定。

(二)农业保险对农村经济的影响

农业保险有助于稳定农业再生产，保障农业生产过程的持续性，保护农业资源。同时，农业保险有调节农村经济、稳定物价的作用，因为农业保险的实施，可以使大额的不定的农业风险损失转化为小额的固定的农业保险费的缴纳，节约部分开支。而降低农业生产成本，帮助农民及时恢复生产，也可以稳定农产品的物价水平，保证社会对农产品的正常消费。

(三)农业保险对整个国民经济的影响

在我国，农业是国民经济的基础，农业经济的波动是引发国民经济周期性波动的重要因素。因此，农业上因风险造成的损失，不仅会导致农业再生产过程的不稳定，更会使整个国民经济处于不稳定状态。相应地，农业保险在直接促进农业生产活动稳定发展的同时，也间接保证整个国民经济的协调发展。

同时，农业保险的介入，会使农业生产者尽快恢复生产，从而保证农产品的供给和价格的稳定，安定社会各阶层人们的社会生活。

三、农业保险的种类

(一)按承保对象划分

(1)种植业保险。种植业保险是以各种农作物、林木等为保险标的的保险。可分为粮食作物保险、豆类作物保险、油类作物保险、林木保险等。

(2)养殖业保险。养殖业保险是以各种牲畜、家禽、养殖的水产品等为保险标的的保险。可分为大牲畜保险、小牲畜保险、家禽保险、水产养殖保险、特种养殖保险等。

【知识链接】

霍邱试点育肥猪特色农业保险

育肥猪是指经过一段时间饲养育肥但尚未出栏的猪，育肥猪饲养是保障生猪供应的重要基础。为分担饲养风险，提高农民养猪积极性，2013 年 4 月霍邱县开展育肥猪特色农业保险工作。每头育肥猪保费 30 元，各级财政补贴 80%，农户自缴 20%(6 元)。县财政已将配套资金 135 万元列入预算，以确保补贴到位。若出现育肥猪死亡、自然灾害、强制扑杀等损失情况，农户可获得每头 150 ~ 600 元不等的保险赔偿。

资料来源：霍邱试点育肥猪特色农业保险. 霍邱县政府信息公开网，2013 - 04 - 18.

(二)按保险责任划分

(1)单一风险保险。单一风险保险即只承保一种责任的保险，如小麦雹灾保险、林木火灾保险等。

(2)多风险保险。多风险保险即承保一种以上可列明责任的保险，如水果保险可以承保风灾、冻害等。

(3)一切险保险。一切险保险即除了不保的风险以外，其他风险都予以承保的保险。

(三)按承保方式划分

(1)成本保险。成本保险即以生产投入作为确定保障程度的基础，根据生产成本确定保险金额的保险。农业生产成本是随生长期而渐进投入的，因此，成本保险一般采用变动保额、按生育期定额保险的方式进行。

(2)产量保险或产值保险。产量保险或产值保险即以生产产出作为确定保障程度的基础,根据产品产出量确定保险金额的保险。其中,以实物量计,称为产量保险;以价值量计,称为产值保险。

(四)按性质划分

(1)政策性农业保险。政策性农业保险是为了实现政府的农业和农村经济发展的政策目标而实施的农业保险。

(2)商业性农业保险。商业性农业保险是由保险机构完全按照商业化的运作方式,以营利为目的而经营的农业保险。

表6-1 政策性农业保险和商业性农业保险的区别

	政策性农业保险	商业性农业保险
经营目标不同	依据政策目标(或服务特定的政策规划)建立;非营利性	根据市场目标建立的;营利
经营主体不同	通常由专门成立的农业保险公司承保,或者委托商业保险公司承保,同时国家给予优惠的政策	商业保险公司
经营机制不同	自由选择品种,在可保利益的范围内自己决定投保金额,保险费率(保险价格)也可以谈判	特定的险种,单一费率等
经营范围不同	多风险农作物保险,主要家畜家禽死亡保险等	单风险农作物保险,特种养殖保险等
政府所发挥的作用不同	部分由政府埋单;包含着只有通过政府行为才能协调开展的工作	完全由投保人自己埋单;通过市场机制就能较好地运作

第三节 农业保险的主要险种

一、种植业保险

(一)种植业保险的概念和分类

1. 种植业保险的概念

种植业保险是指保险人对被保险人在从事种植业生产过程中,由于其所种植的各种作物、林木等遭受自然灾害或意外事故所造成的损失,给予经济补偿的一种保险。

2. 种植业保险主要有两类

(1)生长期农作物保险。生长期农作物保险是以粮食作物、经济作物等为对象,以各种作物在生长期间因农业风险造成收获量价值或生产费用损失为承保责任的保险。生长期农作物保险的对象是处于生长阶段的农作物,受自然条件和地理环境的影响大,具有较强的不稳定性，保险人要根据各种农作物的具体特点合理地制定保险条款。生长期农作物保险通常采取农作物成本保险和农作物收获量保险两种方式，并实行不足额承保。

(2)收获期农作物保险。收获期农作物保险是以农作物成熟后的初级农产品价值为承保对象的短期风险保险。这种保险介于农业保险和财产保险之间，主要承保火灾等灾害造成的初级农产品的损失，以农作物的收获期初级加工脱粒晾晒等短期保险为限，是生长期农作物保险的后续保险。

(二)生长期农作物保险

1. 保险标的

生长期农作物保险的保险标的是指处于生长期的各种农作物，包括粮食作物、经济作物、其他作物等。

2. 责任范围

(1)保险责任。生长期农作物面临的主要灾害有两类：一是由自然气候原因引起的自然灾害，包括干旱、水灾、涝灾、冰雹、干热风、霜冻、暴风、暴雨、台风、龙卷风、寒潮等；二是由病虫草的危害引起的自然灾害。

从理论上讲，上述两类灾害都可作为保险责任来承保，但是由于农作物灾害的成因复杂，而且遇灾的概率大、范围广、灾情重，在保险责任选择上应从低水平做起，选择一种或两三种风险予以承保。承保农作物单一风险责任的保险，称作农作物单一险，就是保险人只承保一种风险责任的保险，如小麦雹灾保险、棉花雹灾保险，保险人只对冰雹灾害引起的生长期小麦和棉花产量损失负责赔偿。保险人承担两种和两种以上风险责任的农作物保险称为农作物综合险。保险人承保农作物一切风险责任的农作物保险称为农作物一切险。

(2)除外责任。包括被保险人的故意行为、欺骗行为所致的损失；间作、套种的非保险标的和毁种复播的农作物损失；因盗窃、他人毁坏或畜、兽、禽啃食所致的损失；未尽力防范和抢救所致的损失；保险责任以外的灾害所致的损失。

3. 保险期限

保险期限是根据农作物的生长期来确定的。保险期限一般定为从作物出土定苗到成熟收割这段时间的全部或某一部分或该段时间的延伸部分。主要农作物的保险期限如下：

(1)水稻保险，从插秧成活开始至收割时止。

(2)棉花保险，从棉花出土定苗后开始至采摘收获完毕时止。

(3)小麦保险，从小麦返青或拔节开始至收割时为止。

(4)烤烟保险，从移栽后长出第一片新叶时开始至工艺成熟期终止。

(5)油菜保险，从齐苗或抽薹开始至角果2/3成熟时止。

4. 保险金额

生长期农作物保险金额以亩为单位计算,有保产量和保成本两种确定方法。

(1)按亩平均收获量的成数确定。一般以同一风险区同类标的正常年份三至五年亩平均收获量的4~6成承保,最高不超过8成。

计算公式是:

亩保险金额=国家收购价格×正常年份下前3年或5年平均亩产量×承保成数

(2)按投入的生产成本确定。保险金额为投入的生产成本,包括种子(或种苗)、肥料等材料耗用费、人力作业费、机械或畜力作业费等直接费用。

5. 赔偿处理

(1)全部损失。生长期农作物受灾后80%以上的植株死亡,已没有实现该作物预期收获量的可能,或改种其他作物的季节已过,这种情况下视为全部损失,按保险金额赔偿。

保额按保产量方式确定的情况下,计算公式为:

亩赔款=单价×亩平均保险产量

保额按保成本方式确定的情况下,计算公式为:

亩赔款=亩保险成本-还未投入的成本

(2)部分损失。发生部分损失时,一般都在收获前测算出每亩实际收益数额,其赔款数额为亩保险金额减去亩平均收入数额。

保额按保产量方式确定的情况下,计算公式为:

亩赔款=单价×(亩保险产量-实收亩平均产量)

保额按保成本方式确定的情况下,计算公式为:

亩赔款=亩保险成本-亩平均收入

从上述公式可以看出,只有亩赔款数值为正数时,保险人才支付赔款。

(三)收获期农作物保险

1. 保险标的

收获期农作物保险的保险标的是指收获期农作物保险主要涉及粮食作物和经济作物。凡成熟后进入收割、脱粒、晾晒、碾打、烘烤等初加工的夏、秋粮食作物和经济作物,均可作为保险标的。例如,收割的水稻、小麦在脱粒、晾晒、碾打过程中,可作为收获期水稻、小麦火灾保险的保险标的;采摘下来的烟叶,可作为烤烟保险的保险标的。

2. 责任范围

(1)保险责任的确定有两种类型:一是单一责任,即只承保火灾一项责任,并负责发生火灾时的施救费用及灾后整理费用;二是综合责任,即保险责任除火灾一项外,还包括其他几项责任,如洪涝、暴风雨、阴雨、霉烂、雷电等。

(2)除外责任一般包括战争、军事行动或暴乱;被保险人及家庭成员的故意行为;被保险人违反法律、法规,在公路、街道等场所晾晒、碾打农作物发生火灾造成的损失;其他不属于保险责任的原因。

3. 保险期限

收获期农作物保险是生长期农作物保险的后续保险。其承保期限一般是从农作物收割（采摘）后进入晾晒场起至完成初级加工进入仓库之前这一段期间。

4. 保险金额

每亩保险金额参照当年或上年国家对与保险标的同类的农产品的收购价格和被保险人所在县（市）同类标的作物前三年平均亩产量的60%~80%确定。

5. 赔偿处理

（1）全部损失。当保险面积小于等于实际种植面积时，按保险金额赔偿；当保险面积大于实际种植面积时，按实际种植面积和每亩保险金额计算赔偿金额。

（2）部分损失。当保险面积小于实际种植面积时，按保险面积与实际种植面积的比例计算赔偿金额。当保险面积大于等于实际种植面积时，按实际种植面积、每亩保险金额和损失程度计算赔偿金额。

【小思考】

某村全村农民向保险公司投保了收获期小麦火灾保险1000亩，投保时，保险人按前三年平均产量400公斤和上年小麦收购价每公斤1.2元计算保险金额，每亩保额为480元。在夏粮收获期间，因收割机电机打火等原因发生火灾多次，共造成近100亩小麦不同程度的损失。其中，40亩全部损失，60亩损失程度为50%。

请问：保险公司应如何进行赔偿处理？

经保险公司派人现场查勘及对保险责任的审核，认定其事故属于保险责任。根据条款规定，赔款金额计算如下：

全部损失的40亩小麦赔款 $=1.2\times400\times40=19200$（元）

部分损失的60亩小麦赔款 $=1.2\times400\times50\%\times60=14400$（元）

合计赔款 $=19200+14400=33600$（元）

二、养殖业保险

（一）养殖业保险的概念和种类

1. 养殖业保险的概念

养殖业保险是指保险人对被保险人在从事养殖生产过程中，因遭受自然灾害或意外事故致使养殖的动物出现损失，给予经济补偿的一种保险。

2. 养殖业保险通常分为四类

（1）家畜保险（大牲畜保险和中小家畜保险）。

（2）家禽保险。

（3）水产养殖保险（淡水养殖保险和海水养殖保险）。

（4）特种养殖保险。

(二)大牲畜保险

1. 保险标的

保险标的以役用、肉用、乳用和种用的牛、马、骡、驴、骆驼为主,观赏用的大牲畜必须特约承保。

2. 责任范围

大牲畜保险的保险范围比较广泛,属于综合性保险。具体而言,包括自然灾害中的火灾、洪水、暴风雪、地震、地陷、雷击、台风等;疾病中的传染病、瘟疫等;意外事故中的淹溺、摔跌、互斗、野兽侵袭、建筑物倒塌、中毒、触电、窒息等,以及为防止传染病流行,政府下令捕杀掩埋。由以上原因造成的大牲畜死伤和丧失劳动能力的损失,保险人负责赔偿。但是,如果投保牲畜是由于被保险人及其他利害关系人的故意行为所致死伤或由于被保险人疏于照管所致的走失、被盗、冻饿、劳累致死及其他不属保险责任范围内的原因造成损失的,保险公司不负责赔偿。

3. 保险期限

保险期限一年,期满一年,如果续保,则需另办手续。另外,规定从保险单生效起十五日内为疾病观察期。保险期满,续保合格大牲畜,免除观察期。

4. 保险金额

大牲畜保险最高保险金额的确定有多种不同的方法。一般情况下,属于单位所有的牲畜,可以按投保时的账面价值的成数承保;属于个人所有的牲畜,可以按保险人与投保人共同评定的价值的成数承保;保险人也可以按一定标准,把投保牲畜分成不同档次,分别确定保险金额。无论按哪种方式确定保险金额,都要遵循低额承保的原则,一般不能超过牲畜总价值的7成。

5. 赔偿处理

保险大牲畜发生保险事故死亡后,保险人应对受损大牲畜核损,按保险金额或保险金额定额扣除残值后赔付,不可变价的尸体,不扣残值;可变价的尸体,定额扣除残值。保险大牲畜中的役畜因保险事故而永久性丧失使役能力后,保险人依照保险金额扣除一定比例的残值后,差额赔付。若发生保险事故时,被保险人符合承保条件的大牲畜数量大于投保数量,保险人按大牲畜投保数量与出险时的可保数量的比例赔付。若保险大牲畜每头(匹)保险金额大于出险时的市场实际价格时,则保险大牲畜每头(匹)最高赔偿金额不超过出险时的市场实际价格。

(三)中小家畜保险

1. 保险标的

中小家畜保险的保险标的是国营、集体和个人饲养的猪、羊、兔等中小家畜。

2. 责任范围

其责任范围与大牲畜保险类似。

3. 保险期限

小家畜的保险期限主要分为两种:①育肥中小家畜的保险期限一般是从断奶到出栏,比如猪的育肥期为 6 个月,其保险期限就可以确定为 6 个月;②育种用中小家畜的保险期限一般是 1 年,到期可以续保,但需要重新审定其是否仍具有保险价值。

4. 保险金额

确定中小家畜保险的保险金额,可以采取估价承保和定额承保两种方式。估价承保是根据相同种类、畜龄家畜的市场价格来确定被保险中小家畜的价值,其中的 50% ~70% 由保险人承保,其余由被保险人自负的保险金额确定方法。定额承保是由保险人根据不同类别、不同畜龄、不同用途的中小家畜的不同价值分成不同档次的保险金额,由投保人根据自身饲养家畜的实际情况选择某个档次的保险金额确定方法。另外,有些中小家畜投保时并不确定保险金额,而是按头(只)收取保险费。

5. 赔偿处理

(1)按家畜的估定价值承保的,扣除残值后赔付。

(2)定额承保的家畜,按条款中规定的保险金额档次赔付,不扣残值。如有的规定,羊每只死亡赔偿 100 元,公母种猪每头死亡赔偿 200 元。在理赔时,如果发现被保险人的家畜数量多于投保的数量,则按投保数量占出险当天家畜存栏总数量的比例赔付。

(四)家禽保险

1. 保险标的

家禽保险的保险标的为鸡、鸭、鹅、鸽子、鹌鹑、鸵鸟等各类家禽,其用途一般为肉用禽、蛋用禽、种用禽。投保的家禽必须饲养条件良好,具有一定的防疫能力,无疾病,无伤残。

2. 责任范围

家禽保险的责任范围包括自然灾害、意外事故和疾病。家禽由于雷击、暴风雨、洪水、龙卷风等自然灾害造成的损失,由于火灾、饲料中毒、建筑物倒塌、爆炸等意外事故造成的损失,因各种疾病造成的死亡,以及政府下令捕杀造成的损失,都可以通过投保家禽保险获得补偿。但是,保险家禽零星死亡、被盗、走失、鼠咬的损失,被保险人及其家庭成员故意造成的损失,以及自然淘汰等,不属于保险责任范围。

3. 保险期限

家禽保险的保险期限根据家禽的类别、生长期和用途的不同而不同。一般情况下,饲养期在 1 年以内的,饲养期就可以确定为保险期限;饲养期在 1 年以上的,保险期可以确定为 1 年,期满再行续保。具体而言,肉用禽的保险期限是从承保时开始到出售完毕时止,蛋用禽的保险期限从开始产蛋到产蛋期结束为止,育成期家禽的保险期限自育雏期过后开始至开始产蛋时止,种用禽的保险期限为 1 年。

4. 保险金额

家禽保险的保险金额确定,可以分为定额承保和不定额承保两类。定额承保以投保时家禽市价的 5 ~7 成作为保险金额。不定额承保则根据家禽生长规律和饲养成本投入的具体情况不断变动保险金额。

5. 赔偿处理

家禽保险的赔偿按保险条款规定处理,如有的是按不同日龄的家禽以只为单位计赔。保险家禽发生保险责任范围内的死亡,如果实际饲养只数超过保险只数,按保险只数占实际饲养只数的比例计算赔付。计算赔偿额时,应当扣除一定比例的免赔额及其残值。

(五)水产养殖保险

1. 保险标的

水产养殖保险的保险标的是利用淡水或海水水域进行人工养殖的虾、贝、藻、鱼、蟹、蚌等。

2. 责任范围

保险责任分为两类,一为死亡责任,二为流失责任。死亡责任所承保的责任包括:正常缺氧死亡(在高温低气压的恶劣气候条件下,淡水中所含的氧成分下降,不足以满足水生动物维持生命所需而引起的死亡);他人投毒、爆炸死亡(他人故意向池塘水域中投放有毒物质或爆炸物引起的养殖对象的死亡);疾病死亡(保险标的是疾病、瘟疫等经治疗无效所致的死亡)等。流失责任所承保的范围:因自然灾害或非人为原因所造成的保险标的流失并不可追回的损失,比如台风、暴风雨、龙卷风、洪水所造成的堤坝溃决引起的流失。保险标的在养殖过程中的自然死亡、损失,遭敌害侵袭造成的损失,养殖技术失误导致的损失,以及被保险人及其家庭成员的故意行为造成的损失,被排除在保险责任范围之外。

3. 保险期限

水产养殖保险的责任期限,一般根据保险标的的一个养殖周期来确定;养殖周期长于一年的按一年期承保,到期续保,另行签单。

4. 保险金额

保险金额按照从开始养殖到收获时所投入总成本的全部或部分确定。当然,对于某些已养殖成熟待售的水产品保险和一次性投入成本较大的水产品保险,也可以采取按产量的全部或部分确定保险金额的办法。

5. 赔偿处理

按照成本逐渐投入、标的价值逐渐增加的规律,根据保险期内不同时期凝聚的不同成本量进行损失补偿,避免发生致死图赔的事件。水产养殖保险一旦出险,往往损失较大,出险后责任不易分清,损失程度也难以准确测定。绝对免赔要比其他养殖保险定得高一些,通过理赔中较高的绝对免赔规定来剔除不属保险责任范围的损失,在一定程度上降低人为的道德风险。

(六)特种养殖保险

1. 保险标的

特种养殖保险的保险标的是具有较高经济价值的特种毛皮动物、药用动物,比如水貂、鹿、麝、狐等。

2. 责任范围

其保险责任范围同家畜保险类似，包括各类自然灾害、意外事故、疾病以及政府命令捕杀所造成的损失。同样，因被保险人经营管理不善或故意行为、利用不当而导致的动物死亡以及自然淘汰，保险公司不负责赔偿。

3. 保险期限

确定特种养殖保险的保险期限，要具体考虑各种动物的使用年限、生理特点和用途。比如，种貂的使用年限一般为3年，则可以把种貂的保险期限自其可以投入使用时起确定为1年，期满续保，直至使用期满自然淘汰。

4. 保险金额

保险金额一般为饲养成本的5～7成，同样遵循不足额承保的原则，并且随着保险标的使用价值的下降，保险金额也随之下降。

5. 赔偿处理。保险标的发生保险责任范围内死亡时，扣除残值后进行赔付。保险标的的只数如低于当天存养总数且不能区分时，保险人按比例赔付。

第四节　国外农业保险和我国农业保险的发展

一、国外农业保险制度的主要模式

（一）政府主导型模式——美国

这种模式的主要特点是，政府对经营政策性农业保险业务提供统一的制度框架，各级政府和各种允许的经营组织要在这个框架中经营农业保险和再保险业务，同时政府对规定的农业保险产品给予财政支持。采用这种模式的主要是美国、加拿大等国家。

美国于20世纪30年代开始试办农业保险，并以农作物保险为主要组成部分，其保险制度经历了4个阶段，即试办、加速发展、政府出政策并与私营公司合营、政府出政策并完全由私营公司经营的经营阶段。根据1938年的《联邦作物保险法》，设立联邦农作物保险公司，由农业部领导，各州的工作由农业部下属机构管理，政府财政提供补贴。1996年以后，联邦农作物保险公司逐步退出农作物保险直接业务经营，完全由私营公司经营和代理。联邦农作物保险公司只负责制定政策、监管、再保险和综合服务，私营公司提出申请，经过联邦农作物保险公司的审核批准，才能经营农作物保险业务。

美国农业保险的险种，既包括农作物产量风险，又包括农产品价格风险。保险业务实行自愿保险制度,但规定不参加政府农作物保险的农民不能得到政府其他福利计划,如农户贷款计划、农产品价格支持计划和保护计划的支持等。农业损失赔偿实行比例责任制,被保险人自己承担部分损失,保险人按一定比例予以赔偿。从联邦作物保险公司几十年的经营情况看,农业保险的经营结果是不盈利的。

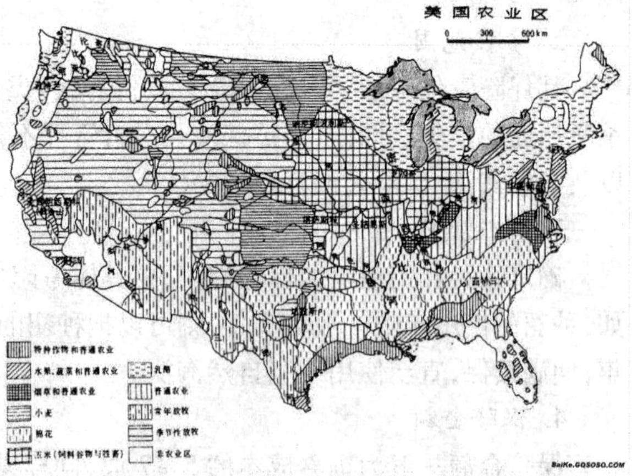

联邦政府的经济支持包括三方面:①保费补贴。保费补贴只针对农作物保险业务而不针对保险机构。②业务费用补贴。向承办农作物保险的私营保险公司提供20%~25%的业务补贴;③联邦政府、州政府及其他地方政府对农作物保险免征一切税赋。联邦政府通过联邦农作物保险公司,向私营公司提供比例再保险和超额损失再保险,以降低私营公司的风险责任,提高其保障能力。

(二)政府支持型相互保险模式——日本

这种模式的主要特点是,政府不直接经营农业保险业务,但通过立法给予经济上、政策上的支持;经营的组织形式不是一般的商业性财产保险公司,而是在政府扶持下的不以营利为目的的民间团体(如保险相互会社与农业共济组合联合会,后者接受前者的再保险业务)。这种模式的政策性很强,国家通过立法对主要的关系国计民生和对农民收入影响较大的农作物以及饲养动物实行法定保险,并通过立法明确政府在农业保险发展中的作用。

日本的农业保险组织由基层向高层分为3级,即农业共济组合、农业共济联合会和国家农业保险机构。农业共济组合是设置在市、镇或村一级,不以营利为目的的民间保险相互会社,它作为最基层组织,直接向本地区所有成员承保,然后再向农业共济组合联合会进行部分分保,以减小风险责任。国家农业保险机构又向农业共济组合联合会提供超额赔款再保险,以降低巨大灾害所导致的高额赔偿责任。由此构建了多重风险分散和安全保障机制。农业保险的实施采用强制保险与自愿保险相结合的方式。强制保险涉及的是关乎国计民生的或者严重影响农民收入的农作物及种植面积超过法定最低限的农作物。日本农业保险体系的关键在于立法,在1939年实行农业保险之前,日本在1929年出台了《牲畜保险法》,在1938年出台了《农业保险法》,经过多次修改和完善,在1947年将这两部法律合并成《农业灾害赔偿

法》,对农业保险的组织机构、政府职责、强制与自愿保险范围以及费率制定、赔款计算、再保险等做了明确具体规定。

(三)民办公助型模式——欧盟的一些国家

这种模式的主要特点是,以合作保险和相互保险为主体,政府按规定对相互保险协会和农业再保险机构定期给予补贴。没有全国统一的农业保险制度和体系,政府一般不直接经营农业保险。农业保险主要由私营保险公司、保险相互会社或保险合作社经营,但一般只经营雹灾、火灾和其他特定灾害保险。采用这种模式的主要是一些欧盟国家,如德国、法国、荷兰等。

以法国为例,法国是农业比较发达的国家,也是农业保险起步较早、发展较快的国家之一。其农业保险制度的特点在于建立政府与社会共同联办的国家保险公司独立经营的广义农业保险。1986 年,法国成立了以政府控股为主体、社会参股的股份有限公司——农业互助保险集团公司,下设农业相互保险公司、非农业财产保险公司、农民寿险公司和农业再保险公司四个保险公司。其中,农业相互保险公司承保全国农民的所有财产、疾病和意外伤害的损失;非农业财产保险公司承保农村的屠宰商、面包商、手工业商、小商业者的财产、疾病和意外伤害保险;农民寿险公司承保农民和非农民的人寿保险和死亡保险业务;农业再保险公司负责对内对外的分保业务。由此可见,农业保险的经营范围已由狭义农业保险扩大为广义农业保险。此外,国家通过农场津贴、社会津贴和保险津贴三种形式提供给农业大量补贴。在农业遭受自然灾害时,政府通过农业互助信贷银行,对向农业互助保险机构投保过农业保险的农民发放低利赈灾贷款。

(四)政府重点选择性扶植模式——亚洲的一些发展中国家

这种模式的主要特点:①大多数国家的农业保险主要由政府专门农业保险机构或国家保险公司提供;②保险险种少、保障程度低、保障范围小,主要承保本国的主要粮食作物——水稻和小麦,而很少承保畜禽等饲养动物,其目的就是确保粮、棉生产的稳定;③参加农业保险一般都是强制性的,并且这种强制一般与农业生产的贷款相联系。

以与中国国情相近的印度为例,1961 年,印度开始对其主要农作物进行农业保险试点,但由于政府不提供财政支持而以失败告终。1972 年,政府建立全国性的保险机构,直接组织和经营农业保险业务,保险责任由中央政府与邦政府两级按比例分摊。保险的实施方式是自愿保险与有条件的强制保险相结合,有条件的强制保险针对的是进行生产性贷款的农民。

二、我国农业保险的发展

(一)我国农业保险发展的现状

(1)农业保险的有效需求和供给不足 。农业生产和经营风险的客观存在,农村经济的持续发展,必然形成对农业保险的巨大需求,但目前我国农业保险的现实需求不足。主要原因有:①超小规模的土地经营客观上弱化了农业保险的经济保障功能。狭小的经营规模使农民产生较低的预期收益,因而也不愿付出现实的保险成本。②我国目前的农业保险还主要是由保险公司以商业形式经营的,国家支持和补贴较少,相对农民收益而言,保险费用较高,也抑制了农民对保险的需求。③受传统农业的影响,农民的保险意识还较差。

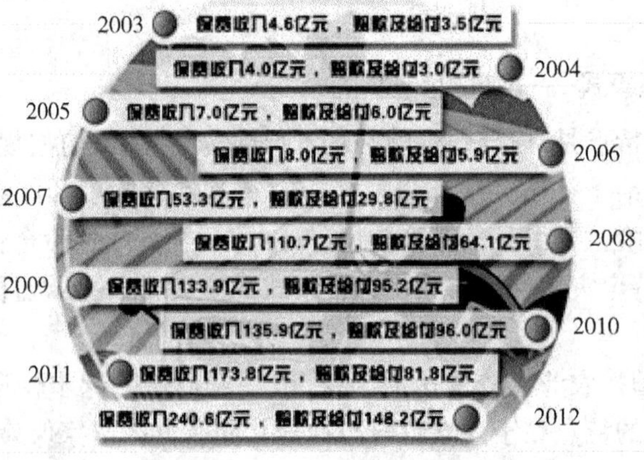

图6－1　我国农业保险的发展之路

以上因素造成了农业保险的有效需求不足，商业性保险公司无法获得直接经济效益，这就很难刺激农业保险的有效供给。在萎缩的供给和低迷的需求状态下，农业保险业务发展缓慢。

(2)资金来源渠道单一。目前，农业保险基金主要来自于保户缴纳的保险费，而农业保险费率相对于保户的农业收入而言是很高的。根据第一次农业普查资料，全国有59%的农户仍属于纯农户，这些纯农户家庭90%的收入来自纯农业收入。投保农业险会导致农户收入持续走低，在农户收入减少的同时，农村公共品供应的弱化将使农户隐性负担逐步增长。这种单一的、不稳定的来源渠道也是农业保险实践不成功的主要原因之一。

(3)农业保险的发展面临资金短缺、人才匮乏、技术薄弱的矛盾。农业保险的发展离不开政府的扶持，特别是在资金方面的资助，但作为一个农业大国，政府的支持是有限的，在相当长的一段时间内，农业保险将面临资金不足的问题。与此同时，我国目前农业保险在理论研究上也相对滞后，在实践中发展缓慢，农业保险方面的统计资料不详。更重要的影响因素是人才，长期以来，我国保险业由于受到各种因素的干扰，发展呈现多次起落，保险人才出现断层，而农业保险经营上的复杂性、艰苦性，也导致人才更是奇缺。

(二)我国农业保险发展对策

1. 加快法律法规建设

由于农业保险的特殊性，一般适用于商业保险的《保险法》，不适用或不完全适用于农业保险，我国的《保险法》也没有涵盖农业保险，因此在举办农业保险时，为弥补市场机制的不足，应通过立法对农业保险的目标、保障范围、组织机构及其运行方式、农民的参与方式、初始资本金筹集数额和方式、管理费和保险费分担的原则、赔付方式、税收规定、各有关部门的配合、资金运用等方面都进行规范，明确政府在农业保险业务开展过程中应发挥的职能和作用，以保障农民的合法权益。一是明确农业保险的性质和地位。明确农业保险的政策性，加大政府对农业保险的支持力度，逐步建立农业保险的补偿机制，化解农业保险本身的政策性目标与实践中经营者的商业性目标之间的矛盾；确立农业保险在发展农业生产、稳定农民生活乃至整个国民经济生活中的重要地位,逐步建立以农业保险为核心的农业保户制度体系,发挥农业保险保户农业的重要作用。二是明确政策性农业保险的实施范围、运作方式。对关乎国计民生和影响农业和农村社会经济发展的农业保险项目,实施强制和半强制保险方式,制定不同险种的保费补贴比例,并给予投保人信贷优惠等政策支持。三是明确政府在农业保险发展中的职能与作用。

政府的作用主要包括:一是推动农业保险立法,并根据农业保险实践的发展变化不断修订与完善。二是对农业保险实行财政补贴。三是对农业保险发展予以行政支持,包括宣传教育、协调各方关系等,避免政府支持农业保险的随意性与短期性,从法律上保证政府参与和推动农业保险的连续性与稳定性。四是明确农业保险的组织形式、管理制度及再保险要求。鉴于农业保险的特殊性,我国应明确包括相互保险公司在内的多种农业保险组织形式的法律地位,鼓励农业相互保险制度的实施;制定农业保险公司管理规定,对农业保险经营主体的经营行为实行法律保护和约束;对农业保险业务规定一定比例的再保险,以保证农业保险的稳定经营,维护投保人的根本利益。

2. 建立多层次的农业保险模式

(1)成立政策性农业保险公司。政策性农业保险是政府为了实行某项政策的需要,对商业保险公司难以经营的某些保险项目予以政策优惠而实施的保险 。其主要职能包括:负责设计和改进全国农业保险制度;设计具体险种;对政策性农业保险业务进行统一规划,研究制定具体政策;向参与农业保险业务的商业保险公司提供再保险业务;对农业保险业务提供保费补贴和经营管理费补贴,同时给予优惠的金融政策,如免征营业税、优惠贷款等。由于国家财政有限,政策性农业保险的业务只能限定在关系国家生计的农作物和畜禽上,并对这些农作物和畜禽实行法定的强制保险,其他的由农民根据需要自愿投保。

(2)政府主导,商业保险公司经营。这种经营方式是由商业保险公司与政府签约办理农业保险,结合了政府政策和市场化运作。由于农业保险业务与商业保险公司以营利为目的的经营原则相违背,必须辅之以优惠政策和财政支持。另外,可以借鉴法国的经验拓展其他的涉农保险业务,“以险养险”,用其他险种的业务收入弥补种植业和养殖业保险的亏损。

(3)鼓励发展农民相互合作的保险组织。合作保险组织是由具有共同风险的个人或经济单位为获得风险保障而出资设立的“风险共担,利润共享”的保险组织,不以营利为目的,运营成本低,在国际上被广泛采用。保险机构可直接设在农村,靠近农民和农业生产场所,有利于节约管理费用。农民代表直接参与保险展业和理赔工作,参与保险经营管理,可以相互之间进行保险监督,从而避免道德风险,降低保险赔付率。

3. 建立巨大灾害风险基金

农业面临各种特大自然灾害,遭受损失的农作物面积广,死亡的牲畜数量大,损失巨大,单靠保险公司的财力无法承担,建立以政府为主导的全社会农业巨灾基金,可以进一步保证农业保险的可持续发展。我国建立解决农业巨灾保险基金应主要从以下几个方面着手:①国家采取财政补贴和财政拨款方式建立专项基金;②各级地方政府每年拿出部分支农资金和救灾款,专款专用;③由建立的政策性保险机构发行债券和以国家投资为主,企业、社会团体等参股方式筹集风险专项基金。

4. 加大国家政策支持与财政扶持

作为对农民遭受天灾后的损失进行补偿的方式,农业保险一定要由国家财政来扶持,但在具体实施中要量力而行。根据我国国情,借鉴国际经验,我国应尽快建立财政支持型农业保险体系,包括利用财政、税收、金融、再保险等经济手段以及其他技术支持来发展农业保险。通过借鉴国外成功的农业保险经营的经验,国家财政应对农业保险经营主体实行财政、税收方面的支持。以下给出两点建议:一是免除经营种植业、养殖业保险业务的全部营业税和所得税;二是允许经营主体从经营盈余中扣除一定比例的资金作为保险准备金,以增加经营主体的资金实力。

知识题

1. 什么是保险?保险有哪些基本职能?
2. 保险的种类有哪些?保险的原则有哪些?
3. 什么是保险合同?保险的业务运行包括哪些环节?
4. 什么是农业保险?农业保险的特点是什么?
5. 农业保险的作用是什么?农业保险的种类有哪些?
6. 什么是种植业保险?什么是养殖业保险?
7. 什么是生长期农作物保险?什么是收获期农作物保险?
8. 什么是大牲畜保险?什么是中小家禽保险?什么是家禽保险?
9. 什么是水产养殖保险?什么是特种养殖保险?
10. 世界主要农业保险发展模式有哪些?我国农业保险发展状况如何?

案例题

美国旱灾将致农业保险公司遭遇创纪录亏损

据英国《金融时报》报道,随着美国遭遇 50 多年来最严重旱灾触发大额索赔,保险业在农业保险领域面临着有史以来最大的损失。不过,提供农作物收成保险的公司,其部分损失将得到补偿,因为美国联邦政府除了对农户向私营保险公司投保进行补贴之外,还对保险公司承担的风险再保险。

伊利诺伊大学农业经济学家估计,旱情将在 2012 年引发大约 300 亿美元索赔,保险公司承保亏损 180 亿美元。在 180 亿美元损失中,美国政府承担约 140 亿美元,私营保险公司承担 40 亿。评级机构标普认为,私营保险公司的损失稍高于这个数额,达 50 亿美元。

伊利诺伊大学史尼特基和谢里克教授警告称,有些农业保险公司股东是上市公司,可能尚未意识到旗下农业保险子公司可能产生的亏损规模。

美国安达保险集团估计,如果其对旱情的最悲观预测成为现实,公司损失将达2.68亿美元,而全球最大再保险公司慕尼黑再保险估计自身损失达1.6亿欧元。

评级机构穆迪表示,其他受到旱情影响较大的保险公司包括昆士兰保险、美国保险公司、富国银行旗下的Rural Community和安联集团旗下的消防员基金保险公司。穆迪表示,那些以农业保险为主业或业务集中在受灾地区的小规模保险公司,相比多元化程度更高的同行,更容易受伤。

农业经济学家表示,农作物实际损失只有到了第四季度庄稼收割之后才能清楚。美国气象服务部门上周表示,全美87%的玉米产区和85%的大豆产区受旱灾。

资料来源:美国旱灾将致农业保险公司遭遇创纪录亏损.新浪财经,2012-08-27.

要求:试分析如何避免农业保险的过度投资亏损?

提示:多层次的农业保险模式。

实训题

实训项目:农业保险展业。

实训目的:熟悉农业保险企业的组织和保险业务。

实训步骤:

(1)介绍常见的农业保险种类。

(2)由保险公司讲师到校开展专题讲座,分享经验。

(3)学生分组,进行模拟演练,提高实战技巧。

(4)学生到保险公司网店接触实际工作,熟悉日常业务,推广保险产品。

第七章　农产品期货

知识目标

掌握其期货的基本概念；了解期货市场的主要内容；掌握我国农产品期货市场的主要交易品种和交易方式；了解美国农产品期货市场世界定价机制。

能力目标

掌握分析我国农产品期货市场问题的能力；掌握运用农村金融的相关概念分析国外农产品期货市场现实热点问题的能力；掌握对比分析各期货市场优劣的能力。

【引例】

农民嬗变：能数“波浪”　会“用”期货

大隐隐于市，高手在民间。王维国，一位来自黑龙江讷河的半百老农，正是凭借自己的勤奋、用心与好学，借力期货，完成了一次由传统农民向“新农民”那艰难的嬗变。

原来，平时没事就爱对着K线图琢磨的王维国在不经意间发现，2010年7月美豆从903美分/蒲式耳起步的本轮上升行情，竟然和2001年4月到2004年3月那波牛市行情非常类似。王维国根据波浪理论测算9月份美豆将达到甚至冲破1700美分的高点，但很快就会回落。必须承认，在国内外豆价涨势如火如荼的年初就做出如此判断是需要勇气的。即便在QQ群里和网友们交流，王维国也没少因此被人开玩笑甚至讥讽。固执的他四处寻找盟友，并以“波浪理论解读美豆历史和未来”为题在一家网站发表分析提出观点，还要大家“拭目以待”。王维国没有失望。在9月4日，一度攀至1789美分/蒲式耳之后，美豆随即掉头向下，两个月跌幅已过二成。2010年，准确判断美豆高点让王维国在网上一举成名。

农民懂期货、用期货，对于维护粮食安全是非常有价值的事情。如果2月就能知道美豆会涨这么高，我们的储备就可以提早收、多收。从这个角度来说，一个不起眼的农民，竟能如此深入研究市场且预测得那么精准，其意义已超出了农村的层面。

资料来源：农民嬗变：能数“波浪”　会“用”期货. 新华网，2012－11－19.

这一资料表明：新农民运用农产品期货知识规避风险，对于农业经济的发展有着良好的推动作用。

第一节 期货概述

一、期货的概念

在现货市场上,买卖双方一方交货,另一方付款,或通过谈判和签订合同达成交易。合同中可规定商品的质量、数量、价格和交货时间、地点等。期货交易是在现货交易基础上发展起来的、通过在期货交易所内成交标准化期货合约的一种新型交易方式。

期货合约是指由期货交易所统一制定的,规定在将来某一特定的时间和地点交割一定数量和质量实物商品或金融商品的标准化合约。所谓标准化合约,是指合约的数量、质量、交货时间和地点等都是既定的,唯一的变量是价格。广义的期货概念还包括了交易所交易的期权合约。

期货交易与现货交易有相同的地方,如都是一种交易方式、都是真正意义上的买卖、涉及商品所有权的转移等。不同的地方有以下几点:

1. 买卖的直接对象不同

现货交易买卖的直接对象是商品本身,有样品、有实物、看货定价。而期货交易买卖的直接对象是期货合约,是买进或卖出多少手或多少张期货合约。

2. 交易目的不同

现货交易是一手钱、一手货的交易,马上或一定时期内进行实物交收和货款结算。期货交易的目的不是到期获得实物,而是通过套期保值回避价格风险或投资获利。

3. 交易方式不同

现货交易一般是一对一谈判签订合同,具体内容由双方商定,签订合同之后不能兑现,就要诉诸法律。期货交易是以公开、公平竞争的方式进行交易。一对一谈判交易(或称私下对冲)被视为违法行为。

4. 交易场所不同

现货交易一般分散进行,如粮油、日用工业品、生产资料都是由贸易公司、生产厂商、消费厂家分散进行交易的,只有一些生鲜和个别农副产品是以批发市场的形式来进行集中交易。但是,期货交易必须在交易所内依照法规进行公开、集中交易,不能进行场外交易。

5. 保障制度不同

现货交易有《合同法》等法律保护,合同不兑现即毁约时,要用法律或仲裁的方式解决。

期货交易除了国家的法律和行业、交易所规则之外,主要是以保证金制度为保障,以保证到期兑现。

6. 商品范围不同

现货交易的品种是一切进入流通环节的商品。而期货交易的品种是有限的,主要是农产品、石油、金属商品及一些初级原材料和金融产品。

7. 结算方式不同

现货交易是货到款清,无论时间多长,都是一次或数次结清。期货交易由于实行保证金制度,必须每日结算盈亏,实行逐日盯市制度。结算价格是以成交价为依据计算的。

【知识链接】

表 7-1　大连商品交易所玉米合约

交易品种	黄玉米
交易单位	10 吨/手
报价单位	元(人民币)/吨
最小变动价位	1 元/吨
涨跌停板幅度	上一交易日结算价的 4%
合约月份	1,3,5,7,9,11 月
交易时间	每周一至周五上午 9:00~11:30,下午 13:30~15:00
最后交易日	合约月份第十个交易日
最后交割日	最后交易日后第二个交易日
交割等级	大连商品交易所玉米交割质量标准
交割地点	大连商品交易所玉米指定交割仓库
最低交易保证金	合约价值的 5%
交易手续费	不超过 3 元/手
交割方式	实物交割
交易代码	C
上市交易所	大连商品交易所

二、期货的类型

目前,国内期货可以大致分为两大类,即商品期货和金融期货。

表 7-2　期货的分类

期货	商品期货	农产品期货
		金属期货(基础金属期货、贵金属期货)
		能源期货
	金融期货	外汇期货
		利率期货(中长期债券期货、短期利率期货)
		股指期货

(一)商品期货

商品期货是指标的物为实物商品的期货合约。商品期货历史悠久,种类繁多,主要包括农副产品、金属产品、能源产品等几大类。具体而言,农副产品约 20 种,包括玉米、大豆、小麦、稻谷、燕麦、大麦、黑麦、猪肚、活猪、活牛、小牛、大豆粉、大豆油、可可、咖啡、棉花、羊毛、糖、橙汁、菜籽油,其中大豆、玉米、小麦被称为三大农产品期货;金属产品 9 种,包括金、银、铜、铝、铅、锌、镍、钯、铂;化工产品 5 种,有原油、取暖用油、无铅普通汽油、丙烷、天然橡胶;林业产品 2 种,有木材、夹板。

各国交易的商品期货的品种也不完全相同,这与各国的市场情况直接相关。例如,美国市场进行火鸡的期货交易,日本市场则开发了茧丝、生丝、干茧等品种。除了美国、日本等主要发达国家以外,欧洲、美洲、亚洲的一些国家也先后设立了商品期货交易所。这些国家的期货商品,主要是本国生产并在世界市场上占有重要地位的商品。例如,新加坡和马来西亚主要交易橡胶期货;菲律宾交易椰干期货;巴基斯坦、印度交易棉花期货;加拿大主要交易小麦、玉米期货;澳大利亚主要交易生牛、羊毛期货;巴西主要交易咖啡、可可、棉花期货。

现在的中国期货市场起步于 20 世纪 90 年代初,目前上市的商品期货有农产品、有色金属、化工建材等三十多个品种,可以上市交易的期货商品有以下几类:

(1)上海期货交易所:铜、铝、天然橡胶、燃料油和锌。

(2)大连商品交易所:大豆、豆粕、玉米、豆油。

(3)郑州商品交易所:小麦、绿豆、菜籽油、棉花、白砂糖、PTA。

目前,市场上交易比较活跃的上市品种主要有铜、铝、大豆、小麦等。

(二)金融期货

金融期货指以金融工具为标的物的期货合约。金融期货作为期货交易中的一种,具有期货交易的一般特点,但与商品期货相比较,其合约标的物不是实物商品,而是传统的金融商品,如证券、货币、汇率、利率等。金融期货交易产生于 20 世纪 70 年代的美国市场。1972 年,美国芝加哥商业交易所的国际货币市场开始国际货币的期货交易,1975 年芝加哥商业交易所开展房地产抵押券的期货交易,标志着金融期货交易的开始。现在,芝加哥商业交易所、纽约期货交易所和纽约商品交易所等都进行各种金融工具的期货交易,货币、利率、股票指数等都被作为期货交易的对象。目前,金融期货交易在许多方面已经走在商品期货交易的前面,占整个期货市场交易量的 80% 以上,成为西方金融创新成功的例证。

与金融相关联的期货合约品种很多。目前已经开发出来的品种主要有三大类:

(1)利率期货,指以利率为标的物的期货合约。世界上最先推出利率期货的是于 1975 年由美国芝加哥商业交易所推出的美国国民抵押协会的抵押证期货。利率期货主要包括以长期国债为标的物的长期利率期货和以三个月短期存款利率为标的物的短期利率期货。

(2)货币期货,指以汇率为标的物的期货合约。货币期货是适应各国从事对外贸易和金融业务的需要而产生的,目的是借此规避汇率风险。1972 年,美国芝加哥商业交易所的国际货币市场推出第一张货币期货合约并获得成功。之后，英国、澳大利亚等国相继建立货币期货的交易市场，货币期货交易成为一种世界性的交易品种。目前，国际上货币期货合约交易所涉及的货币主要有英镑、美元、日元、加拿大元、澳大利亚元以及欧洲货币单位等。

(3)股票指数期货，指以股票指数为标的物的期货合约。股票指数期货是目前金融期货市场最热门和发展最快的期货交易。股票指数期货不涉及股票本身的交割，其价格根据指数计算，合约以现金清算形式进行交割。

三、期货的交易

期货交易的全过程可以概括为开仓、持仓、平仓或实物交割。

(一)开仓

开仓是指交易者新买入或新卖出一定数量的期货合约。例如，投资者可卖出10手大豆期货合约，当这笔交易是投资者的第一次买卖时，就被称为开仓交易。在期货市场上，买入或卖出一份期货合约相当于签署了一份远期交割合同。

(二)持仓

开仓之后尚没有平仓的合约，叫未平仓合约或者平仓头寸，也叫持仓。开仓时，买入期货合约后所持有的头寸叫多头头寸，简称多头；卖出期货合约后所持有的头寸叫空头头寸，简称空头。

(三)平仓或实物交割

交易者开仓之后可以选择两种方式了结期货合约：要么择机平仓，要么保留至最后交易日并进行实物交割。如果交易者将这份期货合约保留到最后交易日结束，他就必须通过实物交割来了结这笔期货交易，然而，进行实物交割的是少数。大约99%的市场参与者都在最后交易日结束之前择机将买入的期货合约卖出，或将卖出的期货合约买回，即通过笔数相等、方向相反的期货交易来对冲原有的期货合约，以此了结期货交易，解除到期进行实物交割的义务。举例而言，如果投资者卖出大豆2013年5月合约10手，那么，在2013年5月到期前，投资者应买进10手同一个合约来对冲平仓，这样，一开一平，一个交易过程就结束了。如同财务做账时，同一笔资金进出一次，账就做平了。这种买回已卖出合约，或卖出已买入合约的行为就叫平仓。

四、期货市场

(一)期货市场的特征

1. 合约标准化

期货合约是标准化的合约。这种标准化是指进行期货交易的商品的品级、数量、质量等都是预先规定好的,只有价格是变动的。这大大简化了交易手续,降低了交易成本,最大限度地减少了交易双方因对合约条款理解不同而产生的争议与纠纷。

2. 交易集中化

期货交易必须是在期货交易所内进行的。那些处在场外的广大客户若想参与期货交易,只能委托期货经纪公司代理交易。

3. 双向交易和对冲机制

期货交易可以双向操作,简便而灵活。交纳保证金后即可买进或卖出合约。绝大多数交易可以通过反向对冲操作解除履约责任。

4. 保证金制度

高信用特征集中表现为期货交易的保证金制度。在期货市场上,交纳5% ~15%的履约保证金就能完成数倍乃至数十倍的合约交易。保证金制度的实施,一方面使期货交易具有“以小博大”的杠杆原理,吸引众多交易者参与,另一方面为交易所内达成并经结算后的交易提供履约担保,确保交易者能够履约。

5. 每日无负债结算制度

为了有效地控制期货市场的风险,普遍采用以保证金制度为基础的每日无负债结算制度。

(二)期货市场的功能

1. 回避风险

期货市场最突出的功能就是为生产经营者提供回避价格风险的手段,即生产经营者通过在期货市场上进行套期保值业务来回避现货交易中价格波动带来的风险,锁定生产经营成本,实现预期利润。也就是说,期货市场弥补了现货市场的不足。

2. 发现价格

在市场经济条件下,价格是根据市场供求状况形成的。期货市场上来自四面八方的交易者带来了大量的供求信息,标准化合约的转让又增加了市场的流动性,期货市场中形成的价格能真实地反映供求状况,同时又为现货市场提供了参考价格,起到了“发现价格”的功能。

3. 稳定市场

首先,期货市场上交易的是在未来一定时期履约的期货合约。它能在一个生产周期开始之前,就使商品的买卖双方根据期货价格预期商品未来的供求状况,指导商品的生产和需求,起到稳定供求的作用。其次,由于投机者的介入和期货合约的多次转让,使买卖双方应承担的价格风险平均分散到参与交易的众多交易者身上,减少了价格变动的幅度和每个交易者承担的风险。

4. 节约成本

期货市场为交易者提供了一个安全、准确、有信用的交易场所,不会发生“三角债”等信用危机,有助于市场经济的建立和完善。

5. 投资理财

期货市场是一个重要的投资市场,有助于合理利用社会闲置资金。

(三)世界期货市场的产生与发展

【知识链接】

期货市场的产生

期货市场最早萌芽于欧洲。早在古希腊和古罗马时期,就出现过中央交易场所、大宗易货交易,以及带有期货贸易性质的交易活动。1251年,英国在宪章中正式允许外国商人到英国参加季节性交易会。后来,在贸易中出现了对在途货物提前签署文件,列明商品品种、数量、价格,预交保证金购买,进而买卖文件合同的现象。1571年,英国创建了世界上第一家集中的商品市场——伦敦皇家交易所,后来成为伦敦国际金融期货期权交易所的原址。其后,荷兰阿姆斯特丹建立了第一家谷物交易所,比利时的安特卫普开设了咖啡交易所。1726年,另一家期货交易所在法国巴黎诞生。

资料来源:和讯网,2012-07-02.

现代意义上的期货交易最早产生于美国,1848年美国芝加哥期货交易所(CBOT)的成立,标志着现代期货交易的开始。期货交易的产生,不是偶然的,是在现货远期合约交易发展的基础上,基于广大商品生产者、贸易商和加工商的广泛商业实践而产生的。

19世纪中叶,芝加哥由于其优越的地理位置而发展成为美国重要的农产品集散地和加工中心,由于农产品的生产与消费存在季节性差异,导致商品价格波动异常剧烈。实践需要建立一种有效的市场机制来防止价格的暴涨暴跌。

为了解决这个问题,谷物生产地的经销商应运而生。经销商通过现货远期合约交易的方式收购农场主的谷物,先储存起来,然后分批上市。但经销商在储存过程中要承担着巨大的谷物过冬的价格风险。这有可能使经销商无利可图甚至连成本都收不回来。解决这个问题的最好办法是"未买先卖",以远期合约的方式与芝加哥的贸易商和加工商联系,以转移价格风险和获得贷款,这样,现货远期合约交易便成为一种普遍的交易方式。

然而,芝加哥的贸易商和加工商更愿意按比他们估计的远期价格还要低的价格购买谷物,以避免交割时期价格下跌的风险。经销商为了自身利益不得不去寻找更广泛的买家,希望能卖个好价。一些非谷物商认为有利可图,就先买进远期合约,到交割期临近再卖出,从中盈利。这样,随着购买远期合约的人数增加,在某个特定价位达到平衡。经销商与加工商的收入趋于稳定,市场真正运作起来。1848年,芝加哥期货交易所(CBOT)成立,虽然它还不是一个真正现代意义的期货交易所,只是一个集中进行现货交易和现货中远期合约转让的场所,但期货交易所的雏形已经具备。

在随后的期货交易发展过程中,出现了两次交易制度的完善,一是合约的标准化,二是结算制度的建立。1865年,芝加哥期货交易所推出了世界上第一批标准期货合约。标准化的期货合约使得市场参与者能够更方便地买卖合约,大大提高了期货交易的市场流动性。1891年,明尼亚波里谷物交易所第一个成立了结算所,随后,芝加哥交易所也成立了结算所。直到现代结算所的成立,真正意义上的期货交易才算产生,期货市场才算完整地建立起来。因此,现代期货交易的产生与发展,是商品经济发展的必然结果,是社会生产力发展和生产社会化的内在要求。

目前在国际上,期货市场与股票市场、外汇市场一起构成了三大金融交易体系,它拥有众多的参与者。主要的有色金属厂矿、中东主要原油产国都通过期货市场进行保值,美国的银行规定农民只有在期货市场做了农产品保值后才能向银行贷款。

目前期货市场主要交易种类有利率期货、外汇期货、股票价格指数期货、商品期货(包括农产品期货、金属期货、能源期货),它为现货商提供了保值和购货的场所,回避价格风险,同时又为投资者提供了一个投资获利的渠道。

(四)我国期货市场的产生与发展

新中国的期货市场产生于20世纪80年代的改革开放。1984年,中共中央《关于经济体制改革的决定》指出,"社会主义经济是公有制经济基础上的有计划的商品经济",新的经济转轨要求国家更多地依靠经济手段来调节经济。市场和价值规律越来越发挥重要作用。80年代的改革是沿着价格改革和企业改革两条主线展开的。价格改革最早从农产品开始,随着农村家庭联产承包责任制在全国范围推广,农业生产得到了大发展。国家实行价格双轨制,除计划定购之外可以议购议销,市场调节的范围不断扩大。随之出现了农产品价格的大起大落,家业生产大升大降,买难卖难问题此消彼长,政府用于农产品补贴的财政负担日益加重等一系列难题。其中两点引起专家学者的重视:一是现货价格失真;二是市场本身缺乏保值机制,一旦价格波动,政府不得不出面分担,甚至承担全部风险。这两点最终又归结于市场体系的不完善、不配套。80年代中后期,一批学者提出了建立农产品期货市场的设想。

经过一段时期的理论准备后,中国期货市场开始进入实际运作阶段。1990年10月12日,中国郑州粮食批发市场经国务院批准,以现货交易为基本,引入期货交易机制,作为我国第一个商品期货市场正式开业;1991年6月10日,深圳有色金属交易所宣告成立,并于1992年1月18日正式开业;1992年5月28日,上海金属交易所开业;1992年9月,第一家期货经纪公司广东万通期货经纪公司成立;1992年底,中国国际期货经纪公司开业。

经过20多年的探索和努力,我国期货市场已步入稳健运行、持续发展的轨道,经济功能日益完善。交易规模稳步扩大,品种创新有序推进,期货交易所和中介机构的管理水平和抗风险能力不断增强,期货市场已成为市场经济的基础设施,成为我国社会主义市场经济体系的重要组成部分。目前,我国主要有四大期货交易所,即上海期货交易所、大连商品交易所、郑州商品交易所和中国金融期货交易所。前三个交易所主要以经营农产品和能源期货为主,后者经营金融产品与有色(贵)金属商品期货。我国期货上市交易合约品种达到31种,形成以农产品、能源化工类及有色(贵)金属类为主,兼顾金融产品的品种结构。2009年以来,我国商品期货交易量连续3年名列世界第一,市场地位明显提升。

我国商品期货市场交易的多为大宗基础性产品,如农产品、能源、矿产资源等主要原材料的生产国、消费国和贸易国。以农产品为例,中国的小麦产量排在世界第一位,玉米产量为世界第二位,大豆产量为世界第四位,进口量为世界第二位。我国具有充分运作农产品等大宗商品期货的雄厚现货基础和巨大的避险需求。但与发达市场相比,我国期货市场的发展仍然相对落后,大宗商品的定价权依然掌握在欧美交易所的手中。

第二节 我国农产品期货市场

一、我国农产品期货市场的发展历程

我国市场经济体制的确立从制度上推动了中国期货市场的产生，而中国市场经济体制的不断深入发展促进了中国期货市场的快速发展。农产品尤其是原料性大宗农产品，由于其生产和现货市场的特性，使得农产品期货在中国与在其他期货市场发育较成熟的国家一样，成为最早产生的期货品种，到目前为止，农产品期货仍是中国期货市场上最重要的品种。

我国农产品期货市场的发展历程大致可分为四个阶段。

（一）初创阶段（1990—1993 年）

1990 年中国郑州粮食批发市场成立以及 1991 年 3 月在该批发市场签订了第一份小麦远期交易合同等，都在为中国农产品期货市场的发育奠定基础，并在一定程度上显示了中国农产品期货市场发育的可能性；1992 年下半年起适应期货市场发展要求的期货经纪公司开始成立；1993 年 4 月中国颁布了第一个有关期货市场的法规——《期货经纪公司登记管理暂行办法》。截至 1993 年底，全国范围内建立的期货交易所达 40 余家，上市交易的农产品期货品种也不断增加，在国家工商局登记的期货经纪公司达 144 家。总的来看，这一阶段在为中国农产品期货市场发展奠定基础的同时，不断产生的各种问题使得中国农产品期货市场盲目发展的趋势明显。

（二）清理整顿阶段（1994—1996 年）

这段时间里，中国农产品期货交易快速增长。1995 年，中国期货市场总成交量达 63612 万手，总成交额达 10 万亿元，其中农产品期货成交额占到一半左右。但是，由于中国农产品期货市场盲目发展和不规范而引发的一系列问题，1993 年 11 月国务院发布了《关于坚决制止期货市场盲目发展的通知》，并开始对期货市场进行清理和整顿。即使这样，由于在这段时间里农产品期货交易主要集中在一些小品种上，尤其是绿豆、咖啡、红小豆等不具备较好的期货市场发育所需要的现货市场条件的品种交易活跃，使得农产品期货交易中垄断和恶性炒作事件不断发生，甚至威胁到中国期货市场的继续生存与发展。

（三）调整阶段（1997—2000 年）

经过前一阶段的整顿，中国农产品期货市场开始进入相对平稳的试点发展时期。1997 和 1998 年，政府加大了对期货市场的调整，进一步压缩期货交易所、期货经纪公司以及期货交易品种；1999 年 6 月，国务院颁布了《期货交易管理暂行条例》，并相继实施了与之相配套的一系列管理办法，从而加强了对期货市场的法制监管，使之逐渐向规范化发展。经过调整，中国期货市场的法规体系和制度框架已基本构建，从而使中国农产品期货市场的规范化程度有了较大提高。在整个调整时期，中国期货市场交易量持续下降，农产品期货交易也在不断萎缩，2000 年中国期货市场的成交额不到 1995 年成交额的 1/5，农产品期货仍占中国期货市场成交额的绝大多数，尤其从 2000 年起，中国农产品期货交易已经开始趋于向原料性大宗农产品集中。

(四)规范发展阶段(2001年以来)

2001年3月,“十五”规划纲要首次提出“稳步发展期货市场”,为中国期货市场多年的规范整顿画上了句号。2002年,党的十六大报告中提出,要正确处理“虚拟经济和实体经济的关系”,不仅为期货市场进一步发展扫除了理论认识方面的障碍,也预示着中国期货市场发展新阶段的到来。政策推动使我国农产品期货市场进入一个相对活跃的时期:2003年,优质强筋小麦和豆粕2个品种上市交易;2004年,棉花、玉米和黄大豆2号3个品种上市交易;2006年,白糖和豆油两个品种上市交易;2007年,菜籽油和棕榈油两个品种上市;2009年4月20日,早籼稻期货在郑商所上市交易。据中国证监会信息,我国期货市场稳步扩大,2007年商品期货成交量占全球26%,其中农产品期货交易量占到全球的49%。2009年,全国农产品期货市场的成交量达到12.35亿手,占全国成交量的57.23%;成交额达到62.17万亿元,占全国市场份额的47.64%。全球成交量最大的10个农产品中,有6个来自于中国期货市场。我国期货市场引起了国际同行的关注,部分农产品期货价格被纳入了世界信息统计体系。

二、我国农产品期货市场的功能

经过几十年的发展,我国的农产品期货市场有了显著发展,这也加快了我国农业现代化的步伐。其功能主要体现在以下几个方面:

(一)有效预测价格趋势,规避蛛网困境

农产品市场具有培育周期长,价格发现滞后的特点,因此农产品市场很容易陷入蛛网困境中。农产品期货市场的出现,有效地解决了这个困境,期货价格是在一个自由、公开、公平的环境下进行竞价,所以更真实,也更具有前瞻性,而且期货价格与未来时期的现货价格走势基本一致。因此,利用期货市场的价格发现机制,即通过分析商品期货合约未来的价格趋势及均衡价格得到现货市场农产品的预期成交价,使农民预知农产品的价格趋势,从而更好地避免陷入“蛛网困境”的被动局面。

(二)调节农产品市场,引导我国农业种植结构的调整

在市场经济条件下,农产品的生产也是借助有效的价格信号和市场手段来进行的。农产品期货市场上供求信息集中、流通自由,而且有各方投资和预测专家的参与,这使得农产品期货价格成为未来市场最具代表性和权威性的信号,农民就可以依据对市场走向的分析来制定未来的种植和生产方案。这样,农产品期货价格就成为调整农产品种植结构的重要依据之一。例如,大连期货交易所的大豆期货交易品种是标准化的优质大豆,其市场价格与普通的混合大豆价格有很大差距,这就激励农民去种植优质大豆。近几年,我国辽宁省、黑龙江省等区域,大力推广种植优质大豆,大豆种植业有了很大发展。

(三)促进粮食流通体制改革

作为一个农业大国,过去几年中,按照旧有的粮食流通体制,我国每年都要投入大量的资金去收购、储藏高达千亿公斤的粮食,巨额的资金投入给国家财政带来了巨大负担。据调查,粮食风险基金和超额补贴已占我国财政农业补贴的1/3以上。加之国际农产品市场上

优质低价粮食对我国粮食生产的冲击,改革旧有的粮食流通体制已迫在眉睫。通过农产品期货市场的发展,我国粮储部门积极利用农产品期货市场的机制,在农产品期货市场上进行储备粮调换,从而促进了粮食流通体制改革。如今,一些粮储部门可通过在期货市场上卖出陈粮期货合约,同时买入新粮期货合约,进行实物交割和套期保值。这样就避免了旧有粮食流通体制中经常会出现的财政资金运用紧张、粮食储存超期和陈化的现象。

三、我国农产品期货交易所

(一)郑州商品交易所

郑州商品交易所(以下简称郑商所)成立于1990年10月12日,是经国务院批准成立的国内首家期货市场试点单位,在现货交易成功运行两年以后,于1993年5月28日正式推出期货交易。1998年8月,郑商所被国务院确定为全国三家期货交易所之一,隶属于中国证券监督管理委员会垂直管理。

郑商所是为期货合约集中竞价交易提供场所、设施及相关服务,并履行《期货交易管理暂行条例》和《期货交易所管理办法》规定职能,不以营利为目的,按照《郑州商品交易所章程》实行自律性管理的法人。

1. 上市品种

郑商所曾先后推出小麦、玉米、大豆、绿豆、芝麻、棉纱、花生仁、建材和国债等期货交易品种,目前经中国证监会批准交易的品种有小麦、棉花、白糖、绿豆等期货品种,其中小麦包括优质强筋小麦和硬冬(新国标普通)小麦。截至2005年底,郑商所共成交期货合约44081万手,成交金额为138261亿元。1997年至1999年,郑商所期货交易量连续三年位居全国第一,市场份额约为50%。目前,郑州小麦和棉花期货已纳入全球报价体系,在发现未来价格、套期保值等方面发挥着积极作用。“郑州价格”已成为全球小麦和棉花价格的重要指标。

2. 会员

会员大会是郑商所的权力机构,由全体会员组成;理事会是会员大会的常设机构,下设监察、小麦交易、交割、财务、调解、会员资格审查、技术委员会7个专门委员会,理事会办公室是理事会的常设办事机构。截至2005年底,郑商所共有会员222家,遍及全国26个省(市)和自治区,其中经纪会员179家,占会员总数的81%,非经纪会员43家,占会员总数的19%。

3. 交易制度

郑商所实行保证金制、每日涨跌停板制、每日无负债结算制,通过指定的结算银行对会员每天的交易进行集中清算。郑商所实行实物交割制度,未平仓合约到期须在规定的期限内履约,交易所指定交割仓库为交割双方提供相关服务。郑商所利用交易风险实时监控系统和风险预警系统,对市场的资金、交易、持仓以及价格趋势进行定量分析和预测,及时控制和化解市场风险。

（二）大连商品交易所

大连商品交易所（以下简称大商所）成立于1993年2月28日，是经国务院批准并由中国证监会监督管理的四家期货交易所之一，也是中国东北地区唯一一家期货交易所。成立二十年以来，大商所规范运营、稳步发展，已经成为我国重要的期货交易中心。截至2012年末，指定交割库91个，2012年期货成交量和成交额分别达12.66亿手和66.64万亿元。根据美国期货业协会（FIA）公布的全球主要衍生品交易所成交量排名，2012年大商所在全球排名第11位。

1. 上市品种

经中国证监会批准，目前上市交易的有玉米、黄大豆1号、黄大豆2号、豆粕、豆油、棕榈油、线型低密度聚乙烯、聚氯乙烯、焦炭和焦煤等，共计15个期货品种。

表7－3　大连商品交易所和郑州商品交易所的部分期货品种

	品种	代码	合约成数（吨/手）	涨跌幅度（%）	最小变动价位（元/吨）	保证金比例（%）
大连商品交易所	玉米	C	10	±5	1	7
	大豆1号	A	10	±5	1	7
	大豆2号	B	10	±5	1	7
	豆粕	M	10	±5	1	7
	豆油	Y	10	±5	2	7
	棕榈油	P	10	±5	2	7
	线型低密度聚乙烯	L	5	±5	5	7
	聚氯乙烯	V	5	±5	5	7
	焦炭	J	100	±6	1	5
郑州商品交易所	优质强筋小麦	WS	10	±6	1	5
	硬白小麦	WT	10	±6	1	5
	棉花	CF	5	±7	5	5
	白砂糖	SR	10	±7	1	6
	精对苯二甲酸PTA	TA	5	±6	2	6
	菜籽油	RO	5	±6	2	5
	甲醇	ME	50	±4	1	5
	早籼稻	ER	50	±7	1	5

2. 会员

会员大会是交易所的权力机构，由全体会员组成。截至2012年末，大商所共有会员178

家。理事会是会员大会的常设机构，现有理事长 1 人。理事会由 13 名理事组成，其中会员理事为 9 名、非会员理事为 4 名。理事会下设监察、交易、工业品种、农业品种、会员资格审查、调解、财务、技术 8 个专门委员会。

交易所设有总经理办公室、理事会办公室、战略规划办公室、研究中心、系统规划办公室、交易部、农业品事业部、工业品事业部、清算部、技术运维中心、新闻信息部、国际合作部、产业拓展部、会员服务部/期货学院、法律事务部、监察部、财务部、人力资源部、审计部和纪检监察办公室 20 个职能部门；3 个派出机构，即北京发展与服务总部、上海发展与服务总部、广州发展与服务总部；2 个直属单位，即大连飞创信息技术有限公司、大连商品交易所行政服务有限公司。

3. 交易制度

与郑商所一致。

四、我国农产品期货市场发展中存在的问题

经过多年的努力，我国已发展成为仅次于美国的全球第二大农产品期货交易市场，我国期货市场在国际农产品市场上的影响越来越大，小麦、大豆、玉米等期货价格，日益成为影响国际期货价格的重要因素。在农产品期货为我国农业现代化发展带来种种益处的同时，我国农产品期货的发展也存在着一些问题，主要表现在以下几方面：

（一）农产品现货市场体制不健全

期货市场是以现货市场为基础建立起来的，但是当前，我国的现货市场基础还不充分，现货农产品没有真正市场化。从目前状况来看，我国的农产品现货市场还不发达、不完善，功能不全面，价格信号不灵敏，交易不活跃，期货市场发现价格、规避风险的作用没有得到有效的发挥；而能够反映未来价格变化趋势和规律的农产品期货市场，则只有大豆、小麦等少数期货品种，无法反映农产品整体市场价格信息，不能为农民提供有效的比较价格，加工企业无法利用期货市场规避现货市场风险，它们为保障自身利益，也必然在现货市场与农民争利。而且，我国的农产品期货市场仅仅靠政府的推动发展建立起来，农产品市场化改革和市场进行资源配置的效率都存在着“先天不足”的弊端。例如，政府收购过剩农产品的保护价格不利于农产品质量的提高，现今农产品市场上供大于求，且优质产品仍大幅度依赖进口，这严重影响和制约着我国农产品期货市场的发展。

（二）农产品期货交易品种缺乏

美国期货市场上有 300 多个商品期货品种，印度有 100 多种，而我国现在只有大豆（豆一、豆二）、豆粕、豆油、棕榈油、白糖、棉花等 19 个交易品种，与国际市场相比，仍有很大差别，农民和其他投资者选择的空间较小，可利用的避险工具很少，不能满足我国实体经济的发展要求。如近几年来东北地区出现粳稻难卖的现象，正是由于没有相应的期货市场价格引导，致使农民不能适时调整。

【知识链接】

呼唤生猪期货的诞生

“2013 年 7 月刚刚卖掉 20 多头猪，每担（100 斤）只卖 580 元，每养一头猪亏损 200 元。

没想到最近猪肉价格忽然高上去了。”江苏省镇江市丹徒区宝堰镇申公塘村农民岳家林最近比较郁闷,他原本以为夏天是猪肉消费淡季,生猪价格下跌,所以出栏了一些猪。没想到今年夏天猪肉价格不但没跌,反而涨了很多。“存栏的60多头猪,要一个月之后才能出栏,不知道到时候价格会怎样。万一跌了,我今年就亏惨了。”岳家林说。阜宁县林牧渔业局副局长刘满昌说,该县目前生猪收购价格每担达到800元,他认为,目前这个价格比较正常,农民每养殖一头猪,可以赚到250元。“长期的亏损真的伤了农民的心,我们下去调研时,有的养殖户都哭了。”刘满昌说,这一轮猪价反弹前的10个月中,除了春节前有不到一星期的价格回升外,绝大多数生猪养殖户处于亏损状态,养殖规模在500头以下的散户,84%因为亏损而放弃养猪,除了阜宁,其他地方的散户也在大量减少。岳家林介绍说,早几年,申公塘村的生猪养殖户有30余户,现在剩下不到10户。

如果没有适当的养殖量,又会导致猪肉价格走高。猪价太低,伤了养殖户,太高,则会伤及消费者。生猪价格的大起大落,严重影响整个产业发展的信心与预期,而国家的扶持及调控措施并未使波幅减弱。因此,只有把握适当的养殖量,让农民有钱可赚,让消费者不感到有压力,才是最理想的。“看来,改变目前生猪交易方式单一的现状已经迫在眉睫了。”刘满昌认为,理想的生猪交易方式应该是现货市场、远期交易同时进行。尤其是生猪期货的套期保值功能,能够使养殖户有效规避市场剧烈波动的风险。美国、德国、葡萄牙等欧美发达国家都开设了生猪期货,其中美国有近60%的生猪都是通过期货市场、采用套期保值的方式进行生产,因此价格长期平稳。因为有了期货市场后,养殖户可以提前在交易所卖出,锁定交易成本,即使价格下跌,养殖户也用不着再挥泪宰猪。

资料来源:中国畜牧兽医报,2013-08-16.

(三)农户参与农产品期货市场力不从心

(1)我国农民的组织化程度低,以家庭为单位,农户生产分散,规模太小,同集中而大宗的期货交易难以衔接。

(2)小农经济难以实现生产的规模化和机械化,也无法利用先进的生产技术实现生产的标准化,导致经营规模与期货市场合约要求相差甚远,这就决定了绝大多数农民的农产品只能进入初级农贸市场,很难直接进入较高层次的批发市场,更不要说期货市场了。

(3)期货交易是一项专业性要求较高的产业。目前,我国农民的文化水平普遍较低,缺乏必要的金融知识,对期货知识或期货市场的运作机理及交易方式缺乏了解,参与期货交易有难度。

(4)我国农业信息在乡、村出现断层,信息资源利用率不高,期货价格信息流通不畅,农民获得信息的成本较高,难以给生产者及时的信息指导。

（四）投资主体结构不合理

农产品来自于农业生产者，而我国的农业生产者极度分散，且农产品期货市场的交易主体以自然人居多，法人所占比重不足20%。国有企业、金融机构、各种基金等机构投资者参与期货交易，受到国家政策及社会理念等多种因素限制。投资者的资金也大多来源于抱着投机的交易目的而来的中小散户，导致目前我国农产品期货市场资金规模有限、市场稳定性差，影响了其功能的发挥。

五、完善我国农产品期货市场的途径

（一）政府主导：转变农产品期货市场中的政府职能

我国加入WTO以后，市场进一步放开，现货市场对期货市场的需求必然与日俱增，对粮食企业来说，将不再有"安全区"，只能依靠期货市场这个引导企业经营航船的"航标"和"避风港"。政府应按照"稳步发展期货市场"的原则，确实创造期货市场发展的宽松环境和积极条件。

1. 提供宽松的政策环境

修改和完善现行法律法规，撤销部分过严、过时的限制政策，使期货市场能够在更广泛的领域发挥更充分的经济功能。主要政策包括：

（1）修改治理整顿时期出台的《期货交易管理暂行条例》，尽快制定《期货法》，从根本上确立期货市场在我国的法律地位。

（2）改变期货品种上市审批程序。日本10年前从严格限制期货市场转变到发展期货市场的经验和措施值得我国借鉴。实际上，日本过去在确定期货品种上市时一直实行"有益论"，即上市期货新品种时要征得现货商相关协会的同意，即证明上市新品种对社会是有益的，然后报政府主管部门批准。但是，由于期货市场形成的公开透明价格会对垄断的现货商造成利益冲击，因此，现货商就很少同意上市期货新品种。为适应经济全球化对期货市场发展的需要，日本于1990年修改了《交易所法》，将确定上市期货新品种由"有益论"改为"无害论"，即交易所根据需要可先行试验上市期货新品种，经过两年试运行并论证对社会无害后，再报政府主管部门批准并正式上市。这就极大地简化了期货新品种的上市程序，缩短了期货新品种的上市时间。日本近10年来上市的期货新品种数远多于前40年上市的数量。

（3）加速培育期货市场主体，尽快形成合理的市场主体结构。例如，鼓励和支持国有粮食企业进入期货市场（仅限于套期保值交易），发展综合类期货公司，发起和设立期货基金，代理境外期货等。事实上，美国期货市场的蓬勃发展与美国的政策环境直接相关。美国对期货市场管理一直有着宽松的政策环境和市场准入条件，允许合法经营的任何企业和资金入市，拓宽了市场参与者的范围和资金来源，因此相关现货商、投资机构、投资基金、个人投机者等都可以自由地进行期货交易，由此形成了参与广泛、结构合理的市场交易主体。机构和个人投机者大量涌入市场，增加了流动性，相关现货企业（包括农场主）的积极参与，则保证了期货市场与现货市场之间的密切联系，从而使美国期货市场具有相当大的市场规模、极强的市场流动性以及充分发挥经济功能的基础性条件。

2. 改进宏观调控方式，完善关于期货市场的信贷政策

积极发挥农产品期货在宏观调控中的作用。农产品期货具有价格发现的重要作用，国家对农产品市场的宏观调控，要充分探索发挥农产品期货市场的这一作用。要参照期货市场的价格信息进行宏观决策，对农产品的生产结构提供指导，而不能仅从现货市场的供需结构来进行宏观调控，从而造成不必要的浪费。要学会利用期货市场来指导市场、引导生产，建立利用期货市场进行宏观调控的制度安排和长效机制，使之成为政府调控市场、保护农民利益、提高农产品国际竞争力的有效工具。例如，制定主要农产品最低保护价，选择吞吐储备粮、棉、糖等农产品的时间和价格等，可以参照期货市场的价格信息，提高宏观调控的科学性，稳定粮、棉、糖等主要农产品的市场价格与供求关系。

（二）市场参与：发挥农产品期货市场的市场职能

根据西方成熟农产品期货市场发展的经验，一个成熟的农产品期货市场应该是各种社会主体都参与其中，各自发挥其重要的作用。

1. 加大企业改革力度

（1）加大国有企业的改革力度，这主要是由于国有企业在农产品期货市场中扮演着重要的角色。国有企业的改革应包括购销企业、粮食加工企业、饲料企业、产业化经营企业等，要把企业培育成自主经营、自负盈亏、自我约束、自我发展的经济实体，使其能够选择采用期货市场的套期保值交易手段，逐步进入期货市场。在发达国家，参与期货套期保值交易是企业市场信誉的重要保障。国外银行在进行放贷时，往往更愿意将资金贷给在期货市场上已经做了安全回收的主体。因此，政府和粮食主管部门应对国有企业参与套期保值交易予以扶持，在政策税收等方面给予相应的优惠措施，因为这些企业规避了风险，锁定了利润，更有利于信贷资金的安全回收。

（2）在大中型农产品经营企业建立完善的期货套期保值交易制度与机构。企业套期保值业务管理机构应由企业期货业务领导小组与期货部构成。期货业务领导小组由企业正职领导、分管副经理、经营、财务、生产计划、法律等部门负责人、期货部经理组成，企业经理任期货业务领导小组组长。企业期货业务领导小组为企业期货业务的决策机构，主要负责企业参加期货交易的范围、品种、企业套期保值方案的制定、风险监控以及与期货相关的其他重大问题的处理。期货部为企业期货业务的管理部门，其主要职责有：广泛收集市场信息，分析、预测市场行情；提出套期保值建议方案并负责套期保值方案执行；制定企业期货业务管理制度；建立期货统计报表制度；对期货业务进行风险控制等。

2. 引导农民利用农产品期货市场

（1）努力培养具有期货市场意识的新型农民，在加强技能培训的同时，要高度重视对农民进行市场知识的培训，使其成为能驾驭市场、抵御市场风险的"农商"，学会利用包括期货市场在内的现代市场。要让农民成为期货市场的参与者，关键是培育新型农民。只有造就一大批新型农民，才能为农业和农村现代化提供智力支持和人才保障。新型农民要成为以需求指导生产、产品引导市场，并以商业活动为舞台的新生产者"农商"。通过期货培训和信息服务，提高农民的市场意识，转变经营观念。目前，已有一些农民接触到了农产品期货，但毕竟是少数，我国需要在广大农民中普及期货知识，培养农民在经济活

动中的期货意识。

(2)鼓励有条件的农民直接进入农产品期货市场。在美国,有大约10%的农民直接利用期货市场,他们的产量约占总产量的30%。我国也应该鼓励有条件的种粮大户直接进入农产品期货市场。目前,我国实行的是家庭联产承包责任制,有一小部分农民承包了大量土地,所以有条件的种粮大户在我国是存在的。这种有条件的种粮大户可以不通过中间环节直接进入期货市场,减少了中间环节,也就是节约了成本。

3. 培育代表农民利益的中介组织

中国农村现在的合作经济组织名称很多,形式各异,它们可以被改造成为连接农民和农产品期货市场的中介组织,如农村供销合作社、农民专业技术学会、农贸公司等,但这些组织的大方向是一致的,受各部门的领导,它们之间的边界清晰,隶属于不同的部门,倾向于准官办组织,大部分已具有经济实体的性质,并不能很好地把农民的资源整合在一起,发挥整体效益,承担起农民与农产品期货市场的桥梁作用。所以,培育真正代表农民利益的自助组织才是可行之路。农民专业合作社是在市场经济条件下,把分散的户营经济在自愿、民主、合作的基础上联合起来共同应对市场、抵御风险、共同发展的一种自我管理、自我服务、共同受益的合作经济组织。农民专业合作社秉着"民办、民管、民受益"的原则,把分散的农户统一引入市场,把农户的经营自主权与合作社的联合竞争力结合起来,建立了一套规范完善的规章制度,实行各项社务公开,便于继续推广"公司+农户,期货+订单"的经营模式,这对推动我国农产品期货市场的发展有着不可忽视的作用。

第三节　美国农产品期货市场

一、芝加哥期货交易所概述

芝加哥期货交易所(Chicago Board of Trade,CBOT)是当前世界上最具代表性的农产品交易所。19世纪初期,芝加哥是美国最大的谷物集散地,随着谷物交易的不断集中和远期交易方式的发展,1848年,由82位谷物交易商发起组建了芝加哥期货交易所,该交易所成立后,对交易规则不断加以完善,于1865年用标准的期货合约取代了远期合同,并实行了保证金制度。

(一)上市品种

芝加哥期货交易所除了提供玉米,大豆、小麦等农产品期货交易外,还为中、长期美国政府债券、股票指数、市政债券指数、黄金和白银等商品提供期货交易市场,并提供农产品、金融及金属的期权交易。芝加哥期货交易所的玉米、大豆、小麦等品种的期货价格,不仅成为美国农业生产、加工的重要参考价格,而且成为国际农产品贸易中的权威价格。

(二)会员

芝加哥期货交易所有数种不同的会员身份,不同身份的会员可参与全部或部分在交易所挂牌交易的市场。在芝加哥期货交易所3600个会员中,1400个为全权会员,全权会员可以参与交易所所有合约的交易。

(三)交易方式

在过去的150多年中,CBOT的主要交易方式为公开喊价交易,即交易者在交易场内面对面地买卖期货合约。然而,为了满足全球经济增长的需求,CBOT于1994年成功地推出了第一个电子交易系统。在过去的十年中,随着电子交易使用的日益普及,交易所曾将电子交易系统数次升级。2004年1月,CBOT推出了另一个由领先的LIFFE CONNECT交易技术所支持的新的电子交易系统。在CBOT推出新交易系统的同时,交易所也完成了清算业务的转换。芝加哥商业交易所(CME)于2004年1月开始为CBOT的所有产品提供清算及相关业务服务。CME/CBOT共同清算网将两个具有主导地位的金融机构结合起来,该清算网提高了业务、保证金和资本效率,使期货经纪商和期货产品的最终用户获益匪浅。

二、芝加哥期货交易所成为世界农产品定价中心

经过多年的发展,芝加哥期货交易所玉米、大豆和小麦等农产品的期货价格,不但已成为美国农业生产、加工的重要参考价格,而且也成为国际农产品贸易中的权威价格。农产品的国际贸易价格的基准价格就是芝加哥期货交易所的期货价格,可以说,芝加哥期货交易所具备名副其实的世界农产品的定价权。从美国芝加哥期货交易所成为全球农产品价格中心的历程来看,以下几个因素具有重要作用:

(一)美国高度发达的市场经济是芝加哥期货交易所成为世界农产品定价中心的基础

美国是市场经济高度发达的国家之一,而期货市场也是市场经济高度发达的产物,其价格发现和套期保值功能的发挥有赖于市场主体的独立决策性及市场取向的功能性。芝加哥期货交易所成立以来,不断创新交易模式,完善交易规则,同时,对外开放的国际化程度越来越高,受到全球市场参与者的认可,国际上许多厂商和投资者纷纷参与到芝加哥期货交易中去。美国推动的全球经济一体化和区域贸易自由化行动,使得美国经济的全球市场化程度越来越高,可以说,正是美国高度发达的市场经济诞生了全球化的芝加哥期货交易所。

(二)美国完善的农业产业体系是芝加哥期货交易所成为世界农产品定价中心的重要条件

美国农业作为典型的现代化大农业,每年向海外出口大量的农产品,对世界农产品市场有着重要的影响。美国现代化农业的发展除了受益于其自然条件之外,主要得益于美国产前、产中和产后诸环节紧密联系的农业产业化体系,包括经营组织体系、法律法规体系和完善的社会化服务体系。例如,在对外贸易方面,美国农产品出口始终着眼于全球市场,保证不同部门的资源、项目和政策相互协调。在保护本国利益的前提下,美国农业协会、谷物协会和美国政府机构等互相协调,有力地加强了美国农产品价格的权威性。从芝加哥期货交易所定价中心的形成来说,与美国农业部、贸易商、基金及农户之间的紧密联系有着重要的

关系。例如,美国农业部作为农业管理部门,定期公布各种数据,包括月度供需报告、出口检验报告、种植意向报告及最终种植面积报告等。这些报告不但引导美国农民种植,也影响着全球农产品市场的走势,从而增强了芝加哥期货交易所作为世界农产品定价中心的地位。

(三)芝加哥期货交易所的参与者决定了芝加哥市场期货与现货的有机统一

芝加哥期货交易所的农产品交易中,大概有60%是套期保值交易,约30%是投机性交易,还有约10%是其他各种交易类型的混合交易。套期保值交易的数量决定了期货市场与现货市场的有机统一。特别是从20世纪90年代开始,美国农业法案修改,开始对农民直接补贴,直接推动了美国农民经常性地利用期货市场来回避现货价格波动的风险。美国的家庭农场一般会通过合作社进入期货市场。芝加哥期货交易所的另一个重要参与者是基金,基金在美国期货市场上有着重要地位,包括期货投资基金、对冲基金和指数基金。基金业的高度发达,为美国期货市场的繁荣和稳定做出了重要贡献。芝加哥期货交易所参与者的构成决定了期货市场功能的发挥程度,正是由于众多机构投资者的参与,增强了芝加哥期货交易所的活力,也正是由于众多套期保值者的参与,实现了期货与现货的有机统一,增强了其全球农产品定价中心的地位。

知识题

1. 什么是期货?期货与现货的区别有哪些?
2. 商品期货有哪些?金融期货有哪些?
3. 什么是开仓?什么是平仓?
4. 什么是农业保险?农业保险的特点是什么?
5. 期货市场的特征有哪些?期货市场的功能有哪些?
6. 我国农产品期货市场经历了哪些阶段?分别有什么特点?
7. 我国农产品期货交易所有哪些?上市品种有哪些?
8. 我国农产品期货市场存在哪些问题?
9. 完善我国农产品期货市场的途径有哪些?
10. 芝加哥期货交易所成为世界定价中心的原因是什么?

案例题

中国是最大大豆进口国却无定价权值得深思

“大宗商品价格的不正常波动严重制约了全球贸易的发展,”商务部副部长钟山在2012年中国进口论坛上表示,“以大豆为例,中国和巴西是世界上最大的大豆进口国,可我们既不是价格主导者,也不是受益者,甚至是受害者。”

相关数据显示,前10个月我国大豆进口量为4834万吨,同比增长16.6%。在国际大豆价格高位运行的9月、10月,中国分别进口大豆497万吨和403万吨。商务部在15日发布的大宗农产品进口公告称,预计11月中国进口大豆到港量为425.25万吨,高于早先估计的250.75万吨。同时,国家粮油信息中心最新监测显示,12月中国进口大豆到港量为450万吨左右,全年我国大豆进口量预计将达到5750万吨左右。较上年的5263万吨增长9.3%。与此同时，中国作为大豆的最大进口国，其自身的产量仍然在不断下滑当中。据农业部的预测，最终今年国产大豆产量为980万吨，较去年大幅下降18.3%，创三年来最低。目前，中国所有的农产品中，大豆的对外依存度最高，80%的需求来自进口，而进口大豆中，40%来自美国。

相关统计显示，中国大豆进口量占世界进口总量的64%，是全球最大的大豆消费国。近年来，大豆价格屡次大涨大跌，给我国相关产业带来了不小的影响。张兰兰认为，目前我国大豆大量依靠进口，在国际上没有定价话语权，应该引起关注。国务院参事室特约研究员姚景源建议，大力扶持国内大豆企业，才能真正稳定价格，保障国家油脂安全。

资料来源：李海霞. 中国是最大大豆进口国却无定价权值得深思. 人民网，2012-11-06.

要求：试分析为何中国在大豆价格上无定价权？

提示：我国大豆期货市场不完善。

实训题

实训项目：农产品期货实务操作。

实训目的：熟悉农产品期货交易的具体流程和特点。

实训步骤：

(1)介绍模拟期货软件和实训要求。

(2)模拟账户充入货币，实盘模拟交易。

(3)一个星期后将操作成绩进行排名。

(4)学生撰写实训报告并上交，老师点评。

第八章　农村典当与租赁

知识目标

掌握典当和租赁的基础理论；了解典当和租赁在中国的基本发展状况；掌握农村典当和农村租赁存在的问题；掌握解决农村典当和农村租赁问题的途径。

能力目标

掌握分析农村典当与租赁基本内涵的能力；掌握进行典当业务与租赁实际业务分类的能力；掌握农村典当与农村租赁的政策分析能力。

【引例】

融资租赁在农业的发展前景

相比20世纪50年代开始的美国融资租赁，我国的融资租赁刚刚走过了30个年头，但是随着我国经济的高速发展，特别是以投资拉动的经济模式的出现，融资租赁也取得了很大的发展，融资租赁的资产规模已由2007年底的200亿元，发展至2010年底的3100亿元，连续三年翻倍增长。截至2010年底，我国共有租赁公司200多家，资产状况良好。

但是，在涉农领域，融资租赁几乎是一片空白。2009年夏季的洪涝灾害以及2010年我国北方部分地区的持续干旱，使国家对粮食的生产和安全问题越发重视。为此，中央出台一号文件，将农业水利建设提上议程，同时也强调了大力发展农村融资租赁。在银监会组织的“农村和农村融资租赁国际研讨会”上，融资租赁在农业中的应用得到了高度的重视。

中国银行业协会融资租赁专业委员会常务副主任丛林透露，目前国内农业机械化率在49%左右，而未来的发展目标是争取在2020年提升至65%。目前，该行业的市场总量为3300亿元，按照世界上该行业的渗透率计算，市场容量将达到1500亿元至2500亿元。面对未来农机租赁市场，农银融资租赁有限公司总裁高克勤也表示很有信心。他认为，“三农”融资租赁是一个广阔的市场，挑战与机遇并存。

资料来源：于晓娟，王杰. 融资租赁服务农业的前景、作用及建议[J]. 时代金融，2011(20).

这一资料表明：农机融资租赁能为农户和涉农企业筹措资本、更有效地配置资源提供一条新途径，而且还有利于推动我国农机化发展进程，有利于农机新产品的及时应用和推广。

第一节　典当的基础知识与农村典当

一、典当的概念

（一）典当的含义

1. 典当的定义

商务部、公安部颁布，2005 年 4 月 1 日起施行的《典当行管理办法》中规定，所谓典当，是指当户将其动产、财产权利作为当物质押或者将其房地产作为当物抵押给典当行，交付一定比例费用，取得当金，并在约定期限内支付当金利息、偿还当金、赎回当物的行为。通俗地说，典当就是以财物做质押，有偿有期借贷融资的一种方式。这是一种以物换钱的融资方式，只要顾客在约定时间内还本并支付一定的综合服务费（包括当物的保管费、保险费、利息等），就可赎回当物。

【知识链接】

典当的起源

典当在我国最早见诸文字记载的是《后汉书》，书中描述，东汉末年黄巾起义，甘陵相刘虞奉命攻打幽州，与部将公孙瓒发生矛盾。"虞所赍赏，典当胡夷，瓒数抄夺之"。刘虞原打算把受赏之财质押外族，却被公孙瓒劫掠。这是历史上将"典当"二字最早连用的一次，是把典当活动作为一种社会经济活动加以记载的。它表明，典当在中国至迟兴起于东汉，中国是典当行为产生最早的国家之一，距今已有 1800 年的历史。

被称为典当行或当铺的典当机构在中国产生于南北朝时期。《南史·甄法崇传》中记载，宋江陵令甄法的重孙甄彬（时届南宋），"尝以一束苎就州长沙寺质钱，后赎苎还，于苎中得五两金，以手巾裹之。彬得，送还寺库"。这里提到的寺库，指的就是寺院经营的专门当铺。佛寺兼营典当或专门的典当机构，在中国至迟起源于南朝，距今已有 1500 年的历史。

外国典当行的出现，一般认为是在欧洲中世纪前期。如 10 世纪～11 世纪，流亡欧洲各地的许多犹太人便操此营生。据史料记载，西欧各地的犹太人都变成了典当业者，以物品质押为条件放款取息。

2. 典当的范围

原则上，只要来源合法、产权明晰、可以依法疏通的有价值的物品或财产权利，都可以典当。但不同典当行具体开展的业务也有所不同，一般来讲，房产、股票、企业债券、大额存单、车辆、金银饰品、珠宝钻石、电子产品、钟表、照相机、批量物资等都可以典当。与通常人们想象中的旧当铺不同的是，现代典当行一般不收旧衣服。一般地，活物也是不典当的。

3. 典当综合费

典当是一种融资行为，需有偿使用。典当行一般按当金收取综合费及当金利息。按照《典当行管理办法》的有关规定，质押典当月综合费率不得超过当金的 4.5%，房地产抵押典当月综合费率不得超过当金的 3.0%，综合费在典当时预扣，当金利息一般按同期银行贷款利率上浮30%执行。具体标准根据不同典当行、不同业务种类都会不一样，客户应以典当行公告为准。

4. 典当期限

根据《典当行管理办法》的有关规定，典当最短时间为5天，不足5天按5天计算，最长期限为6个月。典当到期后，5天内，客户可以选择赎当，也可以根据自己需要选择续当。

（二）典当行

典当行，也称当铺，是专门发放质押贷款的非正规边缘性金融机构，是以货币借贷为主和商品销售为辅的市场销售组织。

典当业在1978年十一届三中全会后恢复经营，1995年公安部发布了《典当业治安管理办法》（公安部第26号令），1996年4月中国人民银行颁布了《典当行管理暂行办法》，明确典当行为非银行金融机构，和公安部对典当业进行监管。2000年以后，为适应金融体制改革要求，经国务院同意，中国人民银行将典当行作为特殊的工商企业移交原国家经贸委统一归口管理。2001年8月，原国家经贸委根据典当业发展的情况，制定并颁布了《典当行管理办法》（国家经贸委令第22号）。2003年机构改革后，典当业的监管划归商务部负责。

现在注册典当行管理十分严格，需先经国家商务部审批，由商务部批准并颁发《典当经营许可证》。申请人领取《典当经营许可证》后，应当在10日内向所在地县级人民政府公安机关申请典当行《特种行业许可证》。申请人领取《特种行业许可证》后，应当在10日内到工商行政管理机关申请登记注册，领取营业执照后，方可营业。

典当行注册资本最低限额为300万元；从事房地产抵押典当业务的，注册资本最低限额为500万元；从事财产权利质押典当业务的，注册资本最低限额为1000万元。典当行的注册资本最低限额应当为股东实缴的货币资本，不包括以实物、工业产权、非专利技术、土地使用权作价出资的资本。

二、典当的特点和功能

（一）典当的特点

1. 融资性

这是典当首要的特点，即典当的功能性特点。它表现为典当是一种融资手段。当户可以采用典当方式，以借贷为基础，以质押为条件，将当物移转典当机构占有，从而换取当金，达到融通资金的目的。

2. 单一性

这是典当最重要的特点，即典当的专有性或排他性特点。它表现为典当作为一种特殊质押，在实践中只担保货币之债，不担保实物之债。典当机构与当户之间形成典当这种特殊的质押担保关系，目的在于制约典当双方之间以金钱为标的的债权债务关系，而不是其他。

3. 商业性

这是典当十分显著的特点，即典当的经营性特点。它表现为典当的经营主体——典当机构，作为反复运用典当方式的独立的企业，营利必然且应当成为它所追求的目标。与此同时，典当过程中，典当机构在对收当物鉴定、评估、作价、保管、保险和对死当物变价、处分等诸多环节上,也包含着明显的商业内容。

4. 小额性

这是典当区别于其他金融借贷行为的特点,即典当放款方面的业务性特点。它表现为典当机构向当户发放当金的数额往往较小,通常大大小于银行等金融机构的贷款数额。

5. 短期性

这是典当区别于其他金融借贷行为的特点,即典当时间方面的业务性特点。它表现为典当机构向当户发放当金的期限往往较短,通常大大短于银行等金融机构的贷款期限。

6. 高利性

这是典当区别于其他金融借贷行为的特点,即典当收益方面的业务性特点。它表现为典当机构向当户发放当金的费率往往较高,通常大大高于银行等金融机构的贷款利率。

(二)典当的社会功能

1. 资金融通功能

这是典当最主要的、首要的社会功能,是典当的货币交易功能。在典当过程中,该功能总是独立发挥或是先于典当的其他功能而发挥出来。简言之,当户借助典当融资,无论是否出现赎当,典当的融资服务功能都是显而易见的。

【知识链接】

表 8-1　典当行与银行的融资比较

	典当行	银行
贷款条件	不以信用为条件,不审核当户的信用程度,只注重当户所持典当标的的合法性及价值如何	往往以信用为条件,审核客户的信用程度,包括资产信用和道德信用
贷款类型	既接受动产质押,也接受权利质押	一般不接受动产质押,只接受内容十分单一的权利质押
贷款限制	不限制用途,悉听当户尊便	限制用途,如住房贷款、汽车贷款、助学贷款、旅游贷款等指定用途贷款
贷款程序	程序简单,方便快捷,最适用应急型或救急性的融资要求	程序复杂,不适用应急型或救急性的融资需求
空间限制	地域性限制不强,当户凭有效证件就可以异地融资	有较强的地域性限制,客户异地融资障碍较多,往往难以实现

2. 当物保管功能

这是典当附加的、居于第二位的社会功能,是典当的商业服务功能。在典当过程中,该功能或者与典当的其他功能同时发挥或者先于典当的其他功能而发挥出来。简言之,当户借助典当融资,在赎当的情况下,典当的当物保管功能便随着典当的资金融通功能同时发挥;而在死当的情况下,典当的当物保管功能则将在典当的资金融通功能消失后继续发挥。

3. 商品销售功能

这是典当次要的、居于第三位的社会功能,是典当的商品交易功能。在典当过程中,该功能总是不独立发挥或是晚于典当的其他功能而发挥出来。简言之,当户借助典当融资,只要出现死当,典当的商品销售功能便会随着典当的资金融通功能的消失而充分发挥。

三、典当的类型和基本流程

(一)典当的类型

1. 从当户是否急需用钱的角度出发,可将典当划分为应急型典当和非应急型典当

(1)应急型典当。当户的融资需求十分迫切,表现为急需用钱,为的是应付突发事件。他们往往将自己的金银首饰、数码产品等典当,向典当行借款。因为典当业的不断宣传,所以应急型典当很受普通民众欢迎,属于大众融资渠道之一。

(2)非应急型典当。当户的融资需求并不迫切,表现为不急需用钱,但却愿意从事典当交易,希望通过典当融资,获取当金后并非用以突发事件。

2. 从当户融资目的的角度出发,可将典当划分为投资型典当和消费型典当

(1)投资型典当。当户融资的目的是从事生产或经营,如做生意用钱、上项目调头寸等。这类当户通常是个体经营者及一些中小企业。他们往往利用手中闲置的物资,从典当行抵押或质押换取一定的资金,然后投入生产或经营中,将不动产变为现钱,利用投融资的时间差,获得明显的经济效益。

(2)消费型典当。这种典当又可具体划分为两种。其一,正常消费型典当。当户融资的目的既不为应急,也不为赚钱,而是纯粹为了满足某种生活消费,如出差典当些路费、旅游典当些零花钱。其二,非正常消费型典当。尽管当户融资的目的是满足消费,但却不是正常消费,而是畸形消费。如通过典当融资参与赌博活动或者吸食毒品等。

3. 从当户资金需求的角度出发,可将典当划分为融资型典当与保管型典当

(1)融资型典当。这类典当表明当户存在资金需求,其典当交易的目的在于融资,看好典当行以物换钱的融资功能。这类当户资金短缺,利用典当方式达到筹款的目的。

(2)保管型典当。这类典当表明当户不存在资金需求,其典当交易的目的在于存储,看好典当行对当物的保管功能。这类当户可能并不缺钱,而是将自己的贵重物品送至典当行保管,利用典当方式达到储物安全的目的。

(二)典当业的基本流程

典当行的基本流程主要有典当、续当、赎当、绝当。从典当行兴起开始,对典当行操作流程就有很多种称谓,究其业务本质,可以归纳为这四种。这四大流程,构成了典当机构的日常运转。

1. 交当

该程序操作人员为评估员,有的叫典当员。操作人员接受当物时应小心谨慎,避免磕碰、摔落;对贵重物品应戴上手套,避免弄脏当物。

2. 验当

该程序的操作人员为评估员,有的叫鉴定员、鉴定师。在此环节,操作人员应查验当户的身份证件,对当户出具的有关证件进行初审后,应电话或委派人查询核实;查验当物是否

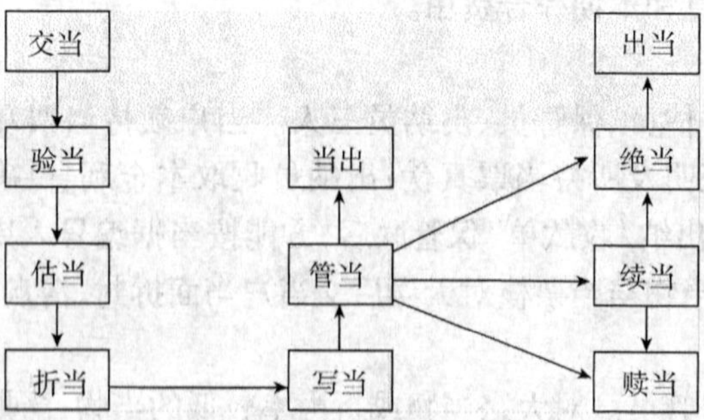

图 8-1 典当业务基本流程图

属于禁当物品；查验当物权属真伪；查验当物的真假、品种、规格、型号、质量、成色、性状等，还须到相关登记部门去查询登记。

3. 估当

该程序的操作人为评估员，有的是专门的估价师或典当师。估价师评估当物要科学、合理，要考虑其使用年限及折旧损耗；严禁故意压低估价。

4. 折当

该程序操作人为评估员，或估价师、典当师。在此环节，应按合理的浮动幅度确定折扣比例；当金的确定要充分体现和当户的"协商原则"；当金的最终确定应符合评估员的贷款权限。

5. 写当

该程序操作人一般为评估员，有的是专门的开票员。写当时，当票上各要素要如实填写齐全；当票一式四联，字迹要清晰；当户需在当票上亲笔签名，典当行须加盖业务专用章或公章；如当票上已注明的条款不能真实地、全面地反映双方意愿，可重新签订补充协议，补充协议或合同的签订人仍然是当物的所有权人或代理人（代理人须持有所有权人的委托书）。

6. 管当

该程序操作人为保管员。当物封包前，应将当票与当物进行核对，看票、物是否相符；封包时，要与当户当面清点，包装、封存，封口处让当户签字；封包后，保管须在当票上签字，同时在封包上应贴牢当票编号；封包入库前，保管员应根据当票"保管联"在"库存当品登记簿"上登记入库；入库后的当物封包、封袋要求按品种类别、先后顺序存列，摆放整齐。

7. 当出

该程序操作人为出纳员。出纳员必须凭当票的"出纳联"如实支付当金，坚持见票付款、先记账后付款的原则；付款前，必须仔细审核当票要素是否齐全，实付金额是否准确，是否有保管员终审人或经理签字。

8. 续当

该程序操作人为评估员、保管员、出纳员三人。当户续当须持有居民身份证和原当票；评估员应审核原当票及当户身份证，填写续当凭证，续期不得超过原当票期限；保管员应根据续当凭证"保管联"对续期当物在"库存当品登记簿"上予以登记；出纳员审核续当凭证后,与客户结清前期利息和本期综合费用。

9. 赎当

该程序操作人为评估员、保管员、出纳员三人。当户须持当票和居民身份证办理,评估员应审核赎取人身份证明及所持当票真伪;出纳员收取本金利息,确认结清后,开据一式三联"收款单";保管员见出纳"收款单"保管联后,方能按当据编号入库取物;保管员对当物出库必须登记销号,并将当物与当票核对无误后交当户当面拆封,清点核收。

10. 绝当

该程序操作人为保管员。对大宗当物或折当率较低的当物,当期届满,先要发函或电话通知当户;保管员每月应根据"库存当品登记簿"清理逾期当物,列出绝当物清单;保管员根据审批意见,填写出库单,将绝当物出库,并在"库存当品登记簿"上登记销号,同时应建立"绝当品专用台账",用以逐一记载绝当品的增加或减少。

四、中国典当业的发展

典当业是个古老的行业,堪称现代金融业的鼻祖,在我国已有1600年左右的历史。直到解放初期,我国典当业家数仍很多。到社会主义改造时期,所有旧式典当均作为私有制经济、高利盘剥的象征被消灭了。但为了解决群众资金小、少、难、急的需求,各地人民银行依照典当行的经营方式成立了国有的、低息的"小额质押贷款营业所",20世纪50年代,兴衰沉浮了千余年的中国典当业随着资本主义工商业的社会主义改造运动实行了全行业公私合营,不久便在中国大陆销声匿迹,直至1966年"文化大革命"开始后才被完全取消。80年代末期,随着改革开放的实现,特别是社会主义市场经济体制的逐步形成,典当这个古老而又神秘的行业又悄然复活,得以新生。

1987年12月,四川省成都市开办了新中国第一家典当行——成都市华茂典当服务商行,率先恢复了古老的典当业,兴办典当行的大潮随之而来,不久就遍及全国。据统计,从1987年到1995年这短短的8年中,全国各地经政府不同机构批准建立的各类典当行达3000余家,经过清理整顿,重新规范核准的典当行为1154家,除西藏自治区尚未设立外,这千余家典当行分布于全国30个省(市、区)的260个市和130个县。业内专家预测,两三年内我国典当行的数量将会增长一倍。然而,2003年8月20日,中国典当业被取消金融机构资格,划为"特殊的工商企业",典当行业从此被正式归口到经贸委统一管辖。这表明中国企业正与世界经济融为一体,典当业也不例外。但与国外成熟的典当市场相比,我国典当业仍处于低水平、小规模的发展阶段,建制方面的不足、经营管理上的缺欠以及决定典当业生存与发展的国家政策法律环境的不成熟,影响了典当业的快速发展。

原国家经贸委颁布施行的《典当行管理办法》,在入市门槛、股权结构、负债经营、业务范

围、分支机构、死当处理等诸多方面，为我国典当行业提供了空前巨大的发展空间，它必将进一步释放典当行业的能量，从而引导典当业为我国市场经济的不断繁荣做出新贡献。但同时我们也应当看到，新办法仍存在着一些制约我国典当业发展的缺陷和不足，相信在适当的时候会对其加以修改和完善。

五、农村典当的优势

（一）典当特点与农业小额信贷的需求

一般农户的资金需求呈现出"小、短、急、散"的特点，而日益商业化的农业银行或农村信用社远不能满足广大农民的小额借贷需求。刚成立的邮政储蓄银行虽办理小额贷款，但其成效如何还有待观察。典当融资的特点有：①小额性。由于只贷不存的制度性约束，典当行向当户发放当金的数额较小。②短期性。典当行向当户发放当金的期限较短，一般不超过6个月。③便捷性。这是典当的突出特点，与其他融资方式相比，典当融资周期短，手续办理灵活、简便。农民带好各种合法有效证件，通过质押物品都可以获得款项。一般农户的短期、小额借贷需求是现代典当重返农村的现实性前提。

【知识链接】

浙江典当为农业资金提供支持

宁波天童食品有限公司是一家集肉食品加工、畜禽养殖、饲料及生物有机肥加工的现代农业企业，注册资金500万元，固定资产5500万元，流动资金1500万，年创利3000万元。公司每三年要更换全部种猪，一次性需要资金500万，这对每年1500万的流动资金构成了很大压力。

宁波市中路典当有限公司与天童公司进行接洽后发现，虽然500万资金数额较大，但是使用时间较短，一般为6个月，并且天童公司可以提供种猪抵押和饲料收款权作为权利质押，资金安全边际较高。因此，在种猪抵押和权利质押的双重保障下，将资金融出，解决了天童公司的短期资金缺口，又创造了利润。中路典当在这笔公猪抵押业务中尝到了甜头，将继续致力于为高效益、资金周转快的产业化农业提供资金融通。

资料来源：徐滢. 浙江典当为农业资金提供支持[J]. 中国商报，2010-07-15.

（二）典当业可通过吸纳民间资本抵制高利贷

民间借贷具有贷款手续简单快捷、投向自由、借贷期限灵活等优点，已逐渐成为农户借款的主体，但由于民间借贷处于无序状态，因而存在着巨大的金融风险。通过兴办现代典当来吸纳民间资本，促使民间游资从"地下"走向地上是一条可以尝试的方法。与民间借贷相比，典当有其自身的特点：①由于典当业已纳入国家统一的金融监管，实行国家规定的法定利率，既解决了融资的合法性问题，又比民间直接融资成本低、安全、有保障。②使借款者免去了人情之苦。③由于其依法营运资金，可以避免民间直接融资超出互通有无、纯粹赚取高利息等问题，从而避免各种纠纷。

（三）典当可促进农村金融体系的改革与完善

农村金融的性质决定了在地广人稀的农村，提供零售金融产品与服务成本巨大，商业银行、农业银行和农村信用社等金融机构为求得高收益而纷纷转向城市或工商业，而现代典当可以弥补正规金融机构的缺位，以微利、薄利而生存与发展。现代典当一面与银行等金融机构合作，一面与其竞争，进而可以促进农村金融的多元化、竞争化，形成多元化、多层次、全方位的农村金融体系。

六、农村典当存在的问题和解决途径

（一）农村典当存在的问题

1. 传统观念的影响

（1）人们视旧式典当为剥削、邪恶的代表。近代来，典当业一直被人们视为高利贷资本的代表，是十足的封建剥削势力。在当今人们的印象中，旧式典当依然是冷酷无情、高利剥削、乘人之危、落后反动的代名词，俗语的“穷死莫去当，屈死莫告状”的观念深深影响着现代典当重返农村市场的步伐和力度。其实，近代传统典当的月利一般为二分，不超过三分，不能算是高利贷。现代典当是向出典人按月收取5%的综合费率，比银行利率高，比民间高利贷低。

（2）在传统的乡村社会里，民间借贷是更为普遍的借贷方式。农民从正规的金融机构贷不到钱，但私人借贷却很方便，口头或打借条皆可，不像典当还须质押物品。此外，农民可能会因为“爱面子”情愿向私人借贷而不去典当行。

2. 高额、中长期农业贷款不适宜通过典当融资

当今农村金融需求结构有以下几个特点：①信贷资金需求范围增大。随着农村产业结构的调整，农户所从事的生产经营项目由单纯的种养殖等向生态农业、农副产品深加工、运输、销售和矿产业及农业服务等领域延伸，其资金需求不再是购买种子、化肥、农药等简单生产资料，需求范围扩大。②信贷资金需求期限增长。随着农业生产经营范围的扩大，其生产经营周期也相应延长，一般的农业生产可以在当年产生收益，对资金的需求也可以当年消化。而农业中长期项目的开发短期内（一年内）难以产生收益，如生态农业、农业生产基础的建设与改造等都需要长期资金投资。对于一些小额的、短期的、分散性的农民资金需求，是可以通过典当融资的，但大额的、中长期的农业贷款通过典当融资非常不划算。典当融资虽然融通缓急、方便快捷，但其是以高利率为支撑的。可见，高额、周期长的农业贷款不适宜通

过典当融资。

3. 现代典当的整体实力不强,地域分布不均

现代典当业的发展非常迅速,从1987年我国新时期第一家典当行开始,到2006年底,全国共有典当行2494家,累计注册资本246亿元,共有分支机构134个,2006年典当行典当总额为960亿元。但由于典当业不同于银行,典当融资多以自有资金为主,本身不经营存款业务和结算业务,自身经营规模和实力有限。此外,据商务部的统计,国内典当行业中只有1/3的公司能够赢利,1/3只能收支平衡,还有1/3则处于亏损状态,在高利润的背后存在着高风险。全国典当的地域分布不一,东、中、西部之间有明显差距,况且全国约60%的典当行分布在省会大中城市,2000多个县(市)级城镇大多数尚属空白,广大农村地区更属空白,巨大的农村市场份额正等着现代典当业去开发和占领。

(二)完善农村典当的途径

1. 典当业要树立良好形象,宣传其服务"三农"的积极意义

首先,通过电视、报刊等媒介,大力宣传现代典当业的性质、服务宗旨、社会功能、自身特点等,使民众明白在银行作为国家金融体系的主体不能全面解决城乡居民对资金的需要的情况下,典当业可以成为我国金融业的一个重要补充,它与银行一样,是国家的正规融资机构。要宣传典当在支持农村经济发展、方便农民生活、稳定城乡经济秩序等方面的积极意义。其次,现代典当业要提高自身素质,优化行业服务,牢固树立"服务第一,客户至上"的服务理念,在平等、自愿、诚信、互利的基础上,提高现代典当在全社会的认知度,充分发挥好典当业的拾遗补缺作用,为农民解决贷款难的问题,为社会主义新农村建设提供金融服务。

2. 政府要开放农村金融市场,降低典当准入标准,加强并完善相关典当监管法律

2006年12月22日,银监会发布《关于调整放宽农村地区银行金融机构准入政策,更好支持社会主义新农村建设的若干意见》的文件,主要内容是"低门槛、严监管、增机构、扩服务、先试点、后推广",目的是逐步开放农村金融市场。这为现代典当业重返农村提供了政策依据。为此,政府要为典当正名,恢复典当业作为金融机构的地位,典当业被划为"特殊的工商企业"是不合适的。为了更有效地服务"三农",应大力发展县市典当,或在条件具备的乡镇进行试点,开设典当营业点。政府还应降低农村典当业的准入门槛,现在城市典当行准入标准分为300万、500万和1000万人民币三个等级,农村典当业可以适当降低,灵活掌握。此外,政府对农村典当业要提供信息服务,制定典当法规,严格监管。

3. 形成多种所有制和多种经营形式、结构合理、功能完善、高效安全的现代金融体系

国家商业银行或农业银行、农村信用社等金融机构要与典当业密切合作,可以适当为之贷款。典当业也可吸纳民间游资或民间投资者入股,形成一个全方位、多层次、立体化的金融体系,以满足农民、农业、农村多样化的金融需求。为了更好、更有效地服务新农村建设,为急需资金的"三农"提供方便、快捷的融资服务,现代农村典当还要开展各种适合农村实际的经营方式、典当业务、当物种类、当息、当期等。此外,应适当加快典当行的发展步伐,规模较大的典当行可考虑在一些乡镇或村庄开设分支机构或开展连锁店经营,逐步建立一个辐射全国的典当业经营网络。

第二节　租赁的基础知识与农村租赁

一、租赁的概念

(一)租赁的含义

1. 租赁的定义

租赁就是由物件所有者(出租人)按照合同规定,在一定期限内将物件出租给使用者(承租人)使用;承租人按期向出租人缴纳一定租金,并在租赁关系终止时将原租赁物件返还给出租人的经济行为。

2. 租赁的基本要素

(1)租赁当事人。租赁有两个最基本的当事人,即出租人和承租人。出租人是物件的所有者,在租赁业务中,拥有租赁物件的所有权,并将物件租给他人使用,收取报酬。承租人是物件的使用者,在租赁业务中,租用出租人的物品,并向出租人支付一定的费用。

(2)租赁标的。租赁标的又称为租赁物品,是租赁当事人权利和义务共同指向的对象。由于租赁让渡的是物品的使用权,从这个意义上说,可以转让使用权的物品,都可以作为租赁物件。此外,租赁物件还不能因为使用而改变原状,因此消耗性的物品不能作为租赁物件。

(3)租赁权。租赁权在性质上属于债券,它是基于租赁交易在出租人与承租人之间产生的债权债务关系。

(4)租赁期限。租赁期限指出租人出让租赁物件给承租人使用的期限。租期长短对出租人和承租人都十分重要,因为双方是按照租期长短来计算费用的。租期越长,出租人收取的报酬也越多。

(5)租赁费用。租赁费用主要指租金,是承租人在租期内为获得租赁物件的使用权而支付的代价。租金主要是由租赁物件价值、租赁费率高低和租期的长短确定的。对出租人而言,租金是其收回投放在租赁物件上的投资并获得利润的手段。

(二)租赁的基本职能

1. 金融职能

租赁的金融职能是在"融物"的过程中实现的,"物"为载体,以"物"的融通实现资金的融通,即"融物"与"融资"相结合。具体而言,租赁交易中,出租人融通资金为承租人购买租赁标的,将其出租给承租人使用;承租人在拥有租赁标的使用权的同时,也解决了购置租赁标的所需的资金。

2. 贸易职能

租赁业务实质上是一种承租人通过分期支付租金获得商品使用价值的交换活动。承租人用支付租金的形式,在租期内分次购买租赁标的的使用权。在融资租赁中,租赁期满,承租人可以较低的价格向出租人支付租赁物品的清算残值,从而获得租赁标的的所有权。这一购买过程,更清楚地显示了租赁是一种特殊形式的出售租赁标的的商贸活动。

【知识链接】

现代租赁的产生

现代租赁信用在世界范围的发展始于20世纪50年代。1952年,美国企业家H.叙恩费尔德——美国加州一食品厂的董事长,接到了大量的订货,在苦于没有足够资金增加设备以满足订货生产的情况下,采用了长期租赁设备的方式来进行生产。H.叙恩费尔德以企业家的远虑,很快认识到这种租赁是一种融通资金的有效工具,在"生产设备的效益不仅在于拥有,而主要在于使用"的新观念下,他决定推广这种信用形式。同年,他在美国创建了第一家专业租赁公司——美国租赁公司,专门从事设备的长期租赁,即融资租赁业务。从20世纪60年代起,融资租赁业务首先由美国扩展到西欧、日本等国。如今,这种融资形式几乎遍及世界各地,现代租赁信用在世界范围内蓬勃发展起来。

二、租赁的种类

(一)按不同的租赁目的,可分为融资租赁和经营租赁

1. 经营租赁

经营租赁是指由出租人向承租人提供租赁物件的使用权,并且负责租赁物件的维修、保养及其他专门性技术服务的一种租赁形式。经营租赁是以获得租赁物的使用权为目的的,其主要特点是:

(1)可撤销性。这种租赁是一种可解约的租赁,在合理的条件下,承租人预先通知出租人即可解除租赁合同,或要求更换租赁物。

(2)经营租赁的期限一般比较短,远低于租赁物的经济寿命。

(3)不完全付清性。经营租赁的租金总额一般不足以弥补出租人的租赁物成本并使其获得正常收益,出租人在租赁期满时将其再出租或在市场上出售才能收回成本,因此,经营租赁不是全额清偿的租赁。

(4)出租人不仅负责提供租金信贷,而且要提供各种专门的技术设备。经营租赁中租赁物所有权引起的成本和风险全部由出租人承担。其租金一般比融资租赁高。经营租赁的对象主要是那些技术进步快、用途较广泛或使用具有季节性的物品。

2. 融资租赁

融资租赁是指一方(出租人)根据另一方(承租人)提出的租赁财产的规格及所同意的条款,或承租人直接参与订立的条款,与第二方(供货人)订立供货合同,并与承租人订立租赁合同,以支付租金为条件,使承租方取得所需租赁物品的一种交易方式。融资租赁是设备租赁的基本形式,以融通资金为主要目的。其主要特点是:

(1)不可撤销。这是一种不可解约的租赁,在基本租期内双方均无权撤销合同。

(2)完全付清。在基本租期内,设备只租给一个用户使用,承租人支付租金的累计总额为设备价款、利息及租赁公司的手续费之和。承租人付清全部租金后,设备的所有权即归于承租人。

(3)租期较长。基本租期一般相当于设备的有效寿命。

(4)承租人负责设备的选择、保险、保养和维修等;出资人仅负责垫付贷款,购进承租人

所需的设备,按期出租,以及享有设备的期末残值。

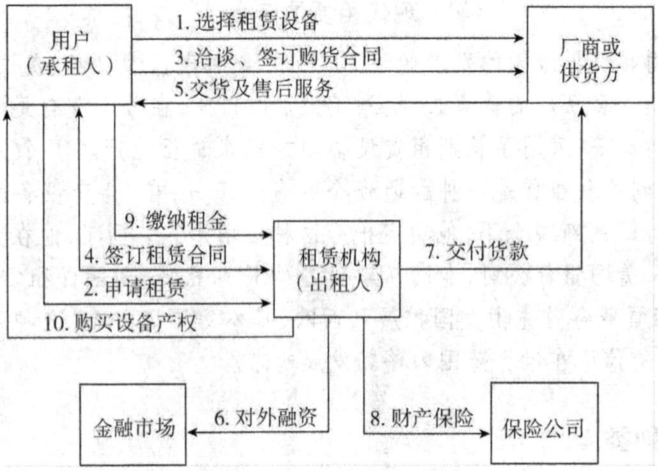

图 8-2 融资租赁流程图

(二)从征税角度,可分为正式租赁和租购式租赁

(1)正式租赁是指一项符合国家有关税法,能真正享受租赁税收优惠待遇的租赁交易。正式租赁的出租人可享有加速折旧、投资减税等税收优惠;承租人支付的租金可作为费用,从应纳税的收入中扣除,而且还能分享出租人获得的一部分减税,因此,租金较低。

(2)租购式租赁是非正式租赁和有条件的销售租赁。它是指承租人在租期届满时,可以名义价留购设备并获得所有权的租赁交易。许多国家把它看成一项分期付款交易,一般来讲租金很高。

(三)从交易的程度,可分为直接租赁、杠杆租赁、回租租赁和转租赁等

(1)直接租赁是指一项由出租人独自承担购买出租设备全部资金的租赁交易。

(2)杠杆租赁又称为第三者权益租赁、融资租赁,它是介于承租人、出租人及贷款人之间的三边协定;是由出租人(租赁公司或商业银行)拿出部分资金,然后加上贷款人提供的资金,以便购买承租人所欲使用的资产,并交由承租人使用;而承租人使用租赁资产后,应定期支付租赁费用。通常出租人仅提供其中 20% ~40% 的资金,贷款人则提供 60% ~80% 的资金。

(3)回租租赁是指承租人将其所拥有的物品出售给出租人,再从出租人手里将该物品重新租回的租赁形式。采用这种租赁方式,可使承租人迅速回收购买物品的资金,加速资金周转。回租的对象多为已使用的旧物品。

(4)转租赁是指承租人经出租人同意,将租赁物转租给第三人的行为。承租人转租的,承租人与出租人之间的租赁合同继续有效,第三人对租赁物造成损失的,承租人应当赔偿损失。承租人未经出租人同意转租的,出租人可以解除合同。

三、租赁在中国的发展

中国的租赁历史悠久,可追溯到原始社会。当时,产品的剩余产生了产品的交换,而在很多场合下，人们需要频繁地交换闲置物品，用后再归还，而不必让渡该物品给对方。这种仅仅涉及物品使用权的交换，是最原始形态的租赁。在中国历史上，文献记载的租赁可追溯到西周时期。《卫鼎（甲）铭》记载，邦君厉把周王赐给他的五田，出租了四田。这是把土地出租的例子。据历史学家考证，涉及租赁叛乱的诉讼，在西周中期以后已不少见。

成立于1979年的中国国际信托投资公司开创了中国租赁业的新篇章。1980年，该公司率先承做了我国的第一笔融资租赁业务——利用融资租赁方式为企业引进编织机生产线，取得了良好效果。同期，中国民航在中信公司的推动下，首次与美国汉诺威尔制造租赁公司和美国劳埃德银行合作，利用跨国节税杠杆租赁方式从美国租进了第一架波兰747SP飞机。1981年4月，由中国国际信托投资公司、北京市机电设备公司与日本东方租赁公司合资成立了我国第一家中外合资企业，也是我国的第一家租赁公司——中国东方租赁公司。1981年7月，中信公司又与国家物资部等单位联合组建了我国第一家属于非银行金融机构类的、完全由中资组成的租赁公司——中国租赁有限公司。这两笔业务与这两家租赁公司的成立，标志着我国现代租赁信用，即融资租赁业的开端。

此后，相继成立了环球、包装、有色金属、光大、北方、国际等中外合资租赁公司和一些中资租赁公司。到1995年底，全国已有中外合资租赁公司34家，经中国人民银行批准的、属于非银行金融机构类的中资租赁公司16家，并且有近400家信托投资公司兼营租赁业务。截至2011年3月末，我国金融租赁行业总资产达3640亿元。

四、农村租赁的优势

（一）信用担保简单

租赁公司的决策取决于承租人未来的现金收入，并不依赖承租人过去的资产负债状况，由于租赁设备的所有权在租赁期间始终属于租赁公司，实际上是以租赁设备为租赁信用的担保，因此，与银行贷款相比，“三农”承租人在资金短缺的情况下更容易通过租赁获取所需的设备或器材。

（二）融资速度较快

租赁往往不需要“三农”承租人的外部信用担保，环节较少，程序简单，因此，承租人通过租赁融资，比传统的银行贷款融资更为迅速、简便。一般来说，金融租赁在1～2个星期内即可办妥，相对于银行贷款的4～8个星期，可以缩短承租人获得农业物资的时间，更利于满足“三农”经济的季节性特点。

（三）租金支付方式灵活

银行中长期贷款的还本付息方式比较固定，大部分本金必须在贷款到期前偿还，最后一笔为数额较大的贷款偿还额，往往给贷款人的资金预算带来很大困难。而在金融租赁业务中，每期租金的支付额可以根据承租方的特殊情况来“量身定做”，还可在租赁期内采取租金递增或递减的支付方式，或可根据“三农”经济的季节性特点，采取季节性租金支付方式，也可根据承租人在租赁期间的经营情况变化调整租金支付的每期时间和数额等。这样，可以最大限度地减少“三农”承租人的资金流动性压力，以满足承租人的资金流动需求。

(四)提高"三农"承租人自有资金的运用效率

通过租赁方式,"三农"承租人仅需很少的资金就可以获得所需的设备或资料,一般只需支付相当于租赁资产10% ~20%的定金,甚至不需要定金,就可以通过租赁实现百分之百的资金融通。"三农"承租人因而可以使其有限的自有资金充分地用于其他用途,从而显著提高"三农"承租人自有资金的运用效率。

(五)享受税收优惠

国家的租赁减税政策规定,租金可在税前扣除。"三农"承租人租赁融资后即可享受税收优惠,如果使用银行贷款,则只有利息支出部分能够冲销收入。所以,通过租赁可以大大降低融资成本。

五、农村租赁存在的问题及解决途径

(一)农村租赁存在的问题

由于我国农村租赁还处于起步阶段,不论是在业务广度上还是深度上均不够充分,因而还面临着制度设计不完善,发展环境不理想等诸多障碍。

1. 法制体系不健全

在我国金融租赁诞生以来的一段相当长的时期里,一直处于无法可依的状态,直到2000年6月30日,中国人民银行才颁布了《金融租赁公司管理办法》,2005年2月3日商务部颁发了《外商投资租赁公司管理办法》,2007年1月23日银监会重新发布了《金融租赁公司管理办法》。虽然这些办法对促进金融租赁的发展起到了积极的作用,但这些办法毕竟只是部门规章,没有法律效力。而有关的法律规范却分散在《合同法》、《物权法》等法律的相关章节中。法律法规对农村金融租赁,没有专门涉及,因而严重影响了农村金融租赁业的健康发展。

2. 行政管理政出多门

我国对金融租赁实行分片条块管理,不同的主管部门对各类金融租赁公司管理内容、标准均不统一,如银监会主管的金融租赁公司适用的规章是《金融租赁公司管理办法》,注册资金起点为5亿元人民币,对资本总额占风险资产的比例和主营业务比例有具体规定;商务部(外资司)主管的外商投资金融租赁公司适用的规章是《外商投资租赁业管理办法》,注册资金起点为1000万美元,要求风险资产一般不得超过净资产总额的10倍;商务部(市场体系建设司)和国家税务总局监管的内资融资租赁试点企业适用的规章是《关于从事金融租赁业务有关问题的通知》,注册资金起点为4000万元或1.7亿人民币(成立时间不同),要求风险资产(含担保额)不得超过资本总额的10倍。同时,在税收待遇等方面也不一致,客观上造成了金融租赁业务运行混乱,不利于租赁市场的有序发展。

3. 金融租赁公司融资渠道狭窄

虽然《金融租赁公司管理办法》允许租赁公司发行金融债券和股票融资,但因没有具体的实施细则,还停留在一事一议的审批层次上,能够通过该方式融资的租赁公司寥寥无几。据报载,2010年7月,交银租赁在银行间债券市场发行20亿元、为期3年的固息金融券,这还是首家发行金融债券的金融租赁公司。农村金融租赁公司由于业务处于起步阶段，各项经营指标可能难尽人意，要通过发行金融债券和股票融资势必更为艰难。

4. 拓展业务基础薄弱

一是缺乏专业人才。由于农村金融租赁是一门综合性很强的边缘性应用科学，不仅涉及金融、投资、贸易、财务、法律等基础知识，还涉及农业基础实施、农用机械、农业气象等相关专业知识，同时随着现代农业和农村城镇化的加速发展，不断出现的新的融资租赁需求又将引发新的专业技能需要。因而，对业务和管理人员综合素质要求很高。而目前，不论是从事农村金融租赁业务的员工，还是管理人员，其综合素质都还有相当大的差距，这也在很大程度上制约了农村金融租赁业务的发展。二是缺乏普遍认知。长期以来，金融租赁观念在"三农"领域缺位和落伍，使相当一部分农村企业和农民对金融租赁一无所知或知之甚少，普遍还存在"重买轻租"的传统观念，没有认识到金融租赁比购买更经济、更方便，造成金融租赁虽然已在我国存在了30余年，而农村金融租赁尚处于起步探索阶段。

(二)完善农村租赁的途径

1. 立法保障

有关部门应尽快制定颁布《金融租赁法》及相关配套法规，使金融租赁活动有法可依、有章可循。一要对金融租赁尤其是农村金融租赁组织机构的注册、业务范围、租金计算、租赁方式、资金来源、租赁合同、违约责任等予以明确，而且要有可操作性。二要对金融租赁活动涉及的税务、会计制度等内容做出明确规定，对农村金融租赁活动的税务、会计制度要做出优惠性的支持安排。三要明确租赁物登记部门，为加强对租赁物的管理，防范租赁风险，可授权国有资产管理部门或"三农"相关经济管理部门承担对租赁物的登记管理职责。四要明确金融租赁监管部门，可将融资融物功能的租赁业务规范为金融租赁业务，统一由银行业监管机构实施监管。五要承认行业自律管理的合法地位，允许成立全国性和地方性的农村金融租赁协会，授予其承担农村金融租赁行业自律管理的职责，认同其代表农村金融租赁行业与监管部门直至与各级政府沟通的桥梁作用。

2. 坚持不断创新

(1)创新业务品种：一要开展农业机械租赁业务。据调查，农民在春耕和秋收季节，对大型农机具的需求缺口达80%，随着农业产业化、规模化发展，农民对各类农业机械的需求将会不断增加，如联合收割机、挖掘机、播种机等。但因资金不足难以购买，加之上述农机使用有明显的季节性特点，单户购买也不经济。二要发展建筑器材租赁业务。盖房建楼是我国农民当下及今后一段时期的一个消费热点，除购买建筑材料外，还需要脚手架、钢模板、搅拌机等建筑工具，而农村的泥瓦工、木工一般难以备齐。三要开展辅助性农业生产资料租赁业务。如夏收季节，一些农民面对突然降临的风雨，往往束手无策；还有的农民在丰收之后，却苦于无安全可靠的存放之处。据此，农村金融租赁企业可开展防雨布、闲置房屋或代保管等租赁业务。四是开展运输机具租赁业务。农民一家一户购买农用运输车辆投人太大，因而不少农民希望能在乡镇租到运输工具，方便农产品流通。

(2)创新服务方式：一是不仅要大力开展直接购买租赁，还要积极探索转租赁、售后回租赁、风险租赁等业务形式；二是不仅要放手发展以各种机械设备为租赁标的物的融资租赁业

务，还可以向以农业水利设施等为租赁标的物的融资租赁业务领域延伸；三是不仅要开展一手设备融资租赁业务，还要积极发展二手设备融资租赁业务；四是不仅要积极做好为国家重点工程、大型项目、绩优公司的融资租赁服务，还要高度关注、积极为符合资质标准的农村中小企业做好融资租赁服务，大力支持“三农”经济的健康发展；五是不仅要紧盯航空、电子等主流市场目标，还要坚持走差异化的发展道路，尤其是定位于农村金融租赁业务的金融租赁公司，要不断探索“三农”领域的目标业务，熟练把握“三农”领域的资产管理方法，通过精细的专业化谋求差异化发展道路，不断提高农村金融租赁的宽度和深度。

【知识链接】

农银金融租赁：差异化定位显特色

2010年9月29日，上海国际金融中心喜添新成员，农银金融租赁有限公司当天在此间隆重挂牌开业。农银金融租赁有限公司的设立，意味着五家国有控股上市银行均已完成金融租赁公司布局。与其他四家金融租赁公司相比，农银金融租赁有限公司的目标市场定位将突出三个特点，一是服务“三农”，二是服务中小企业，三是服务上海“两个中心”建设。从国际经验看，信贷、租赁和资本市场是三大主要金融工具，它们几乎各占三分之一的市场份额。我国农村市场化程度不高、信贷工具和资本工具还难以向农村全面拓展，因此金融租赁工具被寄希望能在农村领域发挥更多作用。利用金融租赁手段，通过变融资为融物，可以极大地盘活农村的资产存量，从而为解决地方政府的资金困难提供新的渠道。

资料来源：周萃.农银金融租赁：差异化定位显特色[N].金融时报，2010-10-01.

3. 健全风险管控机制

（1）建立科学的风险决策机制。因“三农”客户的情况千差万别，不确定因素很多，农村金融租赁公司要积累用户资信、信用信息，建立租赁项目从立项到收回整个操作过程的调查制度和信用评价体系，要充分考虑农村金融租赁业可能发生的风险，把风险控制在租赁公司可以承受的范围之内。在坚持工作流程的前提下，可实行首席风险官审查制度，明确风险责任。

（2）规范租赁业务流程。在租前与有关当事人配合进行严格的项目可行性论证，防范风险发生；在租后加强对承租人的监督，促使承租人按期交纳租金，将违约风险降至最低程度。

（3）建立风险分散机制。建立出租人、承租人、供货商等当事人的利益共同体，形成互相关心、互相制约的风险防范体系，还可引入商业保险公司共同参与，建立租赁信用保险制度，在承租人违约时，由保险公司进行赔偿，以减少损失，改变以往租赁公司独自承担租赁风险的被动局面。

4. 施以政策扶持

在我国农村金融租赁业务的起步阶段,国家应从以下方面予以扶持:

(1)要建立财政拨款补充资本金制度。中央和省级财政部门要将对农村金融租赁公司补充资本金的拨款列入预算,支持建立全国和省级农村金融租赁公司,并帮助它们提高业务经营能力;还应设立国家和省级融资租赁专项基金,对符合农村融资租赁的项目,由“基金”配合银行给予信贷资金并贴息支持。

(2)予以税收优惠。目前,仅中外合资租赁公司有免二减三的企业所得税优惠政策。应给予农村金融租赁公司同等或更加优惠的税收待遇。同时,要允许加速折旧,给予投资税收折扣,农村承租人的租金可以进入生产成本。

(3)拓宽融资渠道。可指定一家政策性银行(如国家开发银行)承担向农村金融租赁公司贷款的责任,由这家银行视农村金融租赁公司的具体经营情况自主决定贷款、期限、利率和担保抵押。同时,要适当降低门槛,允许符合条件的农村金融租赁公司进入资本市场融资,以增强其融资能力。

(4)全面建立租赁担保制度。各级财政可投入适量资金,建立服务“三农”客户的专业担保公司,或将政府信用与市场化手段相结合,设立“三农”客户金融租赁担保中心,运用财政资金为“三农”客户融资租赁业务提供担保。

5. 创造良好的市场环境

(1)降低准入门槛。有关规定要求,设立金融租赁公司最低注册资本为 1 亿元或以上,鉴于“三农”租赁标的物价值较低的情况,对农村金融租赁公司注册资本的要求宜适当下降,鼓励符合条件的企业集团等非金融机构经营农村融资租赁业务。

(2)加强中介市场建设。规范各类资产评估公司、律师事务所、会计事务所等中介机构的运作行为,建立商业化的资产管理公司和租赁全权转让系统,将难以收回的租金转让给有能力收回租金的机构,有效化解金融租赁公司面临的信用风险。

(3)改善农村信用环境。加快全国统一的征信体系建设,对违约者形成强有力的约束,对出租企业提供有力的保护。如果没有一个健康良好的信用环境,就难以在设备制造商、出租人、承租人之间形成良性循环,从而会大大降低合同的有效性。

(4)加快人才队伍建设。要加强对现有从业人员的培训,促使其尽快提高综合业务素质;要通过多种渠道,积极引进国外优秀专业人才,为大力发展农村融资租赁提供人才保障;要在宏观上重视对农村金融租赁相关学科的建设,在有条件的高校设立相应学科或开展与租赁公司联合定向办学,提高农村金融租赁人才的理论素养。

(5)加快知识普及的速度。各级地方政府、金融监管部门、“三农”经济管理部门要主动与新闻媒体沟通，争取媒体对做好农村金融租赁宣传的重视；农村金融租赁公司要加强与各类农民专业合作社等农村经济组织的联系，加强对融资租赁知识的宣传普及，突出对融资租赁不可替代的优越性的宣传，吸引“三农”客户认识金融租赁、运用金融租赁，进而充分发挥农村金融租赁对促进我国社会主义新农村建设的重大作用。

知识题

1. 什么是典当？典当的范围包括哪些？
2. 典当的特点有哪些？典当的功能有哪些？
3. 典当的类型有哪些？典当的业务流程包括哪些环节？
4. 农村典当的优势是什么？农村典当存在的问题有哪些？
5. 解决农村典当现存问题的途径有哪些？
6. 什么是租赁？租赁的基本要素有哪些？
7. 租赁的基本职能是什么？租赁的主要种类包括哪些？
8. 什么是经营租赁？什么是融资租赁？
9. 农村租赁的优势是什么？农村租赁存在的问题有哪些？
10. 解决农村租赁现存问题的途径有哪些？

案例题

农机合作社发挥优势 成永济农业生产“主力军”

2012 年年初以来，山西永济市农机部门把农机合作社作为推进农机服务市场化、专业化、产业化的重要载体，通过补贴促动、典型带动、信贷扶持等措施，促进了农机专业合作社的快速发展。目前，该市 40 个农机合作社充分发挥机械数量多、机具集成配套、技术力量强、生产规模大的优势，积极承担农机项目作业，成为永济市农业生产的“主力军”。

诚家农机合作社是蒲州镇成立最早的一个合作社，在向农民提供农机作业服务的同时，积极开展新机具、新技术示范推广活动，促进了农机项目实施和技术推广工作的顺利开展。近年来，该合作社先后承担了保护性耕作、秸秆还田等项目，并协助农机部门示范推广了玉米机收、小麦免耕播种、机械深松等多项农机化新技术。金禾农机合作社是永济市最规范的一个合作社。近年来，该合作社积极参与土地流转，开展集约化经营、规模化作业，并多次承办现场会、观摩会，成为农机化新技术、新机具试验示范推广的“民营”基地。此外，该合作社还举办了 3 期技术培训班，受到广大农机手的好评。截至 2012 年 10 月，该合作社已发展社员 108 户，注册资金 206.4 万元，年实现收入 1000 万余元。

资料来源：农机合作社发挥优势 成永济农业生产“主力军”. 运城日报，2012－10－08.

要求：试分析农机合作社的运作机制？

提示：农机租赁的创新模式。

实训题

实训项目：验当业务。

实训目的:熟悉典当业务。

实训步骤:

(1)复习典当业务的基本流程。

(2)介绍验当物品特点。

(3)学生分组,进行模拟验当演练。

(4)由学生代表和老师为各组的验当表现打分,并进行点评。

第九章　农村金融风险和监管

知识目标

了解农村金融风险的含义、特点；掌握农村金融风险的类型；掌握农村金融风险的成因；掌握农村金融机构的监管方式。

能力目标

掌握分析农村金融风险基本内涵的能力；掌握运用农村金融风险的相关概念分析我国农村金融风险问题的能力；掌握分析对比农村金融机构风险管理措施的能力。

【引例】

当心“农字头”基层金融风险

链条总是在最薄弱的环节断裂。经济下行过程中，一些基层农信社和农商行的风险敞口突然打开，成为风险海滩上的裸泳者。

最近，河南省许昌市小召乡发生围堵许昌县农信联社大门事件。事情源于原信用社代办站原代办员王伟岭非法吸收公众存款。该网点7年前即已撤销，王也早已被清退。但他私刻信用社印章、仿制信用社存单，冒用小召乡信用社屯里储蓄名义，非法吸收公众存款，而相关单位居然一无所知，最后酿成危情。

长期以来，农村信用社由于治理结构不完善，风险管控体系薄弱，人员素质良莠不齐，一向都是案件高发区。在江苏，一些地方的基层农村信用社、农商行也发生多起案件。某县农商行一主办会计，在长达7年的时间里，利用工作便利，先后挪用内部往来资金和客户资金20多次，直到去年底出逃后才暴露。在过度激励过度考核的机制下，一些基层农村金融机构以拉存款、拓展业务为单一指标，风控意识薄弱，对员工异常行为失察。一些案件历时数载，不可能没有蛛丝马迹，但管理者往往对此缺乏足够的敏感。有的甚至已经发案，但管理者为逃避上级问责，千方百计地“捂盖子”，隐瞒不报，纵容当事人，闯下大祸后才被动暴露，以致造成不可挽回的后果。

资料来源：当心“农字头”基层金融风险[N]. 新华日报，2012-08-31.

这一资料表明：农村基层金融机构受制于多方面因素，每一轮经济波动中都容易成为金融安全的“重灾区”。建立严格的农村金融风险监管体系，越来越显得非常必要。

第一节　农村金融风险概述

农村金融是伴随着农业和农村经济的发展而逐步演进的，其牵涉范围广袤、延绵时间久远。农村金融的发展既离不开农村经济的发展，同时也是农村经济发展的"助推器"和"供血动脉"。多年来，金融生态的不断优化，使得农村金融的业务水平和服务水平都有了很快的提高。然而，农村金融在发展过程中也暴露出许多问题，尤其是金融风险问题，已经成为影响我国农村经济发展的主要因素。如果不及时化解农村金融风险，不仅农村金融对农村经济发展的支持效率会降低，而且会危及农村社会的和谐稳定。

一、农村金融风险的定义

广义的农村金融风险是指在某一特定的农村地区（乡镇、县市、地市、省区市甚至全国范围内）因某个或某些农村金融机构或农村金融活动主体由于经营失败或违法经营等原因而导致其资金、财产、信誉等方面损失所引起的支付危机和信用危机，进而影响当地农村其他金融机构的支付安全，以致发生农村金融挤兑事件或风潮，造成农村金融支付秩序混乱的可能性。

狭义的农村金融风险是指农村金融机构在经营活动中由于各种不确定因素导致经济损失或收益负向波动的可能性。根据涉及的范围不同，农村金融风险可以分为农村个体金融风险、区域性金融风险和系统性金融风险。

二、农村金融风险的特征

总体来说，我国的农村金融风险具有以下几个特征：

（一）不确定性

农村金融风险是农村金融活动的必然伴生因素，是一种具有普遍性的客观存在，其发生及发展服从某种规律，这种规律并非确定不移的因果律，而是以一种或然规律存在和发生。农村金融活动就是在这样一种不确定的环境中进行的，正是由于各种不确定因素导致农村金融蒙受损失的可能性，才产生了农村金融风险。

（二）扩散性

由于农村居民重视血缘、地域，以及文化素质相对较低等原因，更易受到其他居民行为的影响，而在金融行为的知觉、判断、认识上表现出符合多数人的行为方式，导致农村金融风险发生以后在农村地区的扩散相对较快。农村金融机构一旦出现某笔或几笔存款不能兑付时，客户就会挤兑，从而导致存款减少，形成农村金融信用萎缩，造成恶性循环。

（三）隐蔽性

农村金融机构经营信息的披露和支付危机是农村金融风险暴露的主要途径，我国的信息披露制度不健全使农村金融机构经营的透明度较差，监管当局无法及时获取准确、真实的农村金融风险信息，社会公众对农村金融机构的经营信息更是难以获得；同时，我国农村金融机构中不良资产占比高导致流动性较差，加大了农村金融风险，但我国对农村金融机构特别是农村信用社尚未引入破产机制，即使出现部分农村金融风险，在国家信用的支持下，大多数也可以保证存款的支付，加上当前我国农村居民收入增长较快带来的较大数额的储蓄增长，使我国的农村金融风险隐蔽性较强。

（四）可控性

尽管农村金融风险具有较强的隐蔽性，但是从本质上说，农村金融风险是可以通过衡量和预测金融机构的经营状况而被认知的，在认知基础上，农村金融风险也是可以防范和控制的。通过建立现代农村金融制度、对农村金融活动实施有效监管，可在一定程度上实现对农村金融风险的有效控制，从而将农村金融风险降到最低。

三、农村金融风险的类型

（一）农村合作金融风险

我国农村信用社机构遍布全国乡村，总体规模大，但个体规模小。目前，这些农村信用社的风险问题比较突出，由于资不抵债，个别地方的农村信用社已出现过挤提风波。

从经济学、金融学的角度进行分析，农村信用社发生亏损，形成资不抵债最重要原因是资本金不足、管理不善。从管理体制方面来进行分析，主要是受传统计划经济的影响，对农村信用社的行政干预过多，长时期把农村信用社办成国有银行的分支机构和营业网点，使其缺乏应有的活力。

1. 资本金风险

农村信用社的资本是其资金的永久性来源，可在经营出现意外时弥补损失，同时也是农村信用社健全经营和进一步扩张发展的基础。世界各国银行业发展的经验教训表明，银行的资本金问题对银行的安全运营十分重要。我国农村信用社在成立时，其资本金主要由入股社员的股金组成。社员入股股金数量很小，一般只有 50 元左右，团体社员入股一般也不超过 1 万元。当时业务量不大，资本金小一点也不会有大的风险。在之后的发展过程中，随着业务范围和信贷规模的扩大，农村信用社的资本金除了政府和国家银行补助一部分以外，自身主要采取两种方式增资：一是在农村社员中增资扩股，二是用经营的利润来补充。从第一种方式来看，许多信用社增资不是为了扩股，它们吸收股金后给投资者比照存款给予固定的回报，这种方式与储蓄存款没有本质区别，甚至变成了集资，扩充的资金成为债务性资金，无法补充运营资本。从第二种方式来看，我国农村信用社由于经营不善，资金成本高，农业比较效益低等多种原因，大多数处于多年亏损的境况，很难也很少有经营的税后利润来补充资本金。

虽然农村信用社长期资本金不足，但仍能长期经营而不倒闭，其原因是这些机构的储蓄存款连年增加，使其债务性资金充足，从而掩盖了资本金不足的矛盾，即使资不抵债，也不至于经营停滞或破产。

从贷款构成来分析，未担保的商业贷款风险最大，以自由财产担保的农户贷款风险也比较大。农村信用社的贷款中，恰恰这两部分贷款占很大的比重。此外，农村信用社贷款中还有一部分承担了政策性贷款的任务，用于扶贫开发和小水利建设等项目，其偿还率较低。

2. 经营管理风险

没有充足资本金的农村信用社，为了维系经营，扩大业务，创造好的绩效，往往会采取不当的经营管理方式。一是在负债业务方面,不顾成本,违规或变相违规高息揽储,求得一时的资金规模,但增加了付息的压力和经营负担。二是在资产业务方面,违背不以营利为目的的初衷,突破地域和行业界限,也不顾自身经营业务的能力,大举向非农产业融资。三是在经济管理体制方面,不愿改变计划经济的管理原则和方法,依赖国家银行和地方政府,宁愿放弃合作的原则,想把农村信用社办成银行,或者甘愿做大,成为银行的基层营业机构。

【知识链接】

农村金融为何又回到“原始”

石套子乡是湖北省枝江市七星台镇所辖的最大的一个乡,方圆10公里,有近两万村民,枝江市农村信用合作联社石套子分社是这里唯一的金融机构。而在2008年5月贴出一张告示后,这个有着50年历史的信用社悄然退出了当地村民的生活。枝江土地肥沃,是有名的棉产区,每年棉花收获的季节,几乎每家都会有几万元的收入。以前,他们会把钱存入银行,来年需要时再取出来。现在,村民选择了将现金留在手上,为了将钱藏得放心,有人甚至将钱放在陶罐中,深埋在地下。而这一看似原始但“实用”的方式竟然在一定范围内被争相效仿。关于信用社撤离的原因,大多数村民认为,是因为石套子乡的治安条件太差,最为严重的现象是“逼贷”:有人为了逼迫信用社为其贷款,甚至会放出“不贷就会有性命危险”一类的狠话。枝江市农村信用合作联社有关人士表示,信用社的撤离还有一个原因就是经营状况的不理想。据了解,这个设在石套子乡的信用社,每年的存款额大约有3000万元,“远远不能满足当地设立一个分社的要求”。更重要的是,当地的信贷环境过差,很多贷款都不能及时还清。中南财经政法大学教授乔新生认为,随着农村信用社撤出广大农村地区,在合法金融供给不足的情况下,只有可能出现的情况是地下高利贷和地下钱庄的重新抬头。

资料来源:余丰慧.农村金融为何又回到“原始”.中国网,2008-07-31.

(二)农村商业性金融风险

农村金融体系中商业性金融的发展也面临着一些问题和挑战,主要表现为国有银行商业化引起宏观上的金融供需失衡、市场化不充分、监管不完善和微观上的金融产品服务稀缺、金融排斥等现象。

1. 资金外流风险

农业的弱势性和农村金融市场的不发达性使得金融机构运作风险加大,资金在农村中的收益相对于城市偏低。在国有银行商业化后,其商业性质(营利性、安全性和流动性)必将引导资金流向比较利益较高的城市地区。风险和收益的双重制约使得商业银行如抽水机般将农村资金不断抽向城市地区,加深了城乡二元经济差距。我国目前提出农业结构调整战略,要求生产高附加值的经济作物必然会加大对资金的需求,大量的资金流出必将严重制约农村经济的发展。1990—2006 年,我国农村储蓄不断通过商业银行等金融机构抽出资金,平均资金抽出占存款比达 36%,抽出资金额从 1990 年的 747.9 亿元增至 2006 年的 17213.9 亿元,去除通货膨胀率的因素,增幅高达 1026%。2007 年以后,在支农政策的强调下,占比虽有所减少,但总量依然上升,这为我国政策性金融机构对三农的再贷款增加了巨大的负担。因此,引导资金从城市回流农村是目前实现城乡一体化、建设社会主义新农村面临的重要问题之一。

2. 金融缺乏风险

我国在经济转轨中的经验不足,市场化程度不充分,二元经济现象严重,农村出现商业银行与民间传统钱庄、当铺、高利贷等并存,金融市场不发达、信用工具少等现象。随着农村地区经济的发展,农村金融服务的需求逐渐由传统的汇兑和信贷功能向资金配置与结算、风险管理和信息提供等多元化服务转移。在某些较发达的农村地区,农民生产积极性高,资金需求强烈,但缺乏相关的保险制度。如果能对相关农产品进行再贷款保险,逐步发展期货市场,相信会使农业风险降到最低,避免出现"谷贱伤农"、丰产不丰收等现象。而那些欠发达的农村地区,仍存在资金缺口大、农民从事生产积极性不高等问题,如果能将融资关系与技术产业支持连接起来,相信会取得更好的成效。

3. 金融排斥风险

由于农业生产具有系统性风险大、周期长等弱势,商业性金融在面向创业农户和中小农企时产生了一定的金融排斥问题。产生金融排斥的原因是多方面的:中国农村经济发展普遍落后于城市,农民资信状况不透明、贷款品种范围分散等因素使银行难以产生规模和范围经济;金融产品服务单一,加大了资产的流动性风险;农村外部环境较差,难以吸引金融人才向农村转移;农村资本投资回报率相对较低,商业性金融将资金转移到风险更低、更易获利的城市地区。前几年,商业银行在农村开办的网点出现亏损甚至难以经营的现象,银行网点纷纷撤出农村。这进一步拉大了城乡存贷差距和社会资源配置的扭曲程度。逃避无利于解决问题,商业性金融应有勇气重返农村,在政策的配合下,合理配置农村市场资源,加大力度进行金融创新和监管,充分认识和管理农业市场风险,为农村金融提供优质的服务。

(三)农村政策性金融风险

过去,在政策性金融与商业性金融两种业务混营的情况下,我国农业政策性金融业务分散在中国农业银行、中国工商银行、中国建设银行等各家专业银行,不利于农业政策性资金的统筹运用,降低了农业政策性资金的使用效率和效益。由此形成的风险表现在:专业银行不堪重负,甚至支付难保;政策性信贷资金被商业性信贷业务挤占挪用以后,收购农副产品出现"打白条"的现象,这是中国特有的农村金融风险的表现形式。以国家开发银行和中国农业发展银行(以下简称农发行)在 1994 年先后组建为标志,政策性金融业务和商业性金融业务逐渐分离。这一重大改革为中国农业银行等专业银行向现代商业银行转变创造了条件,也使专业银行的风险有了一定程度的缓解。但是,由于行政干预较多、信贷投放形式单

一、经营机制呆板以及片面追求信贷规模的扩张等原因，农村政策性金融风险也随之形成并迅速扩大。

1. 资金风险

中国农业发展银行
AGRICULTURAL DEVELOPMENT BANK OF CHINA

依据《巴塞尔协议》，金融机构最低资本充足率为8%。实际情况是，国家财政在农发行成立之初承诺将注入200亿元资本金，实际到位的资金只有165.8亿元。到2008年末，农发行通过将34亿多元的未分配利润转增资本金后，资本金才达到200亿元。但是，农发行商业性业务的资本充足率仍不足7%，与《巴塞尔协议》对金融机构最低资本充足率8%的要求仍存在较大差距。农发行资金来源包括财政拨付资本金、中央银行借款及发行政策性金融债券，后两者是其主要来源。但是，中央银行借款和发行政策性金融债券的资金来源成本都比较高，而农发行自身盈利能力不强，所以消化这些成本并非易事。同时，通过市场发行的金融债券期限一般在五年以下，所占比重达到了95%左右，这些都与农发行贷款运用的长期性要求不相适应。自20世纪90年代末以来，四大国有商业银行开始了所谓的资源配置优化，1999年已经开始从贫困县撤掉分支机构3万多个，有些县乡机构虽然没有被撤销，但其大多也是只存不贷或多存少贷。到2003年，四大国有商业银行在农村存款中所占份额达到53.4%，而在农村贷款中所在份额却很少，其中农业银行占18%，仅占其全部贷款额的10%，其他商业银行在农村贷款中所占份额不到1%，占其各自贷款总额的比例更是微乎其微。即便是覆盖全国城乡网点最广的邮政储蓄，在农村也是只存不贷。作为农民自己的金融机构的农村信用社，也表现出与商业银行同样的盈利动机，大量信贷资金非农化，大量农村资金在农村体外流动，被多渠道分流至城市客户。金融是现代经济的核心，资金是经济发展的“血液”。随着经济金融的全球化，金融业的良好运转与一国乃至全球经济的稳定与发展息息相关。当今社会科技不断进步，现代农业逐渐取代传统农业，资金已成为现代农业发展最关键的要素。所以，加大资金要素的投入不仅是现代农业发展的重要条件，也是推动弱质农业从落后走向比较发达，并最终实现现代化的客观要求。

2. 法律风险

国外农业政策性金融机构基本都有专门的保护。如美国先后制定《联邦农业信贷法》、《中间信贷法》和《农业信贷法》；日本1945年依据《农林渔业金融公库法》成立农林渔业金融公库，其贷款种类和条件由《山村振兴法》等十余部法律明文规定。它们通过立法明确政策性金融机构与政府、中央银行、商业银行的关系，把农业政策性金融机构与其他商业金融机构区分开来，运用法律保护权利的同时接受监管。在我国，受农业经营者自身内生特性的影响，加之法律制度的缺失，导致农业信贷和农业保险中的道德风险较为严重，监督控制成本难以降低。而地域和个性的差异形成的逆选择性，更使得农发行的贷款回收率较低。时至今日，我国没有一项政策性银行法律，自中国农业发展银行建立以来，每次都是以政府文件的形式实施各种措施。农发行的法律地位至今没有法律法规给予确立，仅有一个政策性银行章程作为它存在和发展的依据。国外农业政策金融都有立法的保障，在支持农业发展上具有绝对的权威性。我国农发行少了法律的保障，立场始终受到质疑。因为没有把法律手段作为改革的主要依靠手段,各项农村经济决策的制定都缺乏规范性,同时造成市场信息的不对称,最重要的是中国农业发展银行在具体的经营方式和财政税收方面没有法律的规范,因此在信贷业务上没有保障。农村经济立法不完善是当前农业政策性金融体系存在的严重问题。

3. 市场风险

中国农村的大变革和中国农村金融体系的建设过程中,仅仅依靠市场经济的无形之手是不能实现优化资源配置的。在大银行商业化的过程中,许多大银行争相从农村撤离,农村资金大量流入城市,而农村政策性金融功能不完善,业务单一,并呈现出萎缩的趋势。这种趋势严重影响着农业政策性金融在农村市场的主体地位,不利于调节农村市场结构。农发行成立之初并不是以营利为目标,但随着时间推移,由于其运营状况欠佳,该银行陷入了一定程度的经营困境。农发行作为我国唯一的农业政策性金融机构,几乎完全不涉足农产品开发、农业产业化经营和农村基础设施建设等支农事业,这在一定程度上制约了农村经济的发展。目前的农村政策性金融机构仅仅从事农业政策性金融批发业务,十分不利于农村产业结构的调整和农民收入的增长。随着棉粮市场的全面开放,部分外来经济主体涌入农村,国有粮棉面临着各种竞争对手。正因为如此,中国农业发展银行不能再独霸市场,并且随着政府新政策出台,定价收购的农副产品逐渐减少,中国农业发展银行的收贷业务慢慢萎缩,支农业务越来越少。外来经济力量的冲击、农业政策性银行实力的薄弱等因素使农业政策性金融逐渐失去了在农村市场的主体地位,而政府作为农业政策性金融的主力军,在这种情况下却不能充分发挥其宏观调控职能。

4. 制度风险

农业生产具有资本有机构成高、收益低、受自然环境影响大的特性。我国农户由于弱小、分散,在面对更为开放的市场时,其经营风险进一步加大。为了推进我国农业产业化,实现农业稳定持续发展,迫切需要金融保障体系的保驾护航。保险公司的商业化经营目的在于追求经济效益的最大化,而农业保险赔付率高、回报率低,使得保险公司的农业保险业务日趋萎缩,农业保险方面的保费收入尚不足全国财险保费收入的1%。此外,我国的农产品期货交易仅有12个品种,分布在3家期货交易所,交易较活跃的只有7个品种,农产品期货市场的价格发现、套期保值等经济功能难以充分发挥。农村金融保障体系薄弱,不能满足农村经济发展和农业结构调整的需要。

(四)农村非正规金融风险

1. 法律风险

从国家立法层面来看,非正规金融至今还没有法律定位。目前,对非正规金融的规定有部分涉及的法规有《合同法》、《证券法》等基本法律及最高人民法院出台的如《关于人民法院审理借贷案件的若干意见》、《关于如何确认公民与企业之间借贷行为效力的批复》等法律解释。从前者看,这些基本法律多为原则性规定,条款宽泛,对非正规金融的解释有局限性;从后者看,这些法律解释大多从民法的角度出发,是为解决民事纠纷而做出的条文和规范的经济立法,对非正规金融的引用和借鉴意义十分有限,甚至出现模糊混乱的状况。如民间借贷,在1998年朱镕基总理签署的国务院令第247号文《非法金融机构和非法金融业务

活动取缔办法》中定义为非法的金融业务活动；但在最高人民法院于 1991 年 8 月 13 日下发的《关于人民法院审理借贷案件的若干意见》中明确规定了其利率要求，肯定了它的合法存在。对广泛存在于农村地区的非正规金融组织而言，容易出现混乱局面。此外，非法分子利用这种法律盲区，容易走向非法的道路。一方面，作为非正规金融的经济个体，在农村这个大环境的熏陶下，文化知识水平有局限，极易受到不法之徒的引诱和非法行为的利益驱使；另一方面，当非正规金融活动的发展突破了农村经济所能承受的规模和范围时，它具备的信息和监督优势将逐渐失去效力，如果没有法律进行规制和引导，非正规金融活动易出现无序和非法的情况。

2. 监管风险

由于非正规金融缺乏法律定位和法规约束，得不到国家的正规认可，因而在金融监管上也缺少相应的法律约束。非正规金融经常被视为一种低效率的金融活动，被政府部门通过行政或法律的手段进行强制清除。这种强制的手段虽然有效地遏制了部分非法金融活动，但也使已存在的非正规金融组织的活动呈现出混乱和动荡，损害了借贷双方的利益。同时，非正规金融机构为了躲避这种监管而更加隐蔽，农户的资金供给困难，导致农村地区融资环境的恶化。此外，现有的金融监督因其事后性也对非正规金融没有起到有效作用。非正规金融大多是在出现了问题需进行追偿时才得到关注和重视，极大地损害了农户的利益。由此可见，强制的行政监管手段降低了非正规金融的市场效率，有助于非正规金融朝隐蔽化、非法化方向发展；温和的忽略监管手段，试图"事后救火"，终究不能规避潜在风险，它们都源自非正规金融缺乏相应的监管制度和监管手段。

3. 经营风险

在农村地区广泛进行的非正规金融活动大多为农户间发生的经济行为，在缺乏法律定位和监督管理的情况下，内部经营管理更多的是呈现个体的趋利特征。其一，在大多数非正规金融组织中，缺乏针对非正规金融活动的规范的经营制度，包括内部控制、财务管理和审计稽查等制度。非正规金融组织最多是制定一些基本规定，包括借贷手续、还款利率等说明。对于在融资活动中将会发生的问题和风险没有全局把握和应对防范，一旦出现问题，将直接损害贷款人的利益。其二，非正规金融组织的从业人员多为资金的所有者，客观地说，这些人的文化知识水平依然有待进一步提升，他们对借贷行为的经营规范意识有限。如借贷中仅凭口头承诺允以借款，没有实物抵押和凭据担保等举动，对借款人的还贷约束大大降低。主观上，贷款人考虑到亲友村民之间的情感因素，会人为地简化贷款手续和任意更改借贷条件。如果发生了突发的情况，导致借款人不能偿还贷款，极易发生不利于社会安定的债务纠纷。同时，因为缺乏合法的追偿规定和实施措施，农户在具体执行时也容易迷失方向，冲动妄为，进而做出违背法律约束的行为，导致犯罪，最终损害借贷双方的权益。

4. 调控风险

非正规金融活动的利率较之正规金融要高,为了获取这种高利率回报,贷方会将手中持有的闲置资金紧紧地握在手上,同时寻求民间借贷等融资机会。所以,越来越多的农户选择不把资金存入正规金融组织,导致了正规金融机构的可用资金减少,放贷的水平下降,从而影响了信贷业务的进行。此外,正规金融机构的融资活动在国家行政的指引和干预下,其资金的流向直接影响了国家经济发展的去向决策,如通过改变信贷利率和调整信贷决策来实现对经济产业的经营和发展。农村的非正规金融组织将这种资金的融通从正规金融组织的运行体制中分离出来,单独存在并流动于农村地区,其利率也高于银行水平,中央银行缺失农村地区的资金流动统计,故所制定的政策及具体实施也无法适应现实的需求,这进一步加剧了正规金融在农村地区生存的困难。与此同时,在农村地区过多资金的自由流动缺乏指引和调整,也易陷入盲目和混乱的局面,滋生非法的金融活动,严重危害农村地区的安全和稳定。

第二节　农村金融风险的影响因素

一、农村金融风险的宏观影响因素分析

(一)农业生产经营特性导致自然风险广泛

农业生产对自然条件的依赖程度高,一旦发生自然条件的异常变化,可能会遇到洪涝、干旱、病虫害、冷冻、冰雹等灾害中的一种或两种以上叠加灾害的袭击,在遭受严重灾害地区,农业生产设施和固定资产往往损毁严重,农业出现大幅度减产、歉收,农户和农业产业化企业的大量投入化为乌有,甚至连成本都无法收回,很可能陷入根本无法偿还本息的窘境,农业面临的自然风险很容易传递到农村金融机构身上。

【知识链接】

家禽养殖因 H7N9 损失已超过 400 亿

由中国畜牧业协会主办的第六届中国蛋鸡行业发展大会 2013 年 5 月 20 日在武汉召开,与会专家及相关部门官员不仅共商中国家禽养殖业走出“寒冬”对策,还在会议现场尝食家禽美味,消除因 H7N9 禽流感留给公众“闻鸡色变”的心理,提振社会消费信心。

全国畜牧兽医总站站长李希荣表示,人感染 H7N9 禽流感事件严重冲击了整个家禽业的发展,自 2013 年 3 月底曝出人感染 H7N9 禽流感以来,全国家禽产业已经损失超过 400 亿元,平均每天损失上 10 亿元,禽产品价格持续下跌,销量急剧下滑;家禽企业损失惨重,从业人员流失严重。

资料来源:家禽养殖因 H7N9 损失已超过 400 亿. 新华每日电讯,2013 - 05 - 20.

(二)农村市场信息化程度低造成市场经营风险高

农产品生产周期长,产品需求弹性小,从种植到收获,市场价格可能发生很大变化,农产品市场供求经常大起大落,买难卖难交替出现,农产品价格的不确定性增加了农户和农业企业的经营风险。假如农户和农业企业不能准确把握市场需求,就算获得丰收,也可能得不到预期的收益,甚至亏损。因为面临较大的市场风险,农户和农业企业经营收益的稳定性相对较低,贷款违约的概率相对较高,使得农村金融信贷资产可能遭受的安全性风险较大。

(三)我国农业保险发展水平落后

我国农业保险发展于20世纪50年代,由于历史原因,中间停办,80年代初又恢复和发展起来。目前,我国农业保险发展水平落后,农业保险的风险分散与配置功能薄弱,农业保险的作用杯水车薪,使农村金融机构成为间接承受农业信贷风险的主体。

(四)我国农业生产组织化程度低

农业生产是极其分散的一家一户小规模生产,组织化程度低,难以形成规模竞争优势,承受和抵御风险能力差,这就降低了农业生产的质量和效率,直接造成农村金融风险增大。

(五)农村社会信用低

农村地区是信用缺失的重灾区,个人信用档案尚不健全,记录系统尚不完善,部分农户、涉农企业缺乏诚信意识,仍然存在故意逃废贷款债务的现象,表现在农业产业化企业与农户签订的协议要面临不小的违约风险,很可能会将这种风险转嫁到农村金融机构身上。另外,农村金融机构不能应付挤提,从而造成对社会公众的信用风险以及农村金融借款人因不能按期偿还借款本息对农村金融机构的信用风险。农村经济运行过程的周期性和与经济运行周期无关的特殊事件发生均可能产生农村金融信用风险。

二、农村金融风险的微观影响因素分析

(一) 农村金融机构资本金充足率过低

在农村金融领域的资本风险是指农村金融机构因资本金过少而缺乏承担风险损失的能力,以及缺乏对存款及其他负债的最终清偿能力,导致中国农村金融机构的安全受到威胁的金融风险。资本金对农村金融机构能否正常经营产生着非常重要的影响,具有承担经营风险的职能和不必偿还的特性。假如农村金融机构的资金来源全部是资本金,则风险全部由农村金融机构自己承担;如资金来源中资本金与负债各占50%,则金融风险由农村金融机构和存款人各承担一半。社会化大生产中农村金融机构是农村资金的信用中介,不可能不向社会公众负债来进行金融业务经营,因此农村金融机构的资本金是否充足就显得非常重要。资本金越充足,就越是可以用资本金补偿农村金融风险产生的损失,从而保护农村金融机构存款人的利益。在中国,农村金融机构特别是农村信用社的呆坏账较多,对农村金融机构资本金侵蚀较大,加上政策因素等造成农村金融机构资本金充足率过低,存在着较大程度的经营风险。

(二)法定准备金和超额准备金不充足

主要是指农村金融机构没有充足的法定准备金和超额准备金,清偿债务和保证客户提

取存款能力受到影响，给农村金融机构带来损失的风险。流动性风险包括负债流动性风险和资产流动性风险两个方面。农村金融机构既要对信用好的借款人发放贷款以保证盈利，又要保证资金充足以满足存款人的提款要求，因存款额和贷款额不能准确预测，贷款规模超出存款规模时，银行就陷入了流动性危机，流动性风险高低取决于农村金融机构的存贷款结构、资产结构等。

(三)农村金融机构内部管理不善

农村金融机构内部管理不善会导致更多的潜在危险，包括因侵吞、挪用、内部盗用、外部抢劫等主客观因素致使农村金融机构资金和财产损失的风险；农村金融机构办理结算过程中工作失误、违反结算规定和纪律，造成损失的一种风险；农村信用社尚处于向农村商业银行的转化过程中，长期未实行资产负债比例管理造成资产增值保值动力不足的风险；农村社会游资较多，因投机发生的农村民间借贷造成的风险等。

(四)农村金融机构内部管理不善

一是农村金融机构用人制度混乱，人员素质低下，仍有一部分地区信用社的信贷员是从农村招上来的，文化水平低，不适应农村金融发展的需要；二是农村金融机构企业文化管理薄弱；三是农村金融机构信贷业务经营管理不到位，农村金融机构内部控制不完善，表现在法人治理结构不健全，缺乏得力有效的内部控制措施。

(五)贷款制度执行有偏差

首先是贷款集体审批制度执行得不好，对基层主任缺少硬约束，挪用农贷现象严重，短期内很难被发现。其次是农户信用评估不真实。我国农村信用社农户贷款的信用评级主要依靠信贷员的走访调查，取得的资信材料具有一定的片面性，并掺杂一些人情关系等成分，致使一些信誉差的人被评为信用户，给贷款的回收带来了很大的隐患。三是基层农村信用社之间缺乏信息沟通机制，给跨区域多头冒名贷款以可乘之机。

第三节　农村金融风险的防范和监管

防范和化解农村金融风险是一项庞大的系统工程，要切实防范和监管农村金融机构的金融风险，需要政府、农村金融机构自身和社会等各方面的共同努力。

一、强化农村金融与农村经济之间的联动关系

在农村金融机构发展的过程中，要正确处理农村金融机构发展与农村经济发展之间的关系。农村金融机构发展与农村经济发展之间是相互促进、相互制约、平等互利的关系，只有二者相互协调、使农村金融机构适应农村经济的发展，农村金融机构风险的防范与化解才能得以实现。

(一)确立为现代化农业服务的思想

由过去单纯注重支持家庭经营、种、养等农业生产环节向支持种养加工、产供销、贸工农、农科教一体化经营转变；由支持粗放式生产经营向支持高质量、高效益的集约型生产

经营转变;由分散粗放信贷资金管理向适度集约型信贷资金管理转变,促进农业规模经营,确保信贷资产的经济效益。集约化经营观念、经营机制和管理机构的建立是有效防范金融风险的关键。长期以来,传统的不计成本乱拉存款,重定期、轻活期的做法使存贷成本倒挂,直接形成金融风险。对此,必须从粗放型经营观念向集约型经营观念的转变入手,增加活期储蓄存款的比重,积极培植新的活期存款的增长点。如发展代收、代付等中间业务与储蓄卡、信用卡结合起来,实行“一卡通”等,以此降低负债成本;注重资产结构的调整,增加有价证券资产的比重,降低贷款占比,逐步实现抵押贷款证券化;在投向的选择上,实行行业划分和企业项目划分,做到重点突出,相对集中,以提高资金的使用效益;管理要集约化,本着贷款的安全、流动、高效三个原则,严格审查,逐笔审批,逐级落实责任,确保资产安全。

(二)为农业产业化提供优质服务

注重支持农业科技开发与推广,提高贷款科技含量。经济是基础,只有经济发展了,金融才能稳定健康地发展。农村经济发展提高了农民的收入,这就为农村金融机构培育了可靠的客户群,同时有效地防范了农村金融机构的信贷风险。

【知识链接】

金穗惠农卡

金穗惠农卡是中国农业银行基于金穗借记卡业务平台研发的,面向全体农户发行的综合性银行卡产品。作为借记卡产品之一,惠农卡具有存取现金、转账结算、消费、理财等基本金融功能,联线作业,实时入账。在此基础上,惠农卡还可作为农户小额贷款的发放载体、财政补贴的直拨通道、社会保险的参保凭证、资金汇兑的安全通路,在农业生产、社会保障、个人理财等多方面为农户提供方便、快捷和周到的金融服务。

资料来源:中国农业银行网站。

二、完善农村金融机构的经营管理

(一)明晰产权,完善法人治理

中国农村金融机构的产权关系长期以来一直没有得到很好的解决,其实质是产权不明晰,使得农村金融机构在风险化解、经营管理改善等方面缺乏有力的组织和制度基础。改革金融机构法人治理结构,把农村金融机构办成真正的合作金融组织,必须理清产权关系,其重点是建立合理、科学、有效的法人治理结构。

1. 拓宽资本金筹资渠道

一定数量高质量的资本金是农村金融机构开业的前提,是提高机构信用的重要保证,也是抵御各种经营风险最重要的物质条件。因此,农村金融机构要规范地开展增资扩股工作,增资扩股时不能只追求资本金的数量,还要保证资本金的质量。积极吸收种养殖大户、企业法人等有能力、有愿望参与农村金融机构管理的投资人入股。进一步完善股权设置,取消保息分红,坚决杜绝存款化股金等违规做法,合理确定入股起点,既要防止因股权过于集中被少数大股东控制,又要防止因股权过于分散导致管理混乱。

2. 进一步健全法人治理结构

明确员工代表大会、理事会、监事会的议事制度和决策程序,增强透明度,确保民主管理得到实施,逐步推行"利益共享,风险共担"机制,增强经营管理能力。要注重制衡机制建设,通过确立员工代表大会作为权力机构、理事会作为决策机构、监事会作为监督机构,界定各自的职责权力和任务,保证各司其职,形成有效制衡。

(二)处置不良资产

我国农村金融机构不良贷款的规模十分庞大,依靠金融体系内的呆账核销或盈利来化解这些不良贷款很困难;而且农村金融机构分业经营、专业人员缺乏,因而在处理不良贷款时总是遇到种种限制。我国农村金融机构应根据当前的市场发育程度、法律环境的健全程度和不良资产的性质和成因采取综合化的处理模式。

1. 常规清收

常规清收是防范和控制风险的传统方法,通常主要有三种手段:一是贷款重组,包括借新还旧、展期、减免利息等形式;二是直接追索,即向贷款人和担保人直接追索本息;三是处置担保物和抵押物。小额不良资产一般责任明确,不存在纠纷,因此,对农村金融机构而言,应该以常规清收手段为主,必要时再寻求法律援助。

2. 分账经营

利用分账经营手段来处置不良资产是农村金融机构常用的方法。首先,各地可以因地制宜,建立适合自身的组织形式,既可以分离独立,也可以内部分账。其次,按照精简高效的原则进行人才配置,合理分配本系统中业务骨干分子或聘请有关专家做顾问。同时,制定切实有效的激励约束机制,以提高整个团队的效率。第三,根据不良资产的实际情况,灵活采取债转股、拍卖或出售等措施,尽可能地保全资产,减少损失。

3. 核销

对那些资产质量极差,根本无法收回的呆账、坏账,可以采用核销作为处置不良资产的最后手段。目前,我国农村金融机构不良资产的核销可以采取的途径有三条:一是由政府财政注资冲销部分坏账,即采取中央和地方共同分担的形式,由政府拿出部分财政资金来核销部分坏账;二是由农村金融机构用自有资本和呆账准备金核销;三是将农村金融机构进行股份制改造或者增资投股筹集社会资金用于坏账的冲销。

4. 内部消化

在我国国家财力有限的情况下,提高农村金融机构的盈利水平,增强农村金融机构自身处理不良资产的能力,以实现不良资产的内部消化是一条重要的途径。

在各种方法中,政府资源是一个主渠道,政府是大量资金的提供者和损失的承担者,而其他资源相对处于次要地位,所以现阶段农村金融不良贷款处置要建立以政府资源为主,其他资源为辅的模式。

(三)强化内部控制

农村金融机构应根据自身营业网点分散面广、人员不足的实际情况,参照巴塞尔金融机构监管委员会1997年颁布的“有效管理的核心原则”和中国人民银行“加强金融机构内部控制的指导原则”的要求,建立一个严密的自控机制。

1. 制定切实可行的信用评级标准

做好企业、农户的等级管理以及信贷员、部门负责人的等级评定工作。

2. 建立贷款管理的权力约束机制

严格执行审、贷、查分离制度,规定各岗位的职责和权限,使执行者在其职责范围内行使职权。从不同于贷款发放的角度去监控借款农户的情况,建立借款农户档案,对借款农户进行实地检查、分类监控,对农户的信用等级进行动态评估,并同信贷员一同做好贷后本息的催收工作。

3. 完善贷款投放的纪律约束机制

对违规、违纪发放贷款者规定相应的处罚措施,并加大稽核力度,对违反信贷纪律者按程度处以相应的处罚措施,从根源上杜绝不良贷款的形成。

4. 健全贷款风险责任机制

落实贷款的担保、抵押,可实施双重抵押,除企业自身抵押或担保外,还应视情况考虑将企业法人代表所拥有的不动产、有价证券等作为抵押物,将法人代表的利益与企业的利益挂钩。也可建立第一责任人制度,由第一责任人对所放贷款负责。还要建立监测信贷风险的预警系统,对信贷风险的变化进行动态考核和监测,对可能影响金融机构正常营运的各类事件,及时采取相应的保全措施。

5. 加强财务费用管理

加强印章、印鉴的有效管理,严格执行“印、押、证”分管制度。严格贯彻交接制度和离岗审计制度。建立金融机构内部会计监督机制,对辖属内的营业机构定期进行检查指导。根据实际情况核定库存现金，灵活进行现金调拨，使有限的资金发挥最大的效益。

（四）人才策略

1. 加强领导班子建设

特别要加强基层机构的领导班子建设。坚持按规范的程序选配管理人员，明确其职责，建立健全任期目标责任制，加强考核。任用管理人员时，应做好正副职的优势互补，改善领导班子的专业结构、年龄结构、知识结构，达到个体素质强化、群体素质优化、整体功能提高的目的。

2. 应重视对员工的培训

在防范和化解农村金融风险方面，从业人员的素质和能力起着至关重要的作用。要提高从业人员的素质和能力，可以通过加强实践来锻炼，但更重要的是培训。对人员的培训内容，不应仅局限于农村金融机构的经营管理、会计出纳、信贷业务等基本知识，还应包括对现实问题的研究、对外协调关系、风险评估技能、政治素质、法律意识、服务技能等的培训。

3. 建立高效的激励机制

长期以来，农村金融机构的薪酬标准基本上是参照国家事业单位的做法，以职位和工龄为基础来决定员工的薪酬水平。这种做法严重限制了职工的工作积极性。因此，应以技能和竞争力为基础，根据可衡量的业务目标来制订新的薪酬标准，从而激励职工不断地发挥自己的主观能动性。

（五）提高服务质量，开展金融创新

要开展金融服务创新，实现金融业务多样化，更好地服务"三农"。大力发展农村消费信贷、助学贷款及金融卡等业务，积极开办如代收农民水电费、电话费、代理乡镇政府和学校发放工资等中间业务，改变农村金融机构资产结构和收入来源单一的现状，分散经营风险，同时利用金融电子化的便捷，更好地为"三农"服务，不断增强农村金融机构的市场竞争能力。

三、提供政策支持，完善风险分担机制

（一）税收优惠

在税收政策方面，2003 年至 2005 年，国家对西部试点地区的农村金融机构一律免征企业所得税。对其他地区的试点金融机构，一律按其应纳税额减半征收企业所得税。从 2006 年开始，取消了这种优惠税收政策，使得农村金融机构潜在的金融风险更加严重。农村金融机构目前的营业税为 5%，所得税为 25%，这样的税率对农村金融机构来说是一个不小的负担。因此，需要继续对农村金融机构实行税收优惠政策。可以根据农村金融机构的具体经营情况，实行不同的优惠税率。

（二）政府补贴

在财政政策方面，对农村金融机构因承担政策性任务而造成的损失，政府应给予财政补偿，将一部分国家农业政策性金融业务交给农村金融机构代理。在金融政策方面，一是再贷款，人民银行应适时地向出现支付问题的农村金融机构发放再贷款、季节性再贷款或紧急再贷款，对资不抵债的农村金融机构发放低成本的专项贷款，弥补资不抵债的缺口。二是实行

有差别的存款准备金制度。为了促进农村金融机构增加贷款的发放，应适当减少在人民银行的存款资金，这样可增加农村金融机构的可用资金，使农村金融机构的资金紧张状况得到一定的缓解。三是在再贴现政策方面，应当鼓励农村金融机构大力开展票据贴现业务，中央银行有重点地增加针对农村金融票据的再贴现额度，实行有差别的优惠贴现率等。政府在提供政策支持的同时，要坚持政银分开。地方政府要减少并逐步消除对金融机构的不合理干预，转变政府职能，为农村金融机构的经营创造良好的条件。

（三）建立风险分担机制

1. 扩大国家财政补贴范围

由于我国财力有限，补贴的比例低，还不具备对农村金融机构的支农损失提供全额补偿的实力，不能完全化解农村金融机构的风险。同时，国家设置的门槛太高，部分农村金融机构的不良贷款占比下降较为困难。所以，还要依靠其他途径来进行农村金融风险的补偿。

2. 大力发展农业保险

由农业保险公司对农村金融机构在支农过程中所形成的损失进行补偿。农业保险的模式可采取国家财政补贴的方式建立，使政府在综合利用财政、金融、税收等手段间接支持农业保险经营主体的稳健发展。针对我国以往农业保险经营中没有提供再保险的缺陷，应建立有效的再保险机制，以分散农业保险公司的风险，保证其经营的稳定性。

3. 建立信用担保制度

在农村逐步建立信用担保制度。应建立由信用担保、互助担保和商业担保多种模式相结合的信用担保体系，同时建立强大的资金支持体系，以保证资金的长期供给。为了保证担保效率，还必须建立有效的运作机制，严格审查市场准入资格，搞好风险控制和责任分担，以有效地防范担保过程中的道德风险，提高担保的安全性。

4. 建立公开的存款保险制度

对农村金融机构实行强制性存款保险制度，以免除政府对金融机构债务的无限支付责任，通过提供适当的存款保护，为金融机构退出市场创造前提条件。由于存款保险是一种公共产品，没有强大的中央政府和完善的政治制度做支持，存款保险很难实行，达不到保护存款人利益、稳定金融秩序的目的。因此，我国存款保险机构的组织体制应由中央银行领导，由财政、中央银行、金融机构共同出资组建。所有的农村金融机构都应纳入投保范围，按照风险程度的高低，将各类金融机构吸收于存款保险体系之内，在存款保险费率的拟定上，应实行差别费率，即将金融机构的资本充足率和反映资产流动性、收益性和安全性方面的指标作为确定费率的综合指标，从而使保险费率与金融机构的风险行为挂钩，防止单一费率可能带来的道德风险问题。

【知识链接】

存款保险制度

存款保险制度作为一种金融保障制度，是指由符合条件的各类存款性金融机构集中起来建立一个保险机构，各存款机构作为投保人，按一定的存款比例向其缴纳保险费，建立存款保险准备金，当成员机构发生经营危机或面临破产时，存款保险机构向其提供财务救助或直接向存款人支付部分或全部存款，从而保护存款人利益、维护银行信用、稳定金融秩序的一种制度。2012 年 7 月 16 日，人民银行在其发布的《2012 年金融稳定报告》中称，我国推出存款保险制度的时机已经基本成熟。

5. 完善农产品期货风险分担机制

经过十多年的发展，我国农产品期货市场虽然初具规模，但距离达到回避市场价格风险、稳定农业经营环境和发现价格变化趋势、维护农村经济安全等功能还有很大的差距，还需要加快发展步伐。一是增加农产品期货交易品种，转换上市机制。上市品种的多寡决定着农产品期货市场功能的发挥程度。迄今为止，我国农产品期货品种只有 16 个，因此，应加快多种农产品期货上市。从上市机制来看，目前我国农产品期货对上市新品种采取的是行政审批制，增加了上市品种的交易成本，应逐步将上市机制转变为核准制。二是优化投资者结构，扩大期货交易规模。鼓励国有粮食企业、农业产业龙头企业参与期货市场，规避风险，稳健经营。三是建立期货与现货市场一体化的信息服务体系。这不仅可以让农民学会利用期货信息指导农业生产，而且可以加快农产品的流通速度。

四、加强法制和信用建设

(一)加快法制建设

1. 依法确认产权关系

应明确界定农村金融机构的产权归属，在产权明晰的基础上，完善农村金融机构的治理结构。

2. 依法确认准入与退出制度

制定完善的法律法规，详细载明农村金融机构准入与退出的条件。市场准入实行审核、登记制。满足法律规定的组建条件并经金融行政部门审核确认，才允许登记组建。农村金融机构的经营违法、违规情节达到了法律规定的退出标准，就可通过依法拍卖或是清理关闭等方法强制退出。

3. 加强执法力度

目前，要进一步强化经营者和从业者的义务和责任，加大违法违纪案件的查处力度。对违反规定的人员依法追究相应的民事责任、行政责任或刑事责任，并根据情况予以开除公职或其他相应处分，并规定在一定的期限之内不得从事与金融有关的业务活动，使法律真正成为维护信用关系、追究债务人违约侵权责任的有力武器。

(二)提高全社会的信用意识

1. 政府要在全社会范围内开展信用教育

大力宣传、鼓励诚实守信行为，使讲信用和遵纪守法成为每个人的行为准则，在全社会树立重合同、讲信用的精神，形成诚信意识和诚信文化氛围。

2. 要建立相应的信用激励约束机制

对于重合同、讲信用的单位和个人，给予公开表彰，并辅以一定的物质激励；对于不讲信用的单位或个人，必须进行严厉处罚，在全社会范围内给予曝光。

3. 逐步建立统一的农户信用登记咨询系统

要认真做好对信用户的评定工作。信用户的评定必须严格把关，发挥村委会和村民代表熟悉农户家庭情况的地缘、人缘优势。在评定过程中，对农户的生产经营情况、资产状况、信誉状况、经营能力、道德水平和还款记录等要进行全面调查，以此评定该农户的信用等级，提高农户信用评定的质量，为农村信用体系建设奠定良好的基础。

（三）强化外部监管及行业自律

在我国，形成了中国人民银行、社会监督和行业自律三层对农村金融机构进行监管的格局。

第一个层次是银监会的监管。即银监会根据国家的授权，对农村金融机构的市场准入、从业人员的任职资格、经营业务的合规性和风险性等进行监督和评价。银监会是依法监督和管理金融业务的行政管理机关，是我国金融监管的核心。所以，首先应加强银监会的监管。在监管内容上，应从合规性监管向风险性监管转变：一是要推动农村金融机构完善股权结构，促使其完善公司治理结构。二是要切实抓好风险审慎性监管。在执行具体的风险性监管时，应结合农村金融机构的特点，设计相应的风险指标体系和风险评价标准。三是从以现场稽核为主向现场稽核和非现场稽核并重转变。但监管的同时也要注意监管与协调相结合，为农村金融行机构创造良好的外部环境。

第二个层次是社会监督。社会监督体系主要由独立执业的注册会计师或会计师事务所以及审计、税务部门组成，监督内容包括两个方面：一是开展社会稽核，通过审计部门按照国家颁布的法规和审计准则对农村金融机构的财务报表、会计报表进行审计，以检验农村金融机构对外公布的财务情况的真实性和可信度，并对其财务状况、业务经营效益和风险程度做出正确的判断。二是利用公平的评估系统对农村金融机构的信用度进行评级，公布评级结果，使其接受社会公众监督。

第三个层次是规范行业自律。我国农村金融的行业自律组织是 2005 年末成立的，其组织机构还没有延伸至基层农村，公约和规章等相应的制度还没有建立。因此，我们应尽快建立符合农村金融机构特点的自我管理、自我约束、自我规范的行业自律性组织。

五、规范非正规金融

非正规金融尽管没有合法身份，但表现出极大的活力，能够增加农村金融供给，在一定程度上缓解农民贷款难的问题。非正规金融也在相当程度上克服了经济交易中的不确定性，增加了借贷交易成功的可能性，推动了农村地区经济发展。农村经济中的客户结构、产业结构特点决定了农村正式金融机构提供服务的有限性，因此非正规金融在未来相当长的一段时期仍然有必要存在。但非正规金融是一种非制度化和非组织化的体系，缺乏必要的管理和法律法规支持。

1. 建立非正规金融准入制度

明确非正规金融的合法地位,保护正常合法的借贷活动,维护债权人的利益,严厉打击从事洗钱、高利贷等非法活动的非正规金融组织,统一金融服务待遇和遵守相同的规章制度,在融资、结算、转账等方面提供无差别服务,按相同的制度进行管理,防止借贷风险以及债务纠纷。分步骤、有条件地允许非正规金融采取多种融资方式开展业务。

2. 逐步推进非正规金融正式化

目前,我国非正规金融的正规化面临诸多困难,但从发达国家的农村金融体系发展经验可见,在制度设计上将非正规金融逐步转化为合作性金融机构,建立比较规范的投融资体系是可行的。此外,我们可以通过正式金融机构的利率,为农村金融市场提供一个有效的利率参照系,遏制民间借贷利率的不规范运行,推动农村金融利率的市场化进程。

知识题

1. 什么是广义的农村金融风险?什么是狭义的农村金融风险?
2. 农村金融风险有哪些特征?
3. 农村合作金融风险有哪些?农村政策性金融风险有哪些?
4. 农村商业性金融风险有哪些?农村非正规金融风险有哪些?
5. 农村金融风险的宏观因素有哪些?农村金融风险的微观因素有哪些?
6. 如何强化农村金融与农村经济的联动关系?
7. 如何完善农村金融机构的经营管理?
8. 如何支持并完善农村金融风险分担机制?
9. 如何加强农村金融法制和信用建设?
10. 如何规范农村非正规金融?

案例题

重庆"三权"抵押贷款调查

在重庆石柱县三河镇川主村,村民黄华银家拥有一套500多平方米的三层农房。黄华银一直想发展肉兔养殖,但苦于没有资金未能实现。2010年,黄华银以自家房屋做抵押,向银行贷款32万元,购买了5000多只肉兔,年均纯收入10多万元。截至目前,石柱县已发放"三权"抵押贷款6亿多元,帮助3000多农户及个体企业创业。在石柱县沙子镇,有16户农民使用承包地抵押贷款,贷出140多万元。农业大户说,以前宅基地、农房等不能用作抵押,农民只能从银行贷两三万元额度的小额信用贷款,甚至在民间借高利贷来搞生产,风险大且不经济。农村常用的信贷产品主要为授信额度在3万元以下的小额贷款和额度在50万元以上的中小企业贷款。"三权"抵押贷款的出现,正好填补了这块空白,让农村沉睡了几十年的资源变成了"活资产"。

重庆在探索"三权"抵押贷款之初,不少银行反映,"三权"资产难以评估、抵押登记难、资产变现难,银行担心贷款风险大。

为打通"农民贷款难"与"银行放贷慎"间的"肠梗阻",分担贷款风险,重庆建立了"三权”抵押贷款风险补偿基金，即通过市、区县两级财政资金补助，如遇农户无法归还贷款，由政府给予金融机构适当补偿，补偿标准为损失的20% ~30%，形成政府、银行和农民共同承担风险的格局。“目前农业经营风险还比较大，开展‘三权’抵押更需要建立一套完善的风险分担机制，以防止农民‘失地’和银行呆坏账增加”。在政策设计上，重庆采取政策性和商业性补偿“两条腿”走路的办法，一方面由政府牵头建立专门的贷款损失保障或补偿机制；另一方面，保险等部门可针对土地承包经营权抵押贷款开发相应的保险品种，降低此项业务带来的风险。

资料来源：李松. 重庆“三权”抵押贷款调查. 新华网，2013 -08 -23.

要求：试分析重庆如何避免农民“三权”贷款中的风险问题？

提示：建立风险补偿基金。

实训题

实训项目：风险评估。

实训目的：熟悉农业金融中的常见风险类型。

实训步骤：

(1)介绍被评估贷款对象。

(2)复习本章重要知识点。

(3)讲解评估报告的撰写要求和内容。

(4)学生按要求撰写报告，定期上交，教师择优点评。

第十章　国外农村金融

知识目标

了解其他国家的农村金融概况;了解其他国家农村金融制度的特色;掌握其他国家农村金融法律的基本信息;了解其他国家农村金融发展的主要内容。

能力目标

掌握分析其他国家农村金融制度基本内涵的能力;掌握运用农村金融的相关概念分析国外农村金融现实热点问题的能力;掌握对比分析各国农村金融制度的能力。

【引例】

孟加拉乡村银行的中国火种

47 岁的宁夏盐池县农村妇女尚凤芳,眼下拥有价值 40 万元人民币的个人资产:405 只羊。

在当地,这是一笔显而易见的优良资产。只要尚凤芳愿意,她随时可以把这批羊拉去县屠宰场出售,按每只 1000 元上下的价格实现资产变现。一只羊的利润在 150 元至 200 元,当这笔资产变现,尚凤芳就能赚到 6 万至 8 万元的利润。羊的饲养周期一般是四五个月,即便一年只养两期,尚凤芳的“年薪”也接近 20 万元。这位中国西北农村的妇女格外自信。3 月 27 日中午,她穿一件紧口短打布夹克,站在自家附近地坝,指了指背后的墙根,大声对本刊记者说:“以前,咱这儿妇女吃完饭就蹲那晒太阳,现在,一个个忙得不见人。”妇女们的忙碌,是因为拿到了小额贷款。就像尚凤芳那样,在她的羊资产里,当初用于购进羊崽的原始资本,有很大一部分是从身边一家小额贷款公司贷出来的。这家公司叫宁夏惠民小额贷款有限公司(下称惠民公司)。过去 10 多年中,该公司致力于移植“孟加拉乡村银行”模式,为贫困妇女们提供源源不断的小额创业贷款。现在,惠民公司和它的客户都取得了极大的成功。但相对于整个中国,“孟加拉乡村银行”模式只是星星之火。

事实上,小额贷款资本对妇女的改变已不只是激活创业热情。据本刊记者观察,当她们反复与资本打交道后,其信用意识也得到空前锻炼。

资料来源:康正. 孟加拉乡村银行的中国火种[J]. 瞭望东方周刊,2012(16).

这一资料表明:中国在农村金融发展模式方面,可以借鉴他国经验,结合国情,适当调整,为己所用。

第一节 印度农村金融

一、印度农村金融体系概况

印度拥有较为健全和完善的农村金融体系，主要包括印度储备银行、印度农业和农村发展银行、地区农村银行、农村合作银行（信贷合作社）和土地开发银行等。

（一）印度储备银行

印度储备银行即印度中央银行，负责各类银行及分支机构设立的审批和监督，其金融机构许可证制度有利于农村金融机构的发展。

（二）印度农业和农村发展银行

印度农业和农村发展银行是印度支持农业发展的政策性银行，由印度政府和印度储备银行共同出资组建，是最高一级农村金融机构，主要目标是通过有效的信贷扶持及相关金融服务，促进涉农产业的改革和发展，保持农业的持续稳定发展和农村经济繁荣。其职能更广泛，除提供支农信贷资金外，还承担着向农村金融机构再融资和对地区农村银行和农村合作银行两类机构进行监管的职能。

（三）地区农村银行

地区农村银行是印度政府为解决农村地区商业银行机构网点少、农村金融服务不足问题而设立的，成立的最初目的是向社会脆弱阶层中的小额借款者提供贷款，现在已扩展到其他借款者。除此之外，可向社会吸收存款，也可获得印度农业和农村发展银行再贷款。每个地区农村银行均由一家商业银行主办，资本金由中央政府、邦政府和主办商业银行分别认缴50%、15%和35%，还可通过发行债券筹措资金，其营业机构主要设立在农村信贷服务薄弱的地区，按商业原则进行经营，有特定的贷款对象，实行优惠的贷款利率，并向贫苦农民提供维持生活的消费贷款。

（四）农村合作银行

农村合作银行即信贷合作社，分为三个层次。一是由每个村庄农民自愿入股形成初级信贷合作社，主要向农民提供中短期贷款。二是初级农业信贷合作社联合起来，成立中心合作银行，通过吸收存款，向初级农业信贷合作社发放贷款。三是邦合作银行，通过吸收存款和从印度储备银行获得资金融通，向中心合作银行提供资金支持。

（五）土地开发银行

土地开发银行向农民发放中长期贷款，其贷款期限长且利率低，期限可延长到15～20

年，包括小型灌溉设施贷款、土壤改良、林果业种植等。

除了直接为农村提供金融支持的金融机构外，印度还建立了相对完善的监管、保险和间接支持体系，特别是建立了存款保险和贷款担保公司，为农村金融市场的高效运作打下了坚实的基础。

二、印度农村金融体系的发展历程

印度的农村金融体系大致可分为三个发展阶段：

（一）20 世纪 50—60 年代

印度解放初期，随着人口的迅速增长，粮食问题成了摆在政府面前的头等大事。为此，从 20 世纪 50 年代初期起，印度政府开始进行土地改革，60 年代中期又发起了“绿色革命”，在此时期，印度农村金融市场在为农民提供生活贷款的同时，不断向农民增加生产性贷款。合作金融机构是当时印度农村信贷资金的主要提供者，商业银行并不参与农村信贷。但是到了 60 年代后期，随着印度绿色革命的开始，合作金融越来越难以满足农业、农村和农户的信贷需求。为此，印度储备银行采取了强制性政策，1969 年开始对商业银行实行国有化改造，并要求每家商业银行至少要在其所在地区的农村开设一家分支机构。

【知识链接】

印度的“绿色革命”

印度的“绿色革命”是在尼赫鲁的农业发展战略失败和印度粮食危机加深的背景下展开的。印度独立后，尼赫鲁政府为了改变农业的落后面貌，“实现粮食自给”，曾先后采取了一系列农业政策和措施，如“粮食增产运动”、“土地改革”、“乡村建设计划”、“农业精耕县计划”和“农业精耕地区计划”等。但由于种种原因，这些政策和措施并未被认真执行，收效甚小。结果，农业生产依然停滞不前，不仅没有实现“粮食自给”，而且粮食危机频繁出现，使印度的经济和政治危机达到空前严重的程度。这一局势迫使印度政府不得不改变尼赫鲁时代的农业发展战略。1965 年，在美国和世界银行的推动和支持下，夏斯特里总理（1964 年 5 月上台）开始制定和试行新的农业发展战略——“绿色革命”。1966 年英·甘地政府将这一新战略加以完善并正式开始执行。印度“绿色革命”的主要内容是，选择土地耕种单位面积较大、有灌溉条件的部分地区，全面引进现代农业技术，即以高产品种为核心，辅以水、化肥、农药、农业机械等现代化投入。为了更好地引进现代农业技术，印度政府大大加强了农业科研教育事业和农业技术的训练与推广工作。1965 年，印度政府把农业研究院改为一个自主机构，负责协调全国的农业科研工作，特别是

组织和推动高产品种的培育和推广。60年代以后,印度政府先后在各邦建立了21所邦农业大学。印度政府规定,农业中等技术学校和农业专科学校逐步到农林牧区去办。在农业研究委员会的帮助下,成立了各种训练中心。此外,印度政府还把扩大农业投资与信贷,提高农产品收购价格,对农业投入给予财政补贴,以及吸收外国农业贷款等作为实现"绿色革命"的辅助手段。

资料来源:周圣葵.印度的"绿色革命"[J].世界经济,1983(5).

(二)20世纪70—80年代

1969年,印度将14家主要的商业银行收归国有。1975年,印度创立了地区农村银行(Regional Rural Bank),专门为信贷服务薄弱地区的贫困农户提供信贷支持,对印度当时一系列农村发展计划起到了重要作用。1979年,农村中银行分支机构的数量比1969年增加3倍,农村贷款的份额增加约5倍。1980年,印度又对8家商业银行实施国有化,并按政策要求对农村地区提供信贷服务。80年代以来,在政府的主导下,印度农村金融获得较快发展。截至2005年3月末,银行业在农村的机构网点达到15.3万个,平均每万名农村人口服务网点数2个。有超过半数的商业银行分支机构设立在农村地区。至此,印度农村金融体系相对稳定下来。

(三)20世纪90年代至今

印度经济朝着自由化、私有化、市场化和全球化的方向发展。对农业依然采取高度保护政策,并加大了对农业的金融扶持力度,包括每年实现对农信贷增加30%的目标。目前,印度农村金融贷款的方向主要集中在支持农村专业化经营,支持农业产业化发展和支持农业市场化经营。

三、印度农村金融体系发展的经验

(一)金融体系相对完善

印度的农村金融体系具有鲜明的多层次性,各金融机构之间既分工明确,又相互合作,较好地满足了印度农业和农村发展不同层次的金融需求。一是政策性金融定位合理,印度农业和农村发展银行作为农业政策性银行,较好地承担了推进商业金融机构改进农村金融服务的支撑和引导职能。二是重视发挥国有大商业银行在支农服务中的作用。在各项政策引导下,印度主要国有商业银行都强调支农服务工作,并利用其先进的管理经验和技术优势,提升了农村金融服务的整体水平。三是实行农村金融的"领头银行"计划。这一计划规定,每一地区必须有一个领头银行负责优先发展行业尤其是农业金融开发工作,对国家规定的优先发展行业提供金融支持。四是成立了诸如地区农村银行、土地开发银行等服务于特定地区、特定人群和特殊领域且功能明确的专业银行。

(二)充分发挥信贷合作社的支农作用

信贷合作社将农村中那些有共同经济和社会背景的人联合起来,把他们暂时不用的钱集中,按照需要或轮流贷给其成员,由于不需要抵押和担保,利率低于钱庄利率,具有灵活、简单、效益高的优点,受到了广大农民的欢迎。大多数信贷合作社自主或在政府的帮助下建立了比较灵活的工作制度和以民主的方式管理集中起来的资金，让每一个成员参与决策过程，管理上也相对规范。

（三）政府通过规定“优先部门”贷款比例支持农业发展

1980年，为对全国农村地区提供金融支持，达到辅导农业与小型企业的社会目标，印度政府规定本国银行对所谓优先部门的放款不得低于贷款净额的40%，外商银行不得低于32%。这些优先部门包括农业、小型企业、出口产业等，其中对直接用于农业的部门不得低于信贷净额的18%，对农业薄弱部门和农村地区有关活动的直接贷款须占对农业贷款的55%。这一举措满足了农业的资金需求，有力地促进了印度农业和农村的发展。

（四）创新“自助团体联系计划”，大力发展微额贷款

微额贷款一般指通过向低收入群体提供金融服务，帮助贫困者增加收入、摆脱贫困，具有金融和社会的双重属性。1992年，印度农业和农村发展银行宣布了一项与自助团体合作的银行联系计划，在为其提供贷款的同时，也对农户自助团体进行社会动员和技术培训，为其提供发展计划。其重要特征是采用团体担保代替抵押，用来自团体内其他成员的同等压力作为激励还贷的因素。由农户贷款自助团体向商业银行贷款，再转贷给农户，从而使商业银行面对的是团体，这就把筛选客户和监控的成本转移到团体身上，有效地分散了风险，并减少了金融机构的交易成本。

四、对我国农村金融发展的启示和借鉴

（一）加大政策性金融支农作用

与我国相比，印度农村金融体系建立时间早，机构健全，功能完善，政府对此给予了大量的支持。当前，在建设社会主义新农村的大背景下，我国政府应加大对农村金融的宏观调控力度，以市场化手段为主、行政手段为辅的适度干预方式，引导金融机构扩大农村金融的服务领域。

（二）强化金融产品创新，增强支农金融体系活力

印度农村金融服务品种繁多，适应农民、农户及农村经济发展的要求，极大地提高了金融产品的利用率及回报率。而我国目前农村金融产品较为单一、短缺，应结合农村金融市场特点，大力改善和加强金融服务，找准商业化与支持新农村建设的结合点，实现支农与自身发展的良性循环，并引导发展多种形式的新型农村金融机构和以服务农村为主的地区性中小银行。

（三）完善金融监管体制

印度监管当局为了发展农村金融服务，在金融监管方面采取了诸多有利于各类金融机构在农村充分自由运作的优惠政策，保障了各项金融业务的正常开展，这也是农村金融服务可持续发展的基本要求。完善我国金融监管体制，要不断更新监管理念，实施发展、防险和创新并重的有效监管。

（四）建立和完善农业信贷保险体系

由于农业生产有较大的不确定性，印度农村贷款呆坏账比例达高40%，金融机构承受了

相当大的损失，因此建立农业信贷保险体系极为重要。一是建立农村信贷保险制度，积极开发农业贷款损失补偿保险品种；二是把农业保险纳入农业经济发展的总体规划，引导农民参保意识，鼓励商业性保险机构开办业务，从而促进社会经济风险特别是农业风险的有效分散，降低金融机构从事农村信贷的经济风险。

第二节　日本农村金融

日本的的农业情况与我国相似，人多地少，自然条件较差，具有小农经营的历史传统。“二战”以后，日本政府采取了一系列政策措施，积极培育农村金融体系。日本的农村金融体系分为两部分，即政策性金融和合作性金融，其中，民间合作性质的农村合作性金融占主体地位，政府的政策性金融为重要补充。

合作性金融主要服务于农村中的一般资金需求，以短期贷款为主；政策性金融主要解决资金需求量大、融资时间长、风险较高或收益相对较低的融资需求。二者有明确的市场分工，并相互配合。这种合作性金融与政策性金融相结合的金融体系为日本农业的迅速发展提供了强有力的金融保障。

一、合作性金融

（1）合作性金融的基础是日本农协。农协是“农业协同组合”的简称，在1947年日本颁布并实施了《农村协同组合法》以后逐渐建立起来。农协是一种非营利性组织，它为成员提供各种各样的帮助，改善全体成员的农业经营状况。由于农户存在大量的资金需求，农协中的金融部门随之而产生。因此可以说，农协是合作性金融产生的基础，合作性金融是农协的一个子系统。

【知识链接】

日本农协

日本农协全称日本农业协同工会，通常称JA，即Japan Agricultural Co－operatives的缩写。JA的会员资格分为正式会员（农民）和准会员。因此，即使不是农民，也可以按照JA（日本农协）的各种规则和手续加入，缴纳了投资金就可作为准会员，与正式会员一样利用协会的各种设施设备。

现在，JA已经覆盖了日本全国的绝大部分地区，其主要活动如下：

一、指导事业

JA致力于农业教育、农业经营、农村生活等多方面的指导，称为指导事业，这是JA的主要工作之一。指导事业是对会员的服务事业，同时也是强化会员对JA的理解与支持。

二、经济事业

经济事业包括“贩卖事业”和“购买事业”两个方面。

1. 贩卖事业

贩卖事业是指会员生产的新鲜、放心的农产品通过农协进行销售。农协将农民生产的农产品收集起来,进行集中贩卖,如何使农民生产的农产品更好地销售,获得更高的利润,是农协最为重要的工作。在销售过程中,为了调整供需和提高附加值,农协还要对农产品进行贮藏、保管之类的加工。

2. 购买事业

购买事业是指会员进行农业生产所必要的生产资料和生活必需品通过农协购入。其目的是尽可能地使农民得到质优价廉的生产生活资料。购买事业大体分为两个方面:一方面是肥料、农药、饲料、农机具等会员经营农业所需的生产资料的购买;另一方面就是食品、日用杂品、耐久性消费品等生活资料的购买。

3. 信用事业

农协信用事业就是从会员那里吸纳储金作为原始资金,再出借给会员。另外,还通过农协—农协信联—农林中央金库(简称农林中金)进行各种金融服务。

4. 其他事业

包括共济事业、厚生事业、老年人福利事业、乡村建设及资产管理事业、设施共用事业、加工事业、受托经营事业和土地改良事业,等等。

总之,农业协同工会的“协同”的意思就是,齐心协力,万众一心,朝着既定的目标努力工作。会员共同努力、齐心协力是协同工会活动的前提。“相互扶助”是世界上所有协同工会的共同精神。因此,他们的口号是“Eath for All, All for One”,即“人人为我,我为人人”。

JA(日本农协)涵盖了环境、食品、农业、农村基本法的制定和施行、信息技术(IT)、WTO农业交涉、粮食法的施行、金融制度改革、农协合并及组织整备等诸多领域。为了应对这样的环境变化,日本农协正朝着前所未有的目标向前发展。

资料来源:中国农经信息网,2005-09-07.

(2)合作性金融机构由三层次三业别组成。三层次分别是:基层农协的金融组织,都道府县的农业信用联合会(简称信农联),中央的农林中央金库和全国信联协会。其中,基层和中间一层又有农、林、渔业三种不同业别的协同组合联合会,只不过与林业、渔业相关的机构较少。

基层农协的金融组织属于市町村一级,是合作金融体系的基层组织,由农户及其他居民和团体入股登记成立,直接与农户发生信贷关系。基层农协的存款利率可以高于其他银行

(如地方银行和城市银行)的利率,协会内部还要求农户把农产品销售款及从农协分到的利润的一部分或者全部存入农协。农协贷款以会员的生活和生产需求为主,会员贷款不用担保,不以营利为目的,贷款利率相较其他贷款有不同程度的优惠,国家对农协的贷款给予利息补贴。在农协成立初期,主要是发放短期贷款,其后随着农村经济的发展,长期贷款比例稳步上升。在不损害会员利益的前提下,农协也可以向非会员贷款,但对贷款额度有比例限制。除信用业务外,基层农协还可以兼营保险、供销等业务。农协的最高权力机构是会员大会,会员是"一人一权",充分保证了合作金融的合作、互助性质。

信农联接收本县级范围内基层农协及各种农业团体的入股或存款,帮助它们进行资金管理,并在县级范围内组织农业资金的结算、调剂和运用,在基层农协和农林中央金库间起承上启下作用:它接受所属各基层农协及其他农业团体的入股或存款(按规定,日本基层农协的剩余资金,应按定期存款的 30%、活期存款的 15% 上存信农联),用存贷款业务调节基层农协之间的资金余缺。此外,它的贷款用来满足农、林、渔业有关企业的金融需求。根据《农业协同组合法》,信农联不得兼营信用事业之外的业务。

农林中央金库是农协合作金融系统的最高机构,可谓合作金融系统的"总行",在 1923 年成立之初是一个半官方组织(日本政府出资 20 亿日元),1959 年农林中央金库偿还了全部政府出资,成为纯粹的民间专业金融组织。它的主要职能是协调全国信农联的资金活动,按照国家法令营运资金,同时负责向信农联提供信息咨询,指导信农联的工作。农林中央金库资金的主要来源是各地信农联上存资金及其他农林水产团体的上存资金以及经国家批准发行的农村债券,它对会员的存款利率高于一般存款,并加付系统使用奖励金。资金运用主要是支持信农联的资金需要,也向关联企业如生产化肥、农业机械等的大型企业发放贷款。

全国信联协会是各地信用农业协同组合联合会的中央联络机关,其成员有两类:一类是县级的信用农业协同组合联合会,一类是农林中央金库。它通过对农村金融的活动进行调查和研究,从而为会员提供各种信息和情报。另外,它还协调成员之间的关系。

值得注意的是,三级组织之间虽然有上下级关系,但是并无行政隶属关系,在经济上各自独立核算,上级组织主要运用经济手段对下级组织进行指导,整个体系内形成了独立的资金运行系统,保证了合作金融体系的运行效率。

二、政策性金融

1953 年,农林渔业金融公库作为政策性金融机构成立。

农林渔业金融公库的目的是解决农林渔业生产者为了改进生产力而要求长期低利资金但是又难以从其他金融机构获得的问题。其业务活动有三个特点:一是专办长期低利贷款;

二是作为农林中央金库和其他金融机构的补充;三是农林渔业资金融通的最后贷款者。

农林渔业金融公库成立后,成为负责农林渔业到食品产业唯一的政策性金融机构。农林渔业金融公库从日本的基本国情出发,有效地执行了日本政府不同时期的农业政策,对日本农业在不同时期的发展帮助巨大。

农林渔业公库的发展大致可划分为以下四个阶段:

第一阶段:成立时到1960年的战后恢复期。这段时期粮食极度短缺,日本陷入极端混乱状态,国民处于饥饿边缘。农林渔业金融公库的首要政策目标是支持粮食增产,信贷资金主要投向农地改造、开拓耕地、改进灌溉设施,即用于提高粮食生产能力。

第二阶段:1960年到1975年的支援改善期。随着经济的迅速发展,工商业收入增长很快,农业收入与工商业差距不断拉大。为缩小工农业收入差距和适应农业生产结构调整,增加畜牧业和果业比重,日本1961年颁布了《农业基本法》。随之,农林渔业金融公库的政策目标转变为满足不断增加的果树、畜产、蔬菜等经营设施建设的资金需要。

第三阶段:1975年到1990年的生产过剩期。《农业基本法》的实施较好地促进了大米、畜产品和水果的生产,大米产量开始出现过剩。因此,农林渔业金融公库的支持重点转向了加工、流通领域,同时创设了支援水产品加工业的贷款资金项目。

第四阶段:1990年以后,经济全球化冲击了日本的农产品市场,日本的农产品直接与海外竞争。因此,农林渔业金融公库的主要目标调整为增强农业竞争力和可持续发展能力,培育能与海外农产品进行竞争的农业。另外,随着日本经济的高速发展,愿意从事农业的人尤其是年轻人越来越少,"周末农业"、"老人农业"现象日益普遍,成为阻碍农业发展的严重问题。对此,1994年,农林渔业金融公库设立了"强化农业经营基础资金"项目,用于支持核心农户的发展。这种制度规定,主要针对经市、町、村认定的新一代农业生产者,农林渔业金融公库可向其提供设施资金贷款,贷款的基本特征是长期、低息,贷款期限可以长达四五十年,贷款利率比其他金融机构都低。另外,贷款管理高效、严格。农林公库的贷款一般是委托农协组织代办,并付给一定的委托费,这就保证了贷款的高效性。

最近几年,日本政府对其政策性金融体系进行了改革。2008年,日本政府颁布了《日本政策金融公库法》。2008年10月1日,成立了日本政策金融公库,作为日本目前唯一的政策性金融机构,原有的农林渔业金融公库演变成为日本政策金融公库的农林水产事业部。

三、日本农村金融体系中的风险防范

日本农村金融成立之初就较注意金融风险的防范。政府直接参与建立了农业信用保证制度,对农协经营损失和债务进行补偿;农协之间还协议建立了相互援助制度,即农协组织每年须将吸收存款的10%作为专项储备,由农林中央金库统一运用和管理,来提高农协组织的流动性;对农协会员的存款实行强制保险,农协会员存款后不用支付任何保险费用,其储蓄存款就自动成为被保险对象。农村金融的监管由政府的金融监管厅负责,它监管金融组织的资金运用情况,确保其合规经营。

四、日本农村金融体系的特点

(一)合作金融在农村金融体系中居于主导地位

合作金融作为农户自己的金融组织,在资金来源和资金利用方面会首先满足会员的需求,其分支机构几乎覆盖了农村全部的金融市场。合作金融坚持“需求追随型”的发展战略,在农业经济发展的每个阶段,根据会员的资金需求特点,创新金融服务,提供有针对性的产品,极大地满足了会员的资金需求,在农村信贷市场中居于主要地位。

(二)合作性和政策性相结合的典型特征

合作金融主要服务于农村中的一般资金需求,与商业金融相比,它的融资门槛更低,并且能够以低成本来促进农业的发展,从而在很大程度上改变农业的弱势产业地位。而对于市场失灵和合作金融也无力支持的部分,则通过政策性金融来提供资金,这部分资金主要解决资金需求量大、融资时间长、风险较高或收益相对较低的融资需求。合作性金融和政策性金融有明确的市场分工,服务于不同的资金需求,两者形成的金融合力对农村经济的发展发挥了重要作用。

(三)政府在农村金融体系的构建和运行中发挥了重要作用

农业是整个国民经济的基础,但又是弱势产业,各国政府均对农村金融提供形式各样的支持。日本是明显的“政府主导型”金融体系:日本政府于 1945 年和 1947 年分别通过了创建政策性金融和合作金融的相关法律,在金融体系运行过程中,则通过政府财政对合作金融组织运行及农村中的贷款提供各种补贴,还设立了专门的基金弥补贷款的损失,在合作金融组织吸收存款和所得税方面也有优惠。总之,日本政府凭借其自身的信用极大地降低了农村金融借贷的交易成本,并且通过资金及政策扶植,为农村金融的成长创造了宽松的环境。

(四)全面的风险防范措施保证了农村金融体系的稳健运行

日本有比较完备的农村金融安全网,有效地防范了农村金融信贷的风险暴露和经营损失:存款保险制度、信用保证制度等提供了应付风险暴露的资金蓄水池,而监管当局的审慎监管则强化了金融机构的稳健运营。

第三节　美国农村金融

美国是世界上农业最发达的国家,这与其有完备的农村金融体系密不可分。美国构建农村金融体系的基本原则是为农业发展提供资金支持。经过多年的发展,美国农村在整体上形成了比较完善的金融体系。

美国农村金融属于一种复合信用型模式,这种模式具有以下特点:①提供农业信贷资金的机构中,既有专业的农村金融机构,也有其他类型的金融机构。②在金融组织体系上,一般是合作性金融机构、政策性金融机构及商业性金融机构并存。美国现在已经形成了政府主导的农村政策性金融体系、农村合作金融体系以及农村商业性金融体系。

美国农村金融主要由三大体系组成:一是互助合作性质的农业信用管理局(Farm Credit Administration)体系;二是政府的农贷组织,即农家信用管理局(Farmers Home Administration)体系;三是农业保险体系。此外,联邦住房贷款银行体系、美国进出口银行也分别在相应领域构成农村金融的补充。

一、农业信用管理局体系（FCA）

农业信用管理局体系即联邦土地银行、联邦中期信贷银行和合作社银行，它们在各自领域内提供长短期农业生产性贷款，以市场方式融资，并且都实现了自负盈亏。根据美国有关农业信贷的法律规定，全美被划分为12个农业信贷区（简称农贷区）（Farm Credit District），每个农贷区设立一个联邦土地银行、联邦中期信贷银行和合作社银行。

联邦中期信用银行是美国最重要的农业信用合作系统，主要解决农民中短期贷款难的问题。该系统是1923年由美国政府在12个信用区建立的12家联邦中期信用银行组成的，每一个信用银行下属许多生产信用合作社，合作社实行股权所有制，借款人必须拥有相当于借款额5%～10%的合作社股金或参与权证。贷款期限一般为1年，最长不超过7年。该行资金来源主要包括自有资本、联邦农业债券和向商业银行等借入的资金。联邦中期信用银行只充当信用“批发商”，对生产信用合作社发放贷款和贴现，不直接对农场主贷款，也不经营一般银行业务。生产信用合作社从银行借得资金后，负责对农场主发放短期生产贷款，并承担风险。

联邦土地银行实行股份所有制，每个合作社必须向联邦银行缴纳占本社社员借款总额5%的股金，银行股权归全体合作社所有，也间接地归全体借款人所有；联邦土地银行只办理长期不动产贷款，贷款对象主要是个体农场主，贷款期限为法定的5～40年。

合作银行系统则是美国专门为了给合作社添置设备、补充营运资金、购入商品等提供贷款而设立的，它由13家合作银行组成，12个信用区各设立一家，还包括1988年在华盛顿成立的中央合作银行。

二、农家信用管理局体系（FHA）

这个体系由农民家计局、商品信贷公司、农村电气化管理局和小企业管理局组成。这个体系下的金融机构是美国的政策性农村金融机构，都是由美国联邦政府主导创建的，主要贯彻实施农村金融政策，控制农业发展规模等。这些金融机构的资金主要来源于政府提供的资本金、预算拨款、贷款周转资金和部分借款，资金运用主要是提供一些商业银行和其他贷款机构不愿提供的贷款，在贷款对象上各有侧重。

农民家计局（Farmer Home Administration）由美国农业部直属管辖，宗旨是创立自耕农户、改进农业生产、改善农民生活。它不以营利为目的，只有在借款人无法从商业银行和其他农业信贷机构借到贷款时，才给予支持。其资金主要由国会拨款，亏损也由国会拨款弥补。农民家计局的资金运用主要是提供贷款和担保。农民家计局的贷款分为直接贷款计划和紧急贷款计划两种，包括农场所有权贷款、经营支出贷款、为低收入农民修缮和购置房屋提供贷款、为弥补自然灾害损失发放贷款、水利开发和土壤保护长期贷款等，主要发挥“雪中送炭”而非“锦上添花”的功能；农民家计局主要是对商业银行和其他金融机构按农民家计局贷款计划向农民借款人发放的贷款提供担保。

商品信贷公司（Commodity Credit Corporation）目前是美国联邦政府直属机构，资金由国库拨付，其资金运用形式主要为提供贷款和支付补贴，主要包括农产品抵押贷款、仓储干燥和其他处理设备贷款、灾害补贴和差价补贴等。其代表性产品是“无索权贷款农产品质押贷款”，即在粮食成熟收获、贷款到期后，如果农产品价格上升，则借款农民归还贷款获得收益。如果农产品价格下降，借款农民可将抵押品出售给公司，抵押品所有权转给公司，相应地充作全额支付了贷款本息，实际上等同于按目标价格出售了农产品，避免了价格下降造成的收入减少。公司收不回贷款本息而取得抵押品，则不能追索贷款。

农村电气化管理局（Rural Electrification Administration）是为改善农村公共设施和环境而设立的农业部直属机构。其主要职责是对农村电业合作社和农场等借款人发放贷款，贷款用于架设电线、组建农村电网、购置发电设备、发展通信设施，从而提高农村电气化水平。该局的资金运用也是以贷款和担保为主。贷款期限可长达 35 年，利率极为优惠，仅为 2%。

小企业管理局（Small Business Administration）的资金主要来源于国会拨款的周转基金和收回的贷款本息等，资金主要用于发放直接贷款、参与联合贷款、担保以及其他特殊信贷。小企业管理局对小农场的贷款是与农民家计局分工协作的，如果小农场借款人经济状况不好且贷款额度小，则由农民家计局提供资金支持，当小农场借款人经济地位得到改善后，其更多的贷款需求则由小企业管理局提供。

【知识链接】

美国的农业补贴

支持农业生产是美国的一项基本国策，美国国会每 5 年左右会制定一个农业法案，详细阐述对农业生产的补贴政策。政府补贴分为直接补贴和间接补贴两种形式，直接补贴是根据农民种植农作物种类与面积直接给予少量现金补贴，间接补贴是提供农业保险补贴和低息农业贷款。

低息农业贷款的核心原则是帮助创业农民或弱势农民从事农业生产，这个群体往往很难获得商业贷款，政府提供的低息农业贷款主要用于填补商业银行在这块市场的空白。

对于突发重大自然灾害，农场服务局还提供低息紧急贷款，申请人受损必须超过往年利润的 30%。

美国农业保险由农业部风险管理局负责，农民自愿参与，联邦政府为参保农民提供保费补贴，但保险业务由私人商业保险公司承担。2011 年，美国联邦农作物保险项目为农民提供了 207 万份保单，补贴成本高达 68 亿美元。

美国联邦政府对农业保险的补贴主要分为两部分：一是保费补贴，二是业务费用补贴。

除上述联邦政府扶持政策外，美国州和地方政府还为农民提供基础设施建设、地产税优惠和技术支持等帮助。

资料来源:山东商报,2013-06-02.

三、农业保险体系

美国现行的农业保险制度始于1939年。1938年,美国通过了《联邦农作物保险法》,根据该法,在农业部内设立了联邦农作物保险公司(FCIC),该公司由农业部长任命的董事组成的董事会负责管理。当时被保险的农作物只有小麦一种,以后陆续增加了棉花(1942)、玉米和烟叶(1945)、食用干豆(1948)等,到1980年以前,FCIC只为美国半数地区的30种农作物提供农作物保险。1980年,美国政府决定将农作物保险作为农业灾害保障的主要形式,并把保险项目扩展到所有农业占重要地位的地区。根据1980年《农作物保险法》,私人保险公司可以采取两种方式申请参与FCIC的农作物保险和再保险:一是根据每年

经营的业务量,到FCIC领取管理费和保险补贴,但是要独立承担保险损失责任;二是只拿佣金不承担风险责任,即所谓"主人销售商"(代理人)。针对1980年以后全面推行农作物保险制度过程中存在的问题,1994年通过了新修订的农作物保险法,即《1994年农作物保险改革法》。根据该法所确立的制度和原则,美国农作物保险进一步得到改善:一是取消"巨大灾害救助计划",建立巨灾风险保障制度,这是提高农民参与率的重要措施;二是建立多风险保险保障制度,在巨灾风险保险的基础上提供更高水平的保险保障;三是为了防止逆选择,专门为主要农作物(如大麦、玉米、棉花、花生、小麦、饲料等8种)推出集体风险保险计划,该保险项目的保额不按个别农场的产量确定,而是以一个县的预测产量的一定比例来确定,参加该保险的农户有权获得"价格支持和生产调节计划"、"农民家庭紧急贷款计划"和"互助储备计划"等福利性计划的好处;四是为了体现公平,对FCIC不可保农作物(主要是蘑菇、芹菜、胡萝卜、土豆、哈密瓜、花菜等23种)实施非保险农作物灾害援助计划。2000年通过的《农业风险保障法》,进一步提高了对农作物保险保费的补贴比例。同时,该法决定试办牲畜保险,允许购买多年性保单的农民提高其保障产量水平,进一步鼓励参与农作物保险的私营公司开发新产品等。

(一)美国农业保险制度的主要特点

(1)农业保险以国家专门保险机构主导和经营政策性农业保险为主。原则上,FCIC可以承保在美国生产的任何农产品商品(包括水产养殖),而私营保险公司独立经营的一般只是农作物雹灾保险,饲养动物、农场建筑物和机械设备等财产的保险。根据1980年《农作物

保险法》,私营保险公司可以在政府政策性农业保险的框架下经营农作物一切险保险,政府鼓励私营保险公司参与 FCIC 的农作物保险计划,承保或代理 FCIC 的农作物一切险保险和再保险。有 30 家私人保险公司申请为 1981 年的农作物保险提供再保险;另外有 6 家私人保险公司与 FCIC 签约,为其做代理服务业务。这是一个重要的转折,从此以后,FCIC 逐渐减少自己直接做业务,直接保险业务向私人保险公司转移。到 2001 年为止,FCIC 尽管在全国仍有 12 个业务办公室,但基本上已经不做直接业务。

(2)农业保险实行强制保险与自愿保险相结合。农作物巨灾风险保险实行强制保险制度,其他都是自愿选择,巨灾保险补贴全部保费。投保的农民当年农作物收成因灾害减产 25% 以上时,可以取得 FCIC 的最高赔偿金额。并且规定,只要参加了其他保险,同时可获得巨灾保险保障,把强制性与选择性较好地结合起来,使农民有广泛的选择范围,并且有参加农业保险的信心。

(3)有健全的、不断完善的农业保险法律。政府对农业保险通过保费补贴、业务费用补贴、再保险、免税等形式给予扶持。联邦政府认捐 FCIC 5 亿美元的股本,并支付一切经营管理费用,对其资本、存款、收入和财产免征一切赋税。对私营保险公司承担的 FCIC 的这部分业务,政府也同样补贴保险费和经营管理费(如提供 20% ~25% 的业务费用补贴)。1980 年至 1999 年,联邦政府给农作物保险的财政补贴总额累计达到 150 亿美元,仅 1999 年就达到 22.4 亿美元。2000 年,美国农业保险补贴额约占纯保费的 53%(保费补贴额平均每英亩为 6.6 美元)。《联邦农作物保险法》规定,由官方农作物保险公司提供农作物一切险的直接保险和再保险,政府通过 FCIC 向私营保险公司提供比例再保险和超额损失再保险保障,同时,联邦政府、州政府及其他地方政府对农作物保险免征一切税赋。

美国的农业保险是其社会福利制度的一部分,但是它们巧妙地利用了保险这种社会互助形式。经过 60 多年的发展和建设,美国的农作物保险制度从管理机制到经营模式和精算技术都比较系统和先进,积累了完整的数据和其他信息,这使其能不断地得到改进和完善。

(二)美国农业保险制度的运营

在构建农作物保险新体制的同时,美国还对其运营机制进行了变革,其核心是政府建立的保险公司逐步推出市场,将经营业务交由商业保险公司承担,主要职责转为加强市场监管。根据这一改革思路,从 1996 年开始,已经经营了近 60 年的美国联邦农作物保险公司,开始退出农险直接业务经营领域。与此同时,美国农业部专门成立了风险管理局,隶属于联邦农作物保险公司,负责农作物保险市场的监管工作。该局下设 10 个办事处,每个办事处分管若干州的农险业务。从 2000 年开始,美国联邦农作物保险公司完全退出了农险直接业务,将其全部委托给私营保险公司经营或代理,从而形成了较为合理的美国现代农业风险管理体系。

目前,美国农作物保险的运营模式主要分为三大层次:

(1)政府监管。具体由联邦农作物保险公司及其农业风险管理局承担,主要职能是管理农险、制定条款、厘定费率、稽核监管、开发审核保险新品种、发放保险补贴以及提供再保险支持和其他综合服务。

(2)企业经营。由私营商业保险公司负责,直接承办农险业务、开发农险新产品、确定自留保险责任额等。由于政府对农险的财税支持力度加大,许多私营商业保险公司都愿意设立农险业务。为保证业务质量,美国政府机构强化了资格认证工作,只有实力强、信誉好、具有较高的管理水平和技术力量的保险公司,才可开展农险业务。目前,经美国政府认证具备农险经营资格的保险公司总共不到20家。

(3)产品营销和核损。由保险销售代理人和农险查勘核损人负责。美国农作物保险主要通过代理人销售。目前,全美约有27000名保险代理人,其中大部分为独立代理人,可为多家保险公司代理业务,其余为保险公司自设的代理人,只为一家代理业务。此外,美国还有10000多名查勘核损人,也和保险代理人一样分为两类,这些人从业前,需经农业风险管理局培训考核并取得认证资格。

知识题

1. 孟加拉格莱珉银行的贷款原则是什么?
2. 印度的农村金融体系包括哪些机构?
3. 印度的“绿色革命”是什么?
4. 印度农村金融体系发展的经验有哪些?
5. 日本的合作性金融有哪些?
6. 日本的政策性金融有哪些?
7. 日本农村金融有哪些特点?
8. 美国FCA体系包括哪些内容?
9. 美国FHA体系包括哪些内容?
10. 美国农业保险体系包括哪些内容?

案例题

以色列如何投资农业

以色列是一个农业资源比较匮乏的国家,它的国土面积仅仅与北京市相当,在狭小的国土面积上,近一半的土地是沙漠。因此,若干年前,以色列政府就鼓励本国研究者去寻找节省土地和水资源、提高生产效率的方法。

随着世界工业化带来的耕地减少、污染问题日益严重,以色列开发的农业技术正好可以为世界上面临同样难题的国家提供帮助。

以色列是如何通过市场的力量来实现农业上的技术突破的? Trendlines 集团是以色列一家投资农业和医疗领域的种子投资基金。首席执行官罗兹(Steve Rhodes)对《财经》记者介绍说,有前景的农业初创企业在以色列不仅可以得到种子基金的投资,还可以向以色列政府申请补贴。Trendlines 在孵化一个初创企业的过程中,提供管理咨询,并为它们寻找更多的投资帮助其成长,直到一家大公司愿意收购这家科技企业。由于以色列的农业规模不大,市场和科研机构有频繁和良好的互动。目前,以色列拥有超过200个农业研究机构。

罗兹说,不少研发人员和公司创始人就来自农场,他们很了解当地最需要什么样的技术,不存在研究脱离市场的问题。相比起来,以色列有大量有前景的创新设想,但是由于缺乏资金而无法将其从实验室开发出来推向市场，这是一个较明显的问题，也是 Trendlines 集团试图填补的鸿沟。

罗兹介绍说，以色列的许多农业技术都走在世界前列。例如，以色列的公司正在研究如何将农业和大数据关联起来，通过收集和分析来自种植一线的大量数据来提高农业产量。一家公司开发了一种廉价的、收集植物数据的传感器，通过这个设备就能准确知道在什么时候需要给植物提供多少水，从而有效地节约水资源。

Trendlines 集团于 2013 年 12 月 2—5 日在特拉维夫举行农业投资年会（AGRIVEST）。2012 年这个会议吸引了世界各地 200 名投资者参加，主要探讨在以色列农业科技领域存在的投资机会。2013 年，与会者除了参加为期一天的会议，还可以通过四天的主题游览，亲自拜访以色列顶尖的农业科技公司，与科技人员交流。

资料来源：徐安. 以色列如何投资农业. 财经网，2013－08－22.

要求：试分析以色列农业投资模式的创新之处。

提示：政府补贴和市场化运作。

实训题

实训项目：介绍各国农业金融体系。

实训目的：比较各国农业金融体系的经验和启发。

实训步骤：

（1）提出实训要求和标准。

（2）分列小组，布置任务。

（3）学生课堂展示，组织评委评分。

（4）教师进行总结和点评。